아모레퍼시픽

인적성검사 최신기출유형 + 모의고사 3회

+ 무료인적성특강

SD에듀

(주)시대고시기획

🌸 머리말

아모레퍼시픽그룹은 한국에서 최초의 화장품 연구실을 개설하고 아시아의 자연원료를 집중 연구하여 피부에 최적화된 기술과 제품들을 개발하였으며, 한국 최초로 화장품을 수출하는 등 한국의 화장품 산업을 이끌어 왔다. 1990년대부터는 글로벌 브랜드 전략을 펼치며 본격적으로 세계 고객들과 만나기 시작하여 중국, 프랑스에 생산연구 기지를 마련하였으며 현재는 중화권, 동남아시아, 일본 등 아시아 지역을 넘어 북미, 유럽 지역에서도 아모레퍼시픽의 다양한 글로벌 브랜드들을 만날 수 있다. 이제 아모레퍼시픽은 원대한 성장을 위해 모든 측면에서의 최고를 지향함은 물론, 환경에 대한 영향을 최소화하여 사람 중심의 경영을 통해 사회적인 책임을 다하는 기업이 되기 위한 최선의 노력을 다하고 있다. 이러한 노력을 바탕으로 '글로벌 브랜드 컴퍼니'가 되기 위해 전 세계 고객들의 기호에 맞는 다양한 브랜드와 혁신적인 제품을 꾸준히 개발하여 최고의 경험을 선사하고 있다.

이에 따라 아모레퍼시픽그룹은 채용절차에서 취업 준비생들이 업무에 필요한 역량을 갖추고 있는지를 평가하기 위해 AI역량 검사 및 인적성검사를 실시하여 맞춤인재를 선발하고 있다.

이에 SD에듀에서는 아모레퍼시픽그룹에 입사하고자 하는 수험생들에게 좋은 길잡이가 되어 주고자 다음과 같은 특징을 가진 본서를 출간하게 되었다.

도서의 특징

❶ 2022년 주요 기업의 최신 기출복원문제와 아모레퍼시픽그룹 인적성검사 4개년 기출문제를 수록하여 출제경향을 한눈에 파악할 수 있게 하였다.
❷ 각 영역의 세부 유형을 분석 및 연구하고, 학습전략을 제시하여 수험생이 체계적으로 공부할 수 있도록 하였다.
❸ 최종점검 모의고사를 제공하여 실전과 같은 연습이 가능하도록 하였다.
❹ 적성검사 이후 치를 면접까지 채용 관련 내용을 꼼꼼하게 다루어 본서 한 권으로도 마지막 관문까지 무사히 통과할 수 있도록 하였다.

끝으로 본서를 통해 아모레퍼시픽그룹 입사를 준비하는 여러분 모두가 합격의 기쁨을 누리기를 진심으로 기원한다.

SD적성검사연구소 씀

아모레퍼시픽그룹

Always **with you**

사람의 인연은 길에서 우연하게 만나거나
함께 살아가는 것만을 의미하지는 않습니다.
책을 펴내는 출판사와 그 책을 읽는 독자의 만남도 소중한 인연입니다.
SD에듀는 항상 독자의 마음을 헤아리기 위해 노력하고 있습니다.
늘 독자와 함께하겠습니다.

INTRODUCE

아모레퍼시픽그룹 이야기

✿ 소명 MISSION

> 사람을 아름답게, 세상을 아름답게 We make A MORE beautiful world

✿ 비전 Vision 2025

> 누구나 자신만의 아름다움을 발견하고 실현하는 삶,
> 아모레퍼시픽이 바라는 뉴 뷰티입니다.
> Live Your New Beauty

✿ 원칙 ABC Spirit

'사람을 아름답게, 세상을 아름답게'하는 우리의 꿈 그리고 소명. 모두가 자신만의 고유한 아름다움을 가꾸고 빛날 때 세상도 아름다워진다는 믿음. 이것이 우리가 이 길을 걷는 이유이다. 우리는 이 꿈을 위해 다섯 가지 일의 원칙을 약속한다.

고객을 중심으로
행동한다.

Customers first

최초, 최고를 위해
끊임없이 시도한다.

Be the first and the best

열린 마음으로 협업한다.

Collaborate with an
open mind

다름을 인정하고
존중한다.

Respect differences

스스로 당당하게
일한다.

Act with integrity

❀ 인사제도

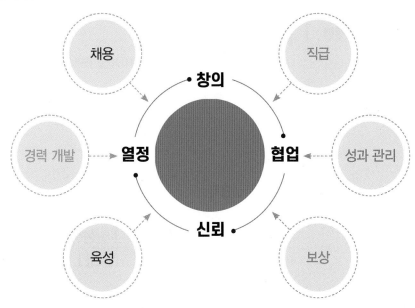

채용	직급
ABC SPIRIT을 근간으로 한, 마음이 맞는 최고의 동료들과 함께 일할 수 있는 체계적인 선발 프로세스	직책 중심의 유연하고 신속한 조직을 지원하여 조직 내 수평적 문화를 지향
경력 개발	**성과 관리**
자기 주도의 직무역량 개발 및 경력 개발에 대한 기회 확대	Agile한 과제 단위 성과 리뷰, 구성원 간의 원활한 협업 및 피드백을 통해 함께 성장하는 문화를 지향
육성	**보상**
New Skilling / Up-Skilling / Re-Skilling / Right Skilling을 통한 학습과 성장의 선순환 구축	조직 성과 인센티브, 초과이익공유를 통한 협업과 동반성장 고취

채용절차

[01 서류전형] ▶ **입사지원 및 서류전형**

▶ 입사지원서 작성
- 채용 홈페이지를 통해 인적사항 및 학력사항, 기타 경험 등을 기재한 입사지원서를 접수한다.
- 소명, 원칙, 인재상 등 아모레퍼시픽 질문이 제시되는 경향을 보이므로 자기소개서를 작성하기 전 관련 정보를 숙지하도록 한다.

[02 인적성검사] ▶ **인적성검사**

▶ AI 인적성검사
- 간단한 게임과 인성검사를 수행하고 질문에 답하는 것으로, AI가 평가하기 때문에 일관된 모습을 보이는 것이 가장 중요하다.

[03 1차 면접] ▶ **역량면접**

실무진이 진행하는 면접으로 PT 면접과 다대다 면접으로 구성된다.

▶ PT 면접
- 다대일 면접으로 PT 발표 내용과 자기소개서 기반 질의·응답 형식으로 진행

▶ 다대다 심층 면접
- 지원자별 공통질문을 통해 직무 역량과 인성 평가

[04 인턴실습] ▶ **인턴실습**

아모레퍼시픽의 업무를 수행할 수 있을지 확인하는 과정으로 4주간 팀별로 총 3개의 과제를 수행한다.

[05 2차 면접] ▶ **2차 면접**

▶ culture fit 면접
- 인사팀 직원과 1:1로 면접을 진행해 아모레퍼시픽과 성향이 맞는 인재인지 파악

▶ 다대다 심층 면접
- 임원 면접으로 아모레퍼시픽에 관해 1차보다 심층적인 질문과 인성에 관한 질문으로 진행

❖ 채용절차는 채용유형, 채용직무, 채용시기 등에 따라 변동될 수 있으므로 반드시 발표되는 채용공고를 확인하시기 바랍니다.

합격 선배들이 알려주는
아모레퍼시픽그룹 합격기

"한 권으로 꼼꼼하게 대비!"

아모레퍼시픽은 후기가 적은 편이라 특히 면접 대비가 어려웠는데 SD에듀 종합편을 통해 면접 기출 질문을 뽑을 수 있어서 도움이 많이 됐습니다. 같이 준비하는 지인과 서로 면접관 역할을 해주며 가장 자신 없는 면접전형을 효과적으로 연습할 수 있었습니다. 면접뿐 아니라 필기전형을 준비할 수 있게 문제도 아주 많아서 짧은 시간 안에 극도의 효율을 내고 싶은 수험생들에게 강력 추천합니다!

"두둑한 문제 곳간!"

아모레퍼시픽 취업을 준비하기 전, 함께 스터디 하던 사람들에게 문제는 많이 풀어볼수록 이득이라는 말을 듣고 추천이 많았던 SD에듀 책을 망설임 없이 구입했습니다. 아모레퍼시픽의 출제 경향은 물론이고 최신 대기업 기출복원문제를 통해 필기전형 전반이 어떻게 돌아가는지 알 수 있어 이제 막 취업 전선에 뛰어든 제게 큰 도움이 됐습니다. 고등학생 때 관련 문제를 풀 기회가 있었을 때도 느꼈지만 저는 공간지각능력이 남들보다 뛰어나지 않은 편이어서 SD에듀 책을 통해 다양한 도형 문제를 접할 수 있어 좋았습니다. 저처럼 필기전형에 익숙하지 않은 사람이라면 이 책이 도움이 될 것이라고 확신합니다.

❖ 본 독자 후기는 실제 SD에듀의 도서를 통해 공부하여 합격한 독자들께서 보내주신 후기를 재구성한 것입니다.

시험장 TIP

필수 준비물

❶ 신분증 : 주민등록증, 외국인등록증, 여권, 운전면허증 중 하나
❷ 수험표

유의사항

❶ 컴퓨터용 사인펜 이외의 필기구는 사용할 수 없다.
❷ 영역별로 시험이 진행되므로 한 과목이라도 과락이 생기지 않도록 한다.

시험 진행 (아모레퍼시픽그룹 적성검사)

구분	영역	문항 수	응시시간
적성검사	지각정확력	30문항	6분
	언어유추력	20문항	5분
	언어추리력	20문항	7분
	공간지각력	20문항	7분
	판단력	20문항	12분
	응용수리력	20문항	10분
	수추리력	20문항	8분
	한국사	10문항	5분
	창의력	1문항	6분

알아두면 좋은 TIP

❶ 만일을 대비하여 여분의 필기구를 준비한다.
❷ 정답을 시험지에 표시하고 답안지에 옮겨 적을 만큼 충분한 시간을 주는 시험이 아니므로 답안지에 바로바로 마킹한다.
❸ 길게 진행되는 시험이 아니더라도 시험에 집중하는 만큼 빨리 피로해지므로, 초콜릿 등의 간단한 간식을 챙긴다.

📋 시험 전 CHECK LIST

※ 최소 시험 이틀 전에 아래의 리스트를 확인하면 좋습니다.

체크	리스트
☐	수험표를 출력하고 자신의 수험번호를 확인하였는가?
☐	수험표나 공지사항에 안내된 입실 시간 및 주의사항을 확인하였는가?
☐	신분증을 준비하였는가?
☐	컴퓨터용 사인펜을 준비하였는가?
☐	여분의 필기구를 준비하였는가?
☐	시험시간에 늦지 않도록 알람을 설정해 놓았는가?
☐	시험 전에 섭취할 물이나 간식을 준비하였는가?
☐	수험장 위치를 파악하고 교통편을 확인하였는가?
☐	시험을 보는 날의 날씨를 확인하였는가?
☐	시험장에서 볼 수 있는 자료집을 준비하였는가?
☐	인성검사에 대비하여 지원한 회사의 인재상을 확인하였는가?
☐	자신이 지원한 회사와 계열사를 정확히 인지하고 있는가?
☐	자신이 취약한 영역을 두 번 이상 학습하였는가?
☐	도서의 모의고사를 통해 자신의 실력을 확인하였는가?

📋 시험 후 CHECK LIST

※ 시험 다음 날부터 아래의 리스트를 확인하며 면접 준비를 미리 하면 좋습니다.

체크	리스트
☐	인적성 시험 후기를 작성하였는가?
☐	상하의와 구두를 포함한 면접복장이 준비되었는가?
☐	지원한 직무의 직무분석을 하였는가?
☐	단정한 헤어와 손톱 등 용모관리를 깔끔하게 하였는가?
☐	자신의 자소서를 다시 한 번 읽어보았는가?
☐	1분 자기소개를 준비하였는가?
☐	도서 내의 면접 기출 질문을 확인하였는가?
☐	자신이 지원한 직무의 최신 이슈를 정리하였는가?

주요 대기업 적중문제

SK

수리 ▶ 응용수리

☑ 제한시간 30초

02 같은 헤어숍에 다니고 있는 A양과 B군은 일요일에 헤어숍에서 마주쳤다. 서로 마주친 이후 A양은 10일 간격으로 헤어숍에 방문했고, B군은 16일마다 헤어숍에 방문했다. 두 사람이 다시 헤어숍에서 만났을 때의 요일은 언제인가?

① 월요일   ② 화요일
③ 수요일   ④ 목요일
⑤ 금요일

언어 ▶ 일치·불일치

※ 다음 글의 내용과 일치하지 않는 것을 고르시오. [1~2]

01

> 1994년 미국의 한 과학자는 흥미로운 실험 결과를 발표하였다. 정상 유전자를 가진 쥐에게 콜레라 독소를 주입하자 심한 설사로 죽었다. 그러나 낭포성 섬유증 유전자를 한 개 가진 쥐에게 독소를 주입하자 설사 증상은 보였지만 그 정도는 반감했다. 낭포성 섬유증 유전자를 두 개 가진 쥐는 독소를 주입해도 전혀 증상을 보이지 않았다.
> 낭포성 섬유증 유전자를 가진 사람은 장과 폐로부터 염소 이온을 밖으로 퍼내는 작용을 정상적으로 하지 못한다. 반면 콜레라 독소는 장에서 염소 이온을 비롯한 염분을 과다하게 분비하게 하고, 이로 인해 물을 과다하게 배출시켜 설사를 일으킨다. 그 과학자는 이에 따라 1800년대 유럽을 강타했던 콜레라의 대유행에서 살아남은 사람은 낭포성 섬유증 유전자를 가졌을 것이라고 추측하였다.

① 장과 폐에서 염소 이온을 밖으로 퍼내는 작용을 하지 못하면 생명이 위험하다.

추리 ▶ 조건추리

☑ 제한시간 60초

08 한 마트에서는 4층짜리 매대에 과일들을 진열해 놓았다. 매대의 각 층에는 서로 다른 과일이 한 종류씩 진열되어 있을 때, 다음에 근거하여 바르게 추론한 것은?

- 정리된 과일은 사과, 귤, 감, 배의 네 종류이다.
- 사과 위에는 아무 과일도 존재하지 않는다.
- 배는 감보다 아래쪽에 올 수 없다.
- 귤은 감보다는 높이 위치해 있지만, 배보다 높이 있는 것은 아니다.

① 사과는 3층 매대에 있을 것이다.
② 귤이 사과 바로 아래층에 있을 것이다.
③ 배는 감 바로 위층에 있을 것이다.
④ 귤은 감과 배 사이에 있다.

수리논리 ▶ 확률

06 S부서에는 팀원이 4명인 제조팀, 팀원이 2명인 영업팀, 팀원이 2명인 마케팅팀이 있다. 한 주에 3명씩 청소 당번을 뽑으려고 할 때, 이번 주 청소 당번이 세 팀에서 한 명씩 뽑힐 확률은?

① $\dfrac{1}{3}$

② $\dfrac{1}{4}$

③ $\dfrac{2}{5}$

④ $\dfrac{2}{7}$

⑤ $\dfrac{2}{9}$

추리 ▶ ❶ 조건추리

04 신발가게에서 일정 금액 이상 구매 한 고객에게 추첨을 통해 다양한 경품을 주는 이벤트를 하고 있다. 함께 쇼핑을 한 A ~ E는 이벤트에 응모했고 이 중 1명만 신발에 당첨되었다. 다음 A ~ E의 대화에서 한 명이 거짓말을 한다고 할 때, 신발 당첨자는?

> A : C는 신발이 아닌 할인권에 당첨됐어.
> B : D가 신발에 당첨됐고, 나는 커피 교환권에 당첨됐어.
> C : A가 신발에 당첨됐어.
> D : C의 말은 거짓이야.
> E : 나는 꽝이야.

① A

② B

③ C

④ D

⑤ E

추리 ▶ ❷ 독해추론

10 다음 글의 내용이 참일 때 항상 거짓인 것을 고르면?

> 사회 구성원들이 경제적 이익을 추구하는 과정에서 불법 행위를 감행하기 쉬운 상황일수록 이를 억제하는 데에는 금전적 제재 수단이 효과적이다.
> 현행법상 불법 행위에 대한 금전적 제재 수단에는 민사적 수단인 손해 배상, 형사적 수단인 벌금, 행정적 수단인 과징금이 있으며, 이들은 각각 피해자의 구제, 가해자의 징벌, 법 위반 상태의 시정을 목적으로 한다. 예를 들어 기업들이 담합하여 제품 가격을 인상했다가 적발된 경우, 그 기업들은 피해자에게 손해 배상 소송을 제기당하거나 법원으로부터 벌금형을 선고받을 수 있고 행정 기관으로부터 과징금도 부과받을 수 있다. 이처럼 하나의 불법 행위에 대해 세 가지 금전적 제재가 내려질 수 있지만 제재의 목적이 서로 다르므로 중복 제재는 아니라는 것이 법원의 판단이다.
> 그런데 우리나라에서는 기업의 불법 행위에 대해 손해 배상 소송이 제기되거나 벌금이 부과되는 사례는 드물어서, 과징금 등 행정적 제재 수단이 억제 기능을 수행하는 경우가 많다. 이런 상황에서는 과징금 등 행정적 제재의 강도를 높임으로써 불법 행위의 억제력을 끌어올릴 수 있다. 그러나 적발 가능성이 매우 낮은 불법 행위의 경우에는 과징금을 올리는 방법만으로는 억제력을 유지하는 데 한

LG

언어추리 ▶ 명제

01 다음 문장을 읽고, 올바르게 유추한 것은?

> • 한나는 장미를 좋아한다.
> • 노란색을 좋아하는 사람은 사과를 좋아하지 않는다.
> • 장미를 좋아하는 사람은 사과를 좋아한다.

① 사과를 좋아하지 않는 사람은 장미를 좋아한다.
② 노란색을 좋아하지 않는 사람은 사과를 좋아한다.
③ 장미를 좋아하는 사람은 노란색을 좋아한다.
④ 한나는 노란색을 좋아하지 않는다.
⑤ 사과를 좋아하는 사람은 장미를 싫어한다.

자료해석

02 다음은 최근 5년 동안 아동의 비만율을 나타낸 자료이다. 이에 대한 설명으로 옳은 것을 〈보기〉에서 모두 고른 것은?

〈연도별 아동 비만율〉

(단위 : %)

구분	2017년	2018년	2019년	2020년	2021년
유아(만 6세 미만)	11	10.80	10.20	7.40	5.80
어린이(만 6세 이상 만 13세 미만)	9.80	11.90	14.50	18.20	19.70
청소년(만 13세 이상 만 19세 미만)	18	19.20	21.50	24.70	26.10

> **보기**
> ㄱ. 모든 아동의 비만율은 전년 대비 증가하고 있다.
> ㄴ. 어린이 비만율은 유아 비만율보다 크고, 청소년 비만율보다 작다.
> ㄷ. 2017년 대비 2021년 청소년 비만율의 증가율은 45%이다.

창의수리 ▶ 수추리

01 다음 시계는 일정한 규칙을 갖는다. $2B - \dfrac{A}{20}$의 값은?(단, 분침은 시간이 아닌 숫자를 가리킨다)

① 25
② 20
③ 15
④ 10
⑤ 5

언어이해 ▶ 주제찾기

Easy
02 다음 글의 주제로 가장 적절한 것은?

> 빅데이터는 스마트 팩토리 등 산업 현장 및 ICT 소프트웨어 설계 등에 주로 활용되어 왔다. 유통이나 물류 업계의 '콘텐츠가 대량으로 이동하는 현장'에서는 데이터가 발생하면, 이를 분석하고 활용하는 쪽으로 주로 사용됐다. 이제는 다양한 영역에서 빅데이터의 적용이 빨라지고 있다. 대표적인 사례가 금융권이다. 국내의 은행들은 현재 빅데이터 스타트업 회사를 상대로 대규모 투자에 나서고 있다. 뉴스와 포털 등 현존하는 데이터를 확보하여 금융 키워드 분석에 활용하기 위해서다. 의료업계도 마찬가지다. 정부는 바이오헬스 산업의 혁신전략을 통해 연구개발 투자를 2025년까지 4조 원 이상으로 확대하겠다고 밝혔으며, 빅데이터와 인공 지능 등을 연계한 다양한 로드맵을 준비하고 있다. 벌써 의료 현장에 빅데이터 전략을 구사하고 있는 병원도 다수이다. 국세청도 빅데이터에 관심이 많다. 빅데이터 플랫폼 인프라 구축을 끝내는 한편, 50명 규모의 빅데이터 센터를 가동하기 시작했다. 조세 행정에서 빅데이터를 통해 탈세를 예방·적발하는 등 다양한 쓰임새를 고민하고 있다.

자료해석

02 다음은 연도별 자원봉사 참여현황을 나타낸 자료이다. 자료에 대한 설명으로 〈보기〉 중 적절하지 않은 것을 모두 고르면?

〈연도별 자원봉사 참여현황〉

(단위 : 명)

구분	2017년	2018년	2019년	2020년	2021년
총 성인 인구수	41,649,010	42,038,921	43,011,143	43,362,250	43,624,033
자원봉사 참여 성인 인구수	2,667,575	2,874,958	2,252,287	2,124,110	1,383,916

보기
ㄱ. 자원봉사에 참여하는 성인 참여율은 2018년도가 가장 높다.
ㄴ. 2019년도의 성인 자원봉사 참여율은 2020년보다 높다.
ㄷ. 자원봉사 참여 증가율이 가장 높은 해는 2018년도이고 가장 낮은 해는 2020년이다.

공간지각 ▶ 전개도

※ 제시된 전개도를 접었을 때 나타나는 입체도형으로 옳은 것을 고르시오. [1~2]

01

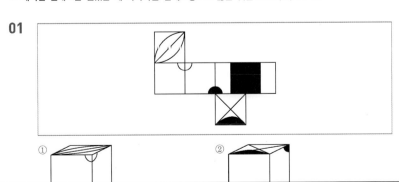

도서 200% 활용하기

최신 기출복원문제로 출제 경향 파악

2022년 주요기업 최신기출문제와 아모레퍼시픽그룹 4개년 최신기출문제를 복원하여 최신 출제 경향을 파악할 수 있도록 하였다. 또한 이를 바탕으로 학습을 시작하기 전에 자신의 실력을 판단할 수 있도록 하였다.

02 이론점검, 대표유형, 유형점검으로 영역별 단계적 학습

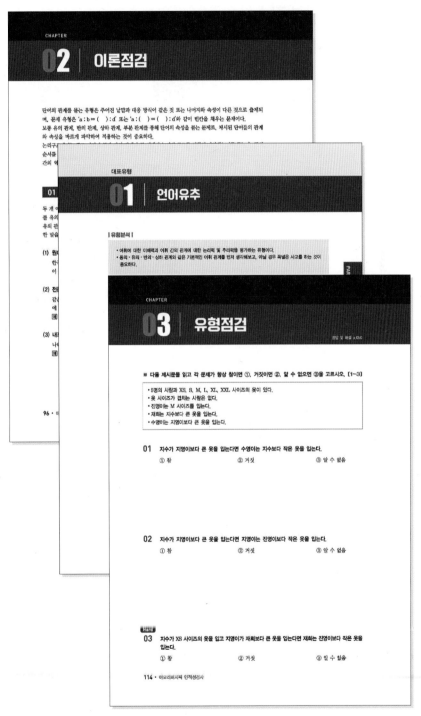

출제되는 영역에 대한 이론점검, 대표유형, 유형점검을 수록하여 최근 출제되는 유형을 익히고 점검할 수 있도록 하였다. 이를 바탕으로 기본기를 튼튼히 준비할 수 있도록 하였다.

최종점검 모의고사 + 모바일 OMR 답안분석 서비스로 반복 학습

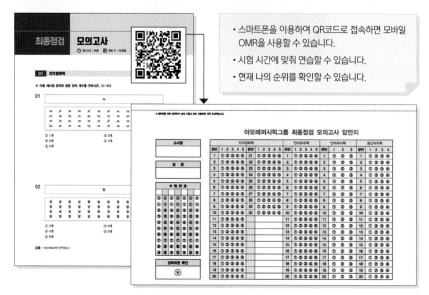

- 스마트폰을 이용하여 QR코드로 접속하면 모바일 OMR을 사용할 수 있습니다.
- 시험 시간에 맞춰 연습할 수 있습니다.
- 현재 나의 순위를 확인할 수 있습니다.

최종점검 모의고사 1회와 OMR 답안지를 수록하여 실제로 시험을 보는 것처럼 최종 마무리 연습을 할 수 있도록 하였다.

면접까지 한 권으로 대비하기

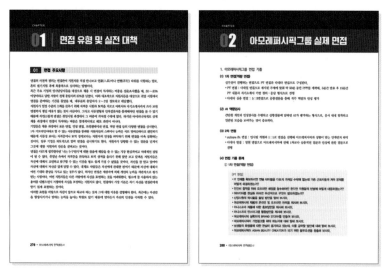

면접 주요사항과 유형을 파악한 뒤 면접 기출 질문을 통해 실제 면접에서 나오는 질문에 미리 대비할 수 있도록 하였다.

Easy & Hard로 난이도별 시간 분배 연습

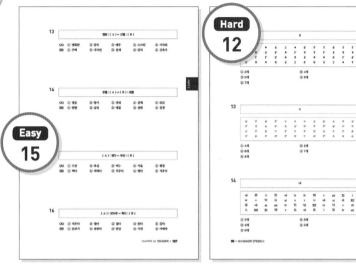

조금만 연습하면 시간을 절약할 수 있는 난이도가 낮은 문제와 함께, 다른 문제에서 절약한 시간을 투자해야 하는 고난도 문제를 각각 표시하였다. 이를 통해 일반적인 문제들과는 다르게 시간을 적절하게 분배하여 풀이하는 연습이 가능하도록 하였다.

정답 및 오답분석으로 풀이까지 완벽 마무리

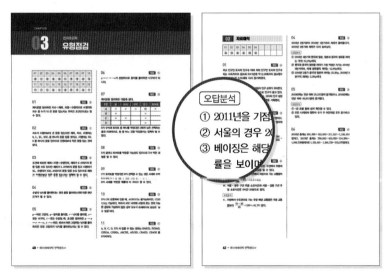

정답에 대한 자세한 해설은 물론 문제별 오답분석을 수록하여 오답이 되는 이유를 올바르게 이해할 수 있도록 하였다.

학습플랜

1주 완성 학습플랜

본서에 수록된 전 영역을 단기간에 끝낼 수 있도록 구성한 학습플랜이다. 한 번에 전 영역을 공부하지 않고, 한 영역을 집중적으로 공부할 수 있도록 하였다. 인성검사 및 필기시험에 대한 기초 학습은 되어 있으나, 학습 계획 세우기에 자신이 없는 분들이나 미리 시험에 대비하지 못해 단시간에 많은 분량을 봐야 하는 수험생에게 추천한다.

ONE WEEK STUDY PLAN

Start!	1일 차 ☐ ____월____일	2일 차 ☐ ____월____일	3일 차 ☐ ____월____일

4일 차 ☐ ____월____일	5일 차 ☐ ____월____일	6일 차 ☐ ____월____일	7일 차 ☐ ____월____일

📋 STUDY CHECK LIST

구분	1일 차	2일 차	3일 차	4일 차	5일 차	6일 차	7일 차
주요기업 기출복원문제							
PART 1							
PART 2							
최종점검 모의고사							
다회독 1회							
다회독 2회							
다회독 3회							
오답분석							

[## 스터디 체크리스트 활용법
1주 완성 학습플랜에서 계획한 학습량을 어느 정도 실천하였는지 표시하여 자신의 학습량을 효율적으로 관리할 수 있다.]

📋 STUDY CHECK LIST

구분	1일 차	2일 차	3일 차	4일 차	5일 차	6일 차	7일 차
기출복원문제	언어논리	X	X	완료			

AI면접 소개

소개

▶ AI면접전형은 '공정성'과 '객관적 평가'를 면접과정에 도입하기 위한 수단으로, 최근 채용과정에 AI면접을 도입하는 기업들이 급속도로 증가하고 있다.

▶ AI기반의 평가는 서류전형 또는 면접전형에서 활용된다. 서류전형에서는 AI가 모든 지원자의 자기소개서를 1차적으로 스크리닝 한 후, 통과된 자기소개서를 인사담당자가 다시 평가하는 방식으로 활용되고 있다. 또한 면접전형에서는 서류전형과 함께 또는, 면접 절차를 대신하여 AI면접의 활용을 통해 지원자의 전반적인 능력을 종합적으로 판단하여 채용에 도움을 준다.

AI면접 프로세스

서류전형 → 필기시험 → 1차 면접 (AI면접 포함) → 2차 면접 → 입사

AI면접 분석 종류

자기분석
기본면접
상황면접   인성검사

뇌과학분석
게이미피케이션

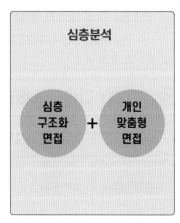

심층분석
심층 구조화 면접 + 개인 맞춤형 면접

AI면접 진행과정

✦ AI면접 정의
뇌신경과학 기반의 인공지능 면접

✦ 소요시간
60분 내외(1인)

✦ 진행순서

❶ 웹캠/음성체크   ❷ 안면등록
❸ 기본질문   ❹ 탐색 질문
❺ 상황질문   ❻ 뇌과학게임
❼ 심층/구조화질문   ❽ 종합평가

⋯⟶ 뇌과학게임 : 게임 형식의 AI면접을 통해 지원자의 성과역량, 성장 가능성 분석
⋯⟶ 기본질문, 상황질문, 탐색질문을 통해 지원자의 강점, 약점을 분석하여 심층/구조화 질문 제시

기본적인 질문 및   지원자의 특성을   지원자의 강점/   심층/구조화 질문
상황질문   분석하기 위한 질문   약점 실시간 분석

✦ 평가요소
종합 코멘트, 주요 및 세부역량 점수, 응답신뢰 가능성 등을 분석하여 종합평가 점수 도출

❶ 성과능력지수	스스로 성과를 내고 지속적으로 성장하기 위해 갖춰야 하는 성과 지향적 태도 및 실행력
❷ 조직적합지수	조직에 적응하고 구성원들과 시너지를 내기 위해 갖춰야 하는 심리적 안정성
❸ 관계역량지수	타인과의 관계를 좋게 유지하기 위해 갖춰야 하는 고객지향적 태도 및 감정 파악 능력
❹ 호감지수	대면 상황에서 자신의 감정과 의사를 적절하게 전달할 수 있는 소통 능력

AI면접 준비

면접 환경 점검

Windows 7 이상 OS에 최적화되어 있다. 웹카메라와 헤드셋(또는 이어폰과 마이크)은 필수 준비 물이며, 크롬 브라우저도 미리 설치해 놓는 것이 좋다. 또한, 주변 정리정돈과 복장을 깔끔하게 해야 한다.

이미지

AI면접은 동영상으로 녹화되므로 지원자의 표정이나 자세, 태도 등에서 나오는 전체적인 이미지가 상당히 중요하다. 특히, '상황 제시형 질문'에서는 실제로 대화하듯이 답변해야 하므로 표정과 제스처의 중요성은 더더욱 커진다. 그러므로 자연스럽고 부드러운 표정과 정확한 발음은 기본이자 필수요소이다.

▶ 시선 처리 : 눈동자가 위나 아래로 향하는 것은 피해야 한다. 대면면접의 경우 아이컨택(Eye Contact)이 가능하기 때문에 대화의 흐름상 눈동자가 자연스럽게 움직일 수 있지만, AI면접에서는 카메라를 보고 답변하기 때문에 다른 곳을 응시하거나, 시선이 분산되는 경우에는 불안감으로 눈빛이 흔들린다고 평가될 수 있다. 따라서 카메라 렌즈 혹은 모니터를 바라보면서 대화를 하듯이 면접을 진행하는 것이 가장 좋다. 시선 처리는 연습하는 과정에서 동영상 촬영을 하며 확인하는 것이 좋다.

▶ 입 모양 : 좋은 인상을 주기 위해서는 입꼬리가 올라가도록 미소를 짓는 것이 좋으며, 이때 입꼬리는 양쪽 꼬리가 동일하게 올라가야 한다. 그러나 입만 움직이게 되면 거짓된 웃음으로 보일 수 있기에 눈과 함께 미소 짓는 연습을 해야 한다. 자연스러운 미소 짓기는 쉽지 않기 때문에 매일 재미있는 사진이나 동영상, 아니면 최근 재미있었던 일 등을 떠올리면서 자연스러운 미소를 지을 수 있는 연습을 해야 한다.

▶ 발성 · 발음 : 답변을 할 때, 말을 더듬는다거나 '음…', '아…' 하는 소리는 마이너스 요인이다. 질문마다 답변을 생각할 시간을 함께 주지만, 지원자의 의견을 체계적으로 정리하지 못한 채 답변을 시작한다면 발생할 수 있는 상황이다. 생각할 시간이 주어진다는 것은 답변에 대한 기대치가 올라간다는 것을 의미하

므로 주어진 시간 동안에 빠르게 답변구조를 구성하는 연습을 진행해야 하고, 말끝을 흐리는 습관이나 조사를 흐리는 습관을 교정해야 한다. 이때, 연습 과정을 녹음하여 체크하는 것이 효과가 좋고, 답변에 관한 부분 또한 명료하고 체계적으로 답변할 수 있도록 연습해야 한다.

✿ 답변방식

AI면접 후기를 보다 보면, 대부분 비슷한 유형의 질문패턴이 진행되는 것을 알 수 있다. 따라서 대면면접 준비방식과 동일하게 질문 리스트를 만들고 연습하는 과정이 필요하다. 특히, AI면접은 질문이 광범위하기 때문에 출제 유형 위주의 연습이 이루어져야 한다.

▶ 유형별 답변방식 습득
- **기본 필수질문** : 지원자들에게 필수로 질문하는 유형으로 지원자만의 답변이 확실하게 구성되어 있어야 한다.
- **상황 제시형 질문** : AI면접에서 주어지는 상황은 크게 8가지 유형으로 분류된다. 각 유형별 효과적인 답변 구성 방식을 연습해야 한다.
- **심층 / 구조화 질문(개인 맞춤형 질문)** : 가치관에 따라 선택을 해야 하는 질문이 대다수를 이루는 유형으로, 여러 예시를 통해 유형을 익히고, 그에 맞는 답변을 연습해야 한다.

▶ 유성(有聲) 답변 연습 : AI면접을 연습할 때에는 같은 유형의 예시를 연습한다고 해도, 실제 면접에서의 세부 소재는 거의 다르다고 할 수 있다. 이 때문에 새로운 상황이 주어졌을 때, 유형을 빠르게 파악하고 답변의 구조를 구성하는 반복연습이 필요하며, 항상 목소리를 내어 답변하는 연습을 하는 것이 좋다.

▶ 면접에 필요한 연기 : 면접은 연기가 반이라고 할 수 있다. 물론 가식적이고 거짓된 모습을 보이라는 것이 아닌, 상황에 맞는 적절한 행동과 답변의 인상을 극대화 시킬 수 있는 연기를 얘기하는 것이다. 면접이 무난하게 흘러가면 무난하게 탈락할 확률이 높다. 때문에 하나의 답변에도 깊은 인상을 전달해 주어야 하고, 그런 것이 연기이다. 특히, AI면접에서는 답변 내용에 따른 표정변화가 필요하고, 답변에 연기를 더할 수 있는 부분까지 연습이 되어있다면, 면접 준비가 완벽히 되어있다고 말할 수 있다.

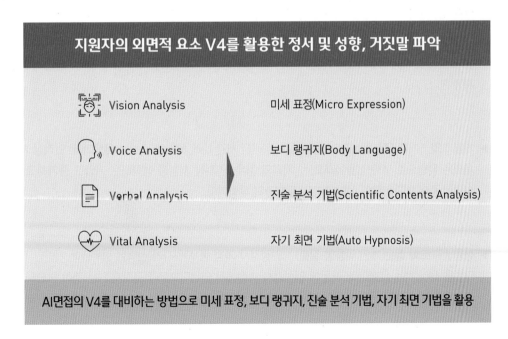

지원자의 외면적 요소 V4를 활용한 정서 및 성향, 거짓말 파악

Vision Analysis	미세 표정(Micro Expression)
Voice Analysis	보디 랭귀지(Body Language)
Verbal Analysis	진술 분석 기법(Scientific Contents Analysis)
Vital Analysis	자기 최면 기법(Auto Hypnosis)

AI면접의 V4를 대비하는 방법으로 미세 표정, 보디 랭귀지, 진술 분석 기법, 자기 최면 기법을 활용

AI면접 구성

기본 필수 질문

탐색질문 (인성검사)

상황 제시형 질문

게임

심층 구조화 질문

▶ 기본 필수질문 : 모든 지원자가 공통으로 받게 되는 질문으로, 기본적인 자기소개, 지원동기, 성격의 장단점 등을 질문하는 구성으로 되어 있다. 이는 대면면접에서도 높은 확률로 받게 되는 질문 유형이므로, AI면접에서도 답변한 내용을 대면면접에서도 다르지 않게 답변해야 한다.

▶ 탐색질문(인성검사) : 인적성 시험의 인성검사와 일치하는 유형으로, 정해진 시간 내에 해당 문장과 지원자의 가치관이 일치하는 정도를 빠르게 체크해야 하는 단계이다.

▶ 상황 제시형 질문 : 특정한 상황을 제시하여, 제시된 상황 속에서 어떻게 대응할지에 대한 답변을 묻는 유형이다. 기존의 대면면접에서는 이러한 질문에 대하여 지원자가 어떻게 행동할지에 대한 '설명'에 초점이 맞춰져 있었다면, AI면접에서는 실제로 '행동'하며, 상대방에게 이야기하듯 답변이 이루어져야 한다.

▶ 게임 : 약 5가지 유형의 게임이 출제되고, 정해진 시간 내에 해결해야 하는 유형이다. 인적성 시험의 새로운 유형으로, AI면접을 실시하는 기업의 경우, 인적성 시험을 생략하는 기업도 증가하고 있다. AI면접 중에서도 비중이 상당한 게임 문제풀이 유형이다.

▶ 심층 / 구조화 질문(개인 맞춤형 질문) : 인성검사 과정 중 지원자가 선택한 항목들에 기반한 질문에 답변을 해야 하는 유형이다. 때문에 인성검사 과정에서 인위적으로 접근하지 않는 것이 중요하고, 주로 가치관에 대하여 묻는 질문이 많이 출제되는 편이다.

AI면접 게임 유형 예시

✿ 도형 옮기기 유형

01 기둥에 각기 다른 모양의 도형이 꽂혀져 있다. 왼쪽 기본 형태에서 도형을 한 개씩 이동시켜서 오른쪽의 완성 형태와 동일하게 만들 때 최소한의 이동 횟수를 고르시오.

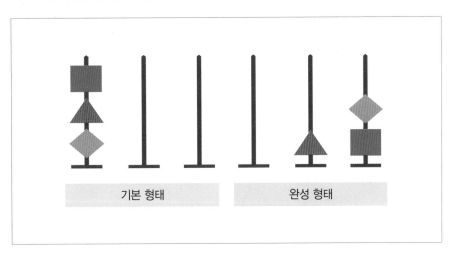

① 1회
② 2회
③ 3회
④ 4회
⑤ 5회

동전 비교 유형

02 두 개의 동전이 있다. 왼쪽 동전 위에 쓰인 글씨의 의미와 오른쪽 동전 위에 쓰인 색깔의 일치 여부를 판단하시오.

① 일치   ② 불일치

해 설

왼쪽 동전 글씨의 '의미'와 오른쪽 동전 글씨의 '색깔' 일치 여부를 선택 하는 문제이다. 제시된 문제의 왼쪽 동전 글씨 색깔은 빨강이지만 의미 자체는 노랑이다. 또한, 오른쪽 동전 글씨 색깔은 초록이지만 의미는 파랑이다. 따라서 노랑과 초록이 일치하지 않으므로 왼쪽 동전 글씨의 의미와 오른쪽 동전의 색깔은 불일치하다.

Solution

빠른 시간 내에 다수의 문제를 풀어야 하기 때문에 혼란에 빠지기 쉬운 유형이다. 풀이 방법의 한 예로 오른쪽 글씨만 먼저 보고, 색깔을 소리 내어 읽어보는 것이다. 입으로 내뱉은 오른쪽 색깔이 왼쪽 글씨에 그대로 쓰여 있는지를 확인하도록 하는 등 본인만의 접근법 없이 상황을 판단하다 보면 실수를 할 수밖에 없기 때문에 연습을 통해 유형에 익숙해져야 한다.
❶ 오른쪽 글씨만 보고, 색깔을 소리 내어 읽는다.
❷ 소리 낸 단어가 왼쪽 글씨의 의미와 일치하는지를 확인한다.

✿ 무게 비교 유형

03 A, B, C, D 4개의 상자가 있다. 시소를 활용하여 무게를 측정하고, 무거운 순서대로 나열하시오(단, 무게 측정은 최소한의 횟수로 진행해야 한다).

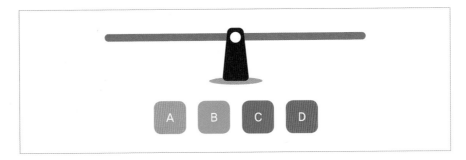

온라인으로 진행하게 되는 AI면접에서는 제시된 물체의 이미지를 드래그하여 계측기 위에 올려놓고, 무게를 측정하게 된다. 비교적 쉬운 유형에 속하나 계측은 최소한의 횟수로만 진행해야 좋은 점수를 받을 수 있다. 측정의 핵심은 '무거운 물체 찾기'이므로 가장 무거운 물체부터 덜 무거운 순서로 하나씩 찾아야 하며, 이전에 진행한 측정에서 무게 비교가 완료된 물체들이 있다면, 그중 무거운 물체를 기준으로 타 물체와의 비교가 이루어져야 한다.

Solution

❶ 임의로 두 개의 물체를 선정하여 무게를 측정한다.

❷·❸ 더 무거운 물체는 그대로 두고, 가벼운 물체를 다른 물체와 교체하여 측정한다.

❹ 가장 무거운 물체가 선정되면, 남은 3가지 물체 중 2개를 측정한다.

❺ 남아 있는 물체 중 무게 비교가 안 된 상자를 최종적으로 측정한다.

따라서 무거운 상자 순서는 'C>B>A>D'이다.

✿ n번째 이전 도형 맞추기 유형

04 제시된 도형이 2번째 이전 도형과 모양이 일치하면 Y를, 일치하지 않으면 N을 기입하시오.

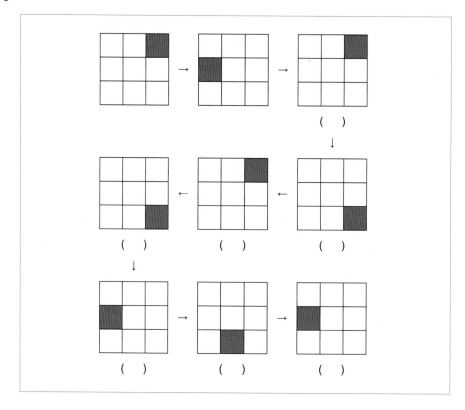

해설

n번째 이전에 나타난 도형과 현재 주어진 도형의 모양이 일치하는지에 대한 여부를 판단하는 유형이다. 제시된 문제는 세 번째 도형부터 2번째 이전의 도형인 첫 번째 도형과 비교해 나가면 된다. 따라서 진행되는 순서를 기준으로 'Y → N → Y → Y → N → N → Y'이다.

Solution

온라인 AI면접에서는 도형이 하나씩 제시되며, 화면이 넘어갈 때마다 n번째 이전 도형과의 일치 여부를 체크해야 한다. 만약 '2번째 이전'이라는 조건이 주어졌다면 인지하고 있던 2번째 이전 도형의 모양을 떠올려 현재 도형과의 일치 여부를 판단함과 동시에 현재 주어진 도형의 모양 역시 암기해 두어야 한다. 이는 판단과 암기가 동시에 이루어져야 하는 문항으로 난이도는 상급에 속한다. 순발력과 암기력이 동시에 필요한 어려운 유형이기에 접근조차 못하는 지원자들도 많지만, 끊임없는 연습을 통해 유형에 익숙해질 수 있다. 문제 풀이의 예로 여분의 종이를 활용하여 문제를 가린 상태에서 도형을 하나씩 순서대로 보면서 문제를 풀어나가는 방법이 있다.

05 도형 안에 쓰인 자음, 모음과 숫자와의 결합이 '분류코드'와 일치하면 Y를, 일치하지 않으면
N을 체크하시오.

해 설

분류코드에는 짝수, 홀수, 자음, 모음 4가지가 존재한다. 분류코드로 짝수 혹은 홀수가 제시된 경우 도형
안에 있는 자음이나 모음은 신경 쓰지 않아도 되며, 제시된 숫자가 홀수인지 짝수인지만 판단하면 된다.
반대로, 분류코드로 자음 혹은 모음이 제시된 경우에는 숫자를 신경 쓰지 않아도 된다. 제시된 문제에서
분류코드로 홀수가 제시되었지만, 도형 안에 있는 숫자 8은 짝수이므로 N이 정답이다.

Solution

개념만 파악한다면 쉬운 유형에 속한다. 문제는 순발력으로, 정해진 시간 내에 최대한 많은 문제를 풀어
야 한다. 계속해서 진행하다 보면 쉬운 문제도 혼동될 수 있으므로 시간을 정해 빠르게 문제를 해결하는
연습을 반복하고 실전면접에 임해야 한다.

☀ 표정을 통한 감정 판단 유형

06 주어지는 인물의 얼굴 표정을 보고 감정 상태를 판단하시오.

① 무표정   ② 기쁨

③ 놀람   ④ 슬픔

⑤ 분노   ⑥ 경멸

⑦ 두려움   ⑧ 역겨움

Solution

제시된 인물의 사진을 보고 어떤 감정 상태인지 판단하는 유형의 문제이다. AI면접에서 제시되는 표정은 크게 8가지로 '무표정, 기쁨, 놀람, 슬픔, 분노, 경멸, 두려움, 역겨움'이다. '무표정, 기쁨, 놀람, 슬픔'은 쉽게 인지가 가능하지만, '분노, 경멸, 두려움, 역겨움'에 대한 감정은 비슷한 부분이 많아 혼동이 될 수 있다. 사진을 보고 나서 5초 안에 정답을 선택해야 하므로 깊게 고민할 시간이 없다. 사실 해당 유형이 우리에게 완전히 낯설지는 않은데, 우리는 일상생활 속에서 다양한 사람들을 마주하게 되며 이때 무의식적으로 상대방의 얼굴 표정을 통해 감정을 판단하기 때문이다. 즉, 누구나 어느 정도의 연습이 되어있는 상태이므로 사진을 보고 즉각적으로 드는 느낌이 정답일 확률이 높다. 따라서 해당 유형은 직관적으로 정답을 선택하는 것이 중요하다. 다만, 대다수의 지원자가 혼동하는 표정에 대한 부분은 어느 정도의 연습이 필요하다.

✿ 카드 조합 패턴 파악 유형

07 주어지는 4장의 카드 조합을 통해 대한민국 국가 대표 야구 경기의 승패 예측이 가능하다. 카드 무늬와 앞뒷면의 상태를 바탕으로 승패를 예측하시오(각 문제당 제한 시간 3초).

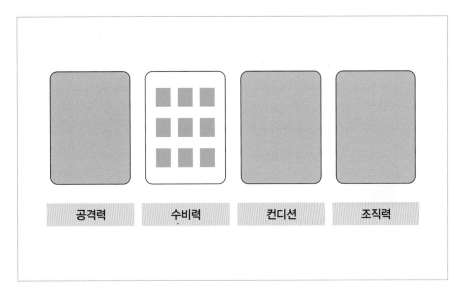

① 승리   ② 패배

Solution

계속해서 제시되는 카드 조합을 통해 정답의 패턴을 파악하는 유형이다. 온라인으로 진행되는 AI면접에서는 답을 선택하면 곧바로 정답 여부를 확인할 수 있다. 이에 따라 하나씩 정답을 확인한 후, 몇 번의 시행착오 과정을 바탕으로 카드에 따른 패턴을 유추해 나갈 수 있게 된다. 그렇기 때문에 초반에 제시되는 카드 조합의 정답을 맞히기는 어려우며, 앞서 얻은 정보들을 잘 기억해 두는 것이 핵심이다. 제시된 문제의 정답은 패배이다.

C O N T E N T S

이 책의 차례

Add+

합격의 공식 SD에듀 www.sdedu.co.kr

2022년 주요기업
기출복원문제

※ 정답 및 해설은 기출복원문제 바로 뒤 p.020에 있습니다.

01 언어

| 삼성

01 다음 제시문에 대한 반론으로 가장 적절한 것은?

> 어느 관현악단의 연주회장에서 연주가 한창 진행되는 도중에 휴대 전화의 벨 소리가 울려 음악의 잔잔한 흐름과 고요한 긴장이 깨져버렸다. 청중들은 객석 여기저기를 둘러보았다. 그런데 황급히 호주머니에서 휴대 전화를 꺼내 전원을 끄는 이는 다름 아닌 관현악단의 바이올린 주자였다. 연주는 계속되었지만 연주회의 분위기는 엉망이 되었고, 음악을 감상하던 많은 사람에게 찬물을 끼얹었다. 이와 같은 사고는 극단적인 사례이지만 공공장소의 소음이 심각한 사회 문제가 될 수 있다는 사실을 보여주고 있다.
>
> 소음 문제는 물질문명의 발달과 관련이 있다. 산업화가 진행됨에 따라 우리의 생활 속에는 '개인적 도구'가 증가하고 있다. 그러한 도구들 덕분에 우리의 생활은 점점 편리해지고 합리적이며 효율적으로 변해가고 있다. 그러나 그러한 이득은 개인과 그가 소유하고 있는 물건 사이의 관계에서 성립하는 것으로 그 관계를 넘어서면 전혀 다른 문제가 된다. 제한된 공간 속에서 개인적 도구가 넘쳐남에 따라, 개인과 개인, 도구와 도구, 그리고 자신의 도구와 타인과의 관계 등이 모순을 일으키는 것이다. 소음 문제도 마찬가지이다. 개인의 차원에서는 편리와 효율을 제공하는 도구들이, 전체의 차원에서는 불편과 비효율을 빚어내는 것이다. 그래서 많은 사회에서 개인적 도구가 타인의 권리를 침해하는 것을 방지하기 위하여 공공장소의 소음을 규제하고 있다.

① 사람들은 소음을 통해 자신의 권리를 침해받기도 한다.

② 문명이 발달함에 따라 소음 문제도 대두되고 있다.

③ 소음 문제는 보통 제한된 공간 속에서 개인적 도구가 과도함에 따라 발생한다.

④ 엿장수의 가위 소리와 같이 소리는 단순한 물리적 존재가 아닌 문화적 가치를 담은 존재가 될 수 있다.

⑤ 개인 차원에서 효율적인 도구들이 전체 차원에서는 문제가 될 수도 있다.

02 다음 글에서 추론할 수 있는 내용으로 가장 적절한 것은?

> 무선으로 전력을 주고받으면, 전원을 직접 연결하는 유선보다 효율은 떨어지지만 전자 제품을 자유롭게 이동하며 사용할 수 있는 장점이 있다. 이처럼 무선으로 전력을 주고받을 수 있도록 전자기를 활용하여 전기를 공급하거나 이용하는 기술이 무선 전력 전송 방식인데 대표적으로 '자기 유도 방식'과 '자기 공명 방식' 두 가지를 들 수 있다.
>
> 자기 유도 방식은 변압기의 원리와 유사하다. 변압기는 네모 모양의 철심 좌우에 코일을 감아, 1차 코일에 '+, −' 극성이 바뀌는 교류 전류를 보내면 마치 자석을 운동시켜서 자기장을 형성하는 것처럼 1차 코일에서도 자기장을 형성한다. 이 자기장에 의해 2차 코일에 전류가 만들어지는데 이 전류를 유도전류라 한다. 변압기는 자기장의 에너지를 잘 전달할 수 있는 철심이 있으나, 자기 유도 방식은 철심이 없이 무선 전력 전송을 하는 것이다.
>
> 이러한 자기 유도 방식은 전력 전송 효율이 90% 이상으로 매우 높다는 장점이 있다. 하지만 1차 코일에 해당하는 송신부와 2차 코일에 해당하는 수신부가 수 센티미터 이상 떨어지거나 송신부와 수신부의 중심이 일치하지 않게 되면 전력 전송 효율이 급격히 저하된다는 문제점이 있다. 휴대전화 같은 경우, 충전 패드에 휴대전화를 올려놓는 방식으로 거리 문제를 해결하고 충전 패드 전체에 코일을 배치하여 송수신부 간 전송 효율을 높임으로써 무선 충전이 가능하도록 하였다. 다만 휴대전화는 직류 전류를 사용하기 때문에 1차 코일로부터 2차 코일에 유도된 교류 전류를 직류 전류로 변환해 주는 정류기가 충전 단계 전에 필요하다.
>
> 두 번째 전송 방식은 자기 공명 방식이다. 다양한 소리굽쇠 중에 하나를 두드리면 동일한 고유 진동수를 가지는 소리굽쇠가 같이 진동하는 물리적 현상이 공명이다. 자기장에 공명이 일어나도록 1차 코일과 공진기를 설계하여 공진 주파수를 만든다. 이후 2차 코일과 공진기를 설계하여 공진 주파수가 전달되도록 하는 것이 자기 공명 방식의 원리이다.
>
> 이러한 특성으로 인해 자기 공명 방식은 자기 유도 방식과 달리 수 미터 가량 근거리 전력 전송이 가능하다는 장점이 있다. 이 방식이 상용화된다면, 송신부와 공명되는 여러 전자 제품을 전원을 연결하지 않아도 사용할 수 있거나 충전할 수 있다. 그러나 실험 단계의 코일 크기로는 일반 가전제품에 적용할 수 없으므로 코일을 소형화해야 할 필요가 있다. 따라서 이를 해결하기 위한 연구가 필요하다.

① 자기 유도 방식은 변압기의 핵심인 유도 전류와 철심을 이용한 방식이다.

② 자기 유도 방식을 사용하면 무선 전력 전송임에도 어떠한 환경에서든 유실되는 전력이 많이 없다는 장점이 있다.

③ 휴대전화와 자기 유도 방식의 '2차 코일'은 모두 직류 전류 방식이다.

④ 자기 공명 방식에서 2차 코일은 공진 주파수를 생성하는 역할을 한다.

⑤ 자기 공명 방식에서 해결이 시급한 것은 전력을 생산하는데 필요한 코일의 크기가 너무 크다는 것이다.

03 다음 글의 제목으로 가장 적절한 것은?

> 구비문학에서는 기록문학과 같은 의미의 단일한 작품 또는 원본이라는 개념이 성립하기 어렵다. 윤선도의 '어부사시사'와 채만식의 『태평천하』는 엄밀하게 검증된 텍스트를 놓고 이것이 바로 그 작품이라 할 수 있지만, '오누이 장사 힘내기' 전설이라든가 '진주 낭군' 같은 민요는 서로 조금씩 다른 구연물이 다 그 나름의 개별적 작품이면서 동일 작품의 변이형으로 인정되기도 하는 것이다. 이야기꾼은 그의 개인적 취향이나 형편에 따라 설화의 어떤 내용을 좀 더 실감 나게 손질하여 구연할 수 있으며, 때로는 그 일부를 생략 혹은 변경할 수 있다. 모내기할 때 부르는 '모노래'는 전승적 가사를 많이 이용하지만, 선창자의 재간과 그때그때의 분위기에 따라 새로운 노래 토막을 끼워 넣거나 일부를 즉흥적으로 개작 또는 창작하는 일도 흔하다.

① 구비문학의 현장성　　　　　　② 구비문학의 유동성
③ 구비문학의 전승성　　　　　　④ 구비문학의 구연성
⑤ 구비문학의 사실성

04 다음 문단을 논리적 순서대로 바르게 나열한 것은?

> (가) 하지만 막상 앱을 개발하려 할 때 부딪히는 여러 난관이 있다. 여행지나 주차장에 한 정보를 모으는 것도 문제이고, 정보를 지속적으로 갱신하는 것도 문제이다. 이런 문제 때문에 결국 아이디어를 포기하는 경우가 많다.
>
> (나) 그러나 이제는 아이디어를 포기하지 않아도 된다. 바로 공공 데이터가 있기 때문이다. 공공 데이터는 공공 기관에서 생성, 취득하여 관리하고 있는 정보 중 전자적 방식으로 처리되어 누구나 이용할 수 있도록 국민들에게 제공된 것을 말한다.
>
> (다) 현재 정부에서는 공공 데이터 포털 사이트를 개설하여 국민들이 쉽게 이용할 수 있도록 하고 있다. 공공 데이터 포털 사이트에서는 800여 개 공공 기관에서 생성한 15,000여 건의 공공 데이터를 제공하고 있으며, 제공하는 공공 데이터의 양을 꾸준히 늘리고 있다.
>
> (라) 앱을 개발하려는 사람들은 아이디어가 넘친다. 사람들이 여행 준비를 위해 많은 시간을 허비하는 것을 보면 한 번에 여행 코스를 짜 주는 앱을 만들어 보고 싶어 하고, 도심에 주차장을 못 찾아 헤매는 사람들을 보면 주차장을 쉽게 찾아 주는 앱을 만들어 보고 싶어 한다.

① (가) – (라) – (나) – (다)　　　　② (가) – (나) – (다) – (라)
③ (가) – (다) – (나) – (라)　　　　④ (라) – (가) – (나) – (다)
⑤ (나) – (라) – (다) – (가)

05 다음 제시문의 내용으로 적절하지 않은 것은?

> 수박은 91% 이상이 수분으로 이뤄져 있어 땀을 많이 흘리는 여름철에 수분을 보충하고 갈증을 해소하는 데 좋다. 또한 몸에 좋은 기능성분도 많이 들어 있어 여름의 보양과일로 불린다. 수박 한 쪽이 약 100g이므로 하루에 6쪽이면 일일 권장량에 해당하는 대표적인 기능 성분인 리코펜과 시트룰린을 섭취할 수 있다고 한다. 그렇다면 좋은 수박을 고르기 위해서는 어떻게 해야 할까.
>
> 우선 신선한 수박은 수박 꼭지를 보고 판단할 수 있다. 수박은 꼭지부터 수분이 마르므로 길이나 모양에 상관없이 꼭지의 상태로 신선도를 판단할 수 있는 것이다. 예전엔 T자 모양의 수박 꼭지로 신선도를 판단했지만, 최근에는 「수박 꼭지 절단 유통 활성화 방안」에 따라 T자 모양 꼭지를 찾기 어려워졌다.
>
> 대신에 우리는 잘 익은 수박은 소리와 겉모양으로 구분할 수 있다. 살짝 두드렸을 때 '통통'하면서 청명한 소리가 나면 잘 익은 수박이며, 덜 익은 수박은 '깡깡'하는 금속음이, 너무 익은 수박은 '퍽퍽'하는 둔탁한 소리가 나게 된다. 또한, 손에 느껴지는 진동으로도 구분할 수 있는데, 왼손에 수박을 올려놓고 오른손으로 수박의 중심 부분을 두드려본다. 이때 잘 익었다면 수박 아래의 왼손에서도 진동이 잘 느껴진다. 진동이 잘 느껴지지 않는다면 너무 익었거나 병에 걸렸을 가능성이 있다. 겉모양의 경우 호피무늬 수박은 껍질에 윤기가 나며 검은 줄무늬가 고르고 진하게 형성돼 있어야 좋다. 그리고 줄기의 반대편에 있는 배꼽의 크기가 작은 것이 당도가 높다.
>
> 최근에는 일부 소비자 가운데 반으로 자른 수박의 과육에 나타나는 하트 모양 줄무늬를 바이러스로 잘못 아는 경우도 있다. 이는 수박씨가 맺히는 자리에 생기는 '태좌'라는 것으로 지극히 정상적인 현상이다. 바이러스 증상은 수박 잎에서 먼저 나타나기 때문에 농가에서 선별 후 유통한다. 또한 바이러스의 경우 꼭지에도 증상이 보이기 때문에 꼭지에 이상이 없다면 과육도 건강한 것이다.

① 수박은 91% 이상이 수분으로 이루어져 있어 여름철에 수분을 보충하기 좋은 과일이다.

② 수박 꼭지로부터 수박의 신선도를 판단할 수 있다.

③ 수박을 반으로 잘랐을 때 하트 모양의 줄무늬가 나타나면 바이러스에 감염된 것이다.

④ 잘 익은 수박의 경우, 살짝 두드렸을 때 '통통'하면서 청명한 소리가 난다.

06 다음 글의 내용으로 가장 적절한 것은?

보름달 중에 가장 크게 보이는 보름달을 슈퍼문이라고 한다. 이때 보름달이 크게 보이는 이유는 달이 평소보다 지구에 가까이 있기 때문이다. 슈퍼문이 되려면 보름달이 되는 시점과 달이 지구에 가장 가까워지는 시점이 일치하여야 한다. 달의 공전 궤도가 완벽한 원이라면 지구에서 달까지의 거리가 항상 똑같을 것이다. 하지만 실제로는 타원 궤도여서 달이 지구에 가까워지거나 멀어지는 현상이 생긴다. 유독 달만 그런 것은 아니고 태양계의 모든 행성이 태양을 중심으로 타원 궤도로 돈다. 이것이 바로 그 유명한 케플러의 행성운동 제1법칙이다.

지구와 달의 평균 거리는 약 38만km인 반면 슈퍼문일 때는 그 거리가 35만 7,000km 정도로 가까워진다. 달의 반지름은 약 1,737km이므로, 지구와 달의 거리가 평균 정도일 때 지구에서 보름달을 바라보는 시각도*는 0.52도 정도인 반면, 슈퍼문일 때는 시각도가 0.56도로 커진다. 반대로 보름달이 가장 작게 보일 때, 다시 말해 보름달이 지구에서 제일 멀 때는 그 거리가 약 40만km여서 보름달을 보는 시각도가 0.49도로 작아진다.

밀물과 썰물이 생기는 원인은 지구에 작용하는 달과 태양의 중력 때문인데, 달이 태양보다는 지구에 훨씬 더 가깝기 때문에 더 큰 영향을 미친다. 달이 지구에 가까워지면 평소 달이 지구를 당기는 힘보다 더 강하게 지구를 당긴다. 그리고 달의 중력이 더 강하게 작용하면, 달을 향한 쪽의 해수면은 평상시보다 더 높아진다. 실제 우리나라에서도 슈퍼문일 때 제주도 등 해안가에 바닷물이 평소보다 더 높게 밀려 들어와서 일부 지역이 침수 피해를 겪기도 했다.

한편 달의 중력 때문에 높아진 해수면이 지구와 함께 자전을 하다보면 지구의 자전을 방해하게 된다. 일종의 브레이크가 걸리는 셈이다. 이 때문에 지구의 자전 속도가 느려지게 되고 그 결과 하루의 길이에 미세하게 차이가 생긴다. 실제 연구 결과에 따르면 100만 년에 17초 정도씩 길어지는 효과가 생긴다고 한다.

* 시각도 : 물체의 양끝에서 눈의 결합점을 향하여 그은 두 선이 이루는 각을 의미한다.

① 지구에서 태양까지의 거리는 1년 동안 항상 일정하다.

② 해수면의 높이는 지구와 달의 거리와 관계가 없다.

③ 달이 지구에서 멀어지면 궤도에서 벗어나지 않기 위해 평소보다 더 강하게 지구를 잡아당긴다.

④ 지구와 달의 거리가 36만km 정도인 경우, 지구에서 보름달을 바라보는 시각도는 0.49도보다 크다.

⑤ 달의 중력 때문에 지구가 자전하는 속도는 점점 빨라지고 있다.

07 다음 글의 내용으로 적절하지 않은 것은?

연방준비제도(이하 연준)가 고용 증대에 주안점을 둔 정책을 입안한다 해도 정책이 분배에 미치는 영향을 고려하지 않는다면, 그 정책은 거품과 불평등만 부풀릴 것이다. 기술 산업의 거품 붕괴로 인한 경기 침체에 대응하여 2000년대 초에 연준이 시행한 저금리 정책이 이를 잘 보여준다.

특정한 상황에서는 금리 변동이 투자와 소비의 변화를 통해 경기와 고용에 영향을 줄 수 있다. 하지만 다른 수단이 훨씬 더 효과적인 상황도 많다. 가령 부동산 거품에 대한 대응책으로는 금리 인상보다 주택 담보 대출에 대한 규제가 더 합리적이다. 생산적 투자를 위축시키지 않으면서 부동산 거품을 가라앉힐 수 있기 때문이다.

경기 침체기라 하더라도, 금리 인하는 은행의 비용을 줄여주는 것 말고는 경기 회복에 별다른 도움이 되지 않을 수 있다. 대부분의 부문에서 설비 가동률이 낮은 상황이라면, 대출 금리가 낮아져도 생산적인 투자가 별로 증대하지 않는다. 2000년대 초가 바로 그런 상황이었기 때문에, 당시의 저금리 정책은 생산적인 투자 증가 대신에 주택 시장의 거품만 초래한 것이다.

금리 인하는 국공채에 투자했던 퇴직자들의 소득을 감소시켰다. 노년층에서 정부로, 정부에서 금융업으로 부의 대규모 이동이 이루어져 불평등이 심화되었다. 이에 따라 금리 인하는 다양한 경로로 소비를 위축시켰다. 은퇴 후의 소득을 확보하기 위해, 혹은 자녀의 학자금을 확보하기 위해 사람들은 저축을 늘렸다. 연준은 금리 인하가 주가 상승으로 이어질 것이므로 소비가 늘어날 것이라고 주장했다. 하지만 2000년대 초 연준의 금리 인하 이후 주가 상승에 따라 발생한 이득은 대체로 부유층에 집중되었으므로 대대적인 소비 증가로 이어지지 않았다.

2000년대 초 고용 증대를 기대하고 시행한 연준의 저금리 정책은 노동을 자본으로 대체하는 투자를 증대시켰다. 인위적인 저금리로 자본 비용이 낮아지자 이런 기회를 이용하려는 유인이 생겨났다. 노동력이 풍부한 상황인데도 노동을 절약하는 방향의 혁신이 강화되었고, 미숙련 노동자들의 실업률이 높은 상황인데도 가계들은 계산원을 해고하고 자동화 기계를 들여놓았다. 경기가 회복되더라도 실업률이 떨어지지 않는 구조가 만들어진 것이다.

① 2000년대 초 연준의 금리 인하로 국공채에 투자한 퇴직자의 소득이 줄어들어 금융업으로부터 정부로 부가 이동하였다.

② 2000년대 초 연준은 고용 증대를 기대하고 금리를 인하했지만, 결과적으로 고용 증대가 더 어려워지도록 만들었다.

③ 2000년대 초 기술 산업 거품의 붕괴로 인한 경기 침체기에 설비 가동률은 대부분의 부문에서 낮은 상태였다.

④ 2000년대 초 연준이 금리 인하 정책을 시행한 후 주택 가격과 주식 가격은 상승하였다.

⑤ 금리 인상은 부동산 거품 대응 정책 가운데 가장 효과적인 정책이 아닐 수 있다.

┃SK

01 농도가 14%로 오염된 물 50g이 있다. 깨끗한 물을 채워서 오염농도를 4%p 줄이려고 한다면 깨끗한 물을 얼마나 넣어야 하는가?

① 5g

② 10g

③ 15g

④ 20g

⑤ 25g

Easy

┃SK

02 어떤 자연수로 245를 나누면 5가 남고, 100을 나누면 4가 남는다고 한다. 이러한 어떤 자연수 중 가장 큰 수는 무엇인가?

① 12

② 24

③ 36

④ 48

⑤ 60

┃LG

03 다음 시계는 일정한 규칙을 갖는다. $2B - \dfrac{A}{20}$ 의 값은?(단, 분침은 시간이 아닌 숫자를 가리킨다)

① 25

② 20

③ 15

④ 10

⑤ 5

04 한국, 미국, 중국, 러시아에서 각각 두 명의 테니스 선수들이 8강전에 진출하였다. 각 국가의 선수들이 결승전에서만 붙는 경우의 수는?

① 56가지　　　　　　　　　　　② 58가지

③ 52가지　　　　　　　　　　　④ 64가지

⑤ 72가지

05 어느 모임의 여자 회원의 수는 남자 회원 수의 80%이다. 남자 회원 5명이 모임을 탈퇴하고 여자 회원 1명이 새로 가입한다면 남자 회원과 여자 회원의 수가 같아진다. 이 모임의 회원 수는?

① 26명　　　　　　　　　　　② 30명

③ 50명　　　　　　　　　　　④ 54명

⑤ 62명

Easy

06 1km 떨어진 지점을 왕복하는 데 20분 동안 30m/min의 속력으로 갔다. 총 1시간 안에 왕복할 때, 이후 속력은?

① 25m/min　　　　　　　　　② 30m/min

③ 35m/min　　　　　　　　　④ 40m/min

⑤ 45m/min

07 A와 B는 C사 필기시험에 응시했다. A가 합격할 확률은 40%이고, A와 B 모두 합격할 확률은 30%일 때, 두 사람 모두 불합격할 확률은?

① 0.1　　　　　　　　　　　② 0.15

③ 0.2　　　　　　　　　　　④ 0.25

⑤ 0.3

Hard

08 다음은 한국과 미국의 소방직 및 경찰직 공무원의 현황을 나타낸 자료이다. 이에 대한 설명으로 적절하지 않은 것은?(단, 소수점 둘째 자리에서 반올림한다)

〈한국과 미국의 소방직 · 경찰직 공무원 현황〉

(단위 : 명)

국가	구분	2019년	2020년	2021년
한국	전체 공무원	875,559	920,291	955,293
	소방직 공무원	39,582	42,229	45,520
	경찰직 공무원	66,523	72,392	79,882
미국	전체 공무원	1,882,428	2,200,123	2,586,550
	소방직 공무원	220,392	282,329	340,594
	경찰직 공무원	452,482	490,220	531,322

① 한국에서 전년 대비 전체 공무원의 증가 인원수는 2020년이 2021년도보다 많다.

② 한국의 소방직 공무원과 경찰직 공무원의 인원 수 차이는 매년 감소하고 있다.

③ 2019년 대비 2021년 증가 인원수는 한국은 소방직 공무원이 경찰직보다 적지만, 미국은 그 반대이다.

④ 미국의 소방직 공무원의 전년 대비 증가율은 2020년이 2021년보다 7.0% 이상 더 높다.

⑤ 미국의 경찰직 공무원이 미국 전체 공무원 중 차지하는 비율은 매년 감소하고 있다.

09 다음은 1,000명을 대상으로 주요 젖병회사 브랜드인 D사, G사, U사의 연도별 판매율을 조사한 자료이다. 자료에 대한 설명으로 적절하지 않은 것은?

〈2017 ~ 2021년 젖병회사별 판매율〉

(단위 : %)

구분	2017년	2018년	2019년	2020년	2021년
D사	52	55	61	58	69
G사	14	19	21	18	20
U사	34	26	18	24	11

① D사와 G사의 판매율 증감은 동일하다.

② D사와 G사의 판매율이 가장 높은 연도는 동일하다.

③ D사의 판매율이 가장 높은 연도는 U사의 판매율이 가장 낮았다.

④ G사의 판매율이 가장 낮은 연도는 U사의 판매율이 가장 높았다.

⑤ U사의 판매율의 가장 높은 연도와 가장 낮은 연도의 차이는 20%p 이상이다.

10 다음은 2021년 1월 기준 코로나19 확진자 발생 현황에 대한 자료이다. 다음 〈보기〉에서 이 자료에 대한 설명으로 적절하지 않은 것을 모두 고르면?

〈코로나19 확진자 발생 현황〉

(단위 : 명)

구분	확진자	치료중	퇴원	소속기관별 확진자							
				유	초	중	고	특수	각종	학평	행정기관
학생	1,203	114	1,089	56	489	271	351	14	12	10	–
교직원	233	7	226	16	73	68	58	9	3	–	6

보기

ㄱ. 확진자 중 퇴원수의 비율은 교직원이 학생보다 6% 이상 높다.
ㄴ. 학생 확진자 중 초등학생 비율은 전체 확진자 중 초등 소속(학생+교직원) 비율보다 낮다.
ㄷ. 전체 확진자 중 고등학생의 비율은 전체 확진자 중 유치원생의 비율의 8배 이상이다.
ㄹ. 고등학교와 중학교 소속 확진자는 전체 확진자의 과반수 이상이다.

① ㄱ, ㄴ   ② ㄷ, ㄹ
③ ㄴ, ㄷ   ④ ㄴ, ㄹ
⑤ ㄱ, ㄴ, ㄷ

11 다음은 공공도서관 현황에 대한 표이다. 이에 대한 설명으로 적절하지 않은 것은?

〈공공도서관의 수〉

구분	2018년	2019년	2020년	2021년
공공도서관 수(단위 : 개관)	644	703	759	786
1관당 인구 수(단위 : 명)	76,926	70,801	66,556	64,547
1인당 장서(인쇄, 비도서) 수(단위 : 권)	1.16	1.31	1.10	1.49
장서(인쇄, 비도서) 수(단위 : 천 권)	58,365	65,366	70,539	75,575
방문자 수(단위 : 천 명)	204,919	235,140	258,315	270,480

① 공공도서관 수는 점점 증가하고 있는 추세이다.
② 2021년 1인당 장서 수는 1.49권이다.
③ 2021년 1관당 인구 수는 2018년 1관당 인구 수에 비해 12,379명 증가했다.
④ 2020년의 공공도서관에는 258,315,000명이 방문했다.

12 다음은 흡연율에 관한 자료이다. 이에 대한 설명으로 적절하지 않은 것은?

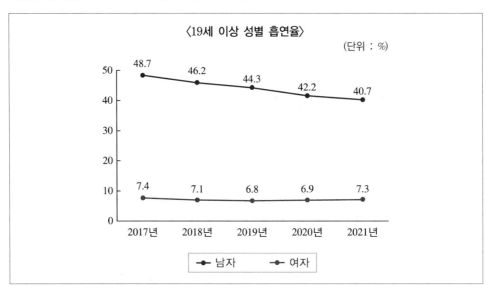

① 남자의 흡연율은 감소하고 있다.
② 여자의 흡연율은 감소에서 증가로 바뀌었다.
③ 남자와 여자의 흡연율 차이는 감소하고 있다.
④ 남자의 흡연율이 전년도와 가장 많은 차이를 보이는 해는 2018년이다.
⑤ 여자의 흡연율이 전년도와 가장 많은 차이를 보이는 해는 2019년이다.

03 | 추리

▎SK

01 다음 다섯 사람 중 오직 한 사람만이 거짓말을 하고 있다. 거짓말을 하고 있는 사람은?

> A : C는 거짓말을 하고 있다.
> B : C의 말이 참이면 E의 말도 참이다.
> C : B는 거짓말을 하고 있지 않다.
> D : A의 말이 참이면 내 말은 거짓이다.
> E : C의 말은 참이다.

① A
② B
③ C
④ D
⑤ E

▎SK

02 다음 제시된 명제가 모두 참일 때 추론할 수 있는 것은?

> • 바나나의 열량은 방울토마토의 열량보다 높다.
> • 딸기의 열량은 사과의 열량보다 낮다.
> • 사과의 열량은 바나나의 열량보다 낮다.

① 딸기의 열량이 가장 낮다.
② 방울토마토의 열량이 가장 낮다.
③ 사과의 열량이 가장 높다.
④ 바나나의 열량이 가장 높다.
⑤ 방울토마토는 딸기보다 열량이 높다.

03 N백화점 명품관에서 도난 사건이 발생했다. CCTV 확인을 통해 그 시각 백화점 명품관에 있던 A∼F용의자가 검거됐다. 이들 중 범인인 두 사람이 거짓말을 하고 있다면, 거짓말을 한 사람은?

> • A : F가 성급한 모습으로 나가는 것을 봤어요.
> • B : C가 가방 속에 무언가 넣는 모습을 봤어요.
> • C : 나는 범인이 아닙니다.
> • D : B 혹은 A가 훔치는 것을 봤어요.
> • E : F가 범인인 게 확실해요. CCTV를 자꾸 신경 쓰고 있었거든요.
> • F : 얼핏 봤는데, 제가 본 도둑은 C 아니면 E예요.

① A, C
② B, C
③ B, F
④ D, E
⑤ F, C

04 일정한 규칙으로 수를 나열할 때, 빈칸에 들어갈 알맞은 수는?

	1	−1	2	−6	24	−120	( )	−5,040

① 700
② 720
③ 740
④ 760
⑤ 780

※ 제시된 명제가 모두 참일 때, 빈칸에 들어갈 명제로 가장 적절한 것을 고르시오. [5~6]

| 삼성

05

> • 환율이 하락하면 국가 경쟁력이 떨어졌다는 것이다.
> • _____
> • 수출이 감소했다는 것은 GDP가 감소했다는 것이다.
> 따라서 수출이 감소하면 국가 경쟁력이 떨어진다.

① 국가 경쟁력이 떨어지면 수출이 감소했다는 것이다.
② GDP가 감소해도 국가 경쟁력은 떨어지지 않는다.
③ 환율이 상승하면 GDP가 증가한다.
④ 환율이 하락해도 GDP는 감소하지 않는다.
⑤ 수출이 증가했다는 것은 GDP가 증가했다는 것이다.

| 삼성

06

> • 아는 것이 적으면 인생에 나쁜 영향이 생긴다.
> • _____
> • 지식을 함양하지 않으면 아는 것이 적다.
> 따라서 공부를 열심히 하지 않으면 인생에 나쁜 영향이 생긴다.

① 공부를 열심히 한다고 해서 지식이 생기지는 않는다.
② 지식을 함양했다는 것은 공부를 열심히 했다는 뜻이다.
③ 아는 것이 많으면 인생에 나쁜 영향이 생긴다.
④ 아는 것이 많으면 지식이 많다는 뜻이다.
⑤ 아는 것이 적으면 지식을 함양하지 않았다는 것이다.

※ 다음 도식의 기호들은 일정한 규칙에 따라 도형을 변화시킨다. 〈보기〉의 규칙을 찾고 ?에 들어갈 알맞은 도형을 고르시오. **[1~2]**

| KT

01

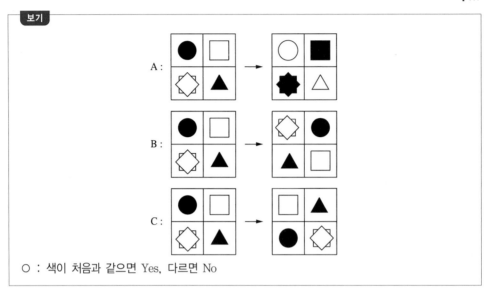

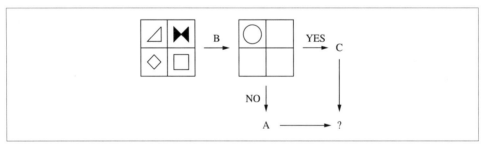

① 　　　　②

③ 　　　　④

⑤

02

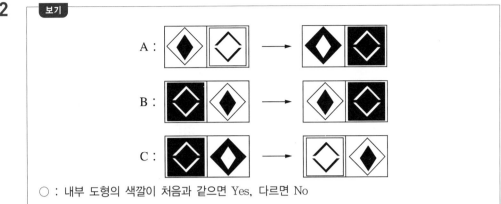

A :

B :

C :

○ : 내부 도형의 색깔이 처음과 같으면 Yes, 다르면 No

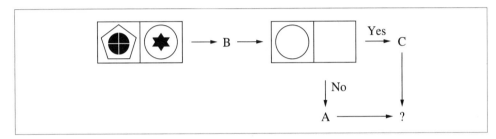

①

②

③

④

⑤

※ 다음 기호들은 일정한 규칙에 따라 도형을 변화시킨다. 주어진 도형을 도식에 따라 변화시켰을 때 결과로 올바른 것을 고르시오(단, 주어진 조건 두 가지 이상일 때, 모두 일치해야 Yes로 이동한다). [3~4]

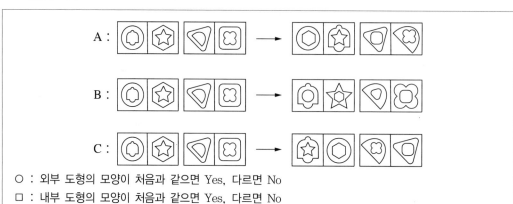

○ : 외부 도형의 모양이 처음과 같으면 Yes, 다르면 No
□ : 내부 도형의 모양이 처음과 같으면 Yes, 다르면 No
△ : 외부 · 내부 도형의 모양이 처음과 같으면 Yes, 다르면 No

| KT

03

①
②
③
④
⑤

04

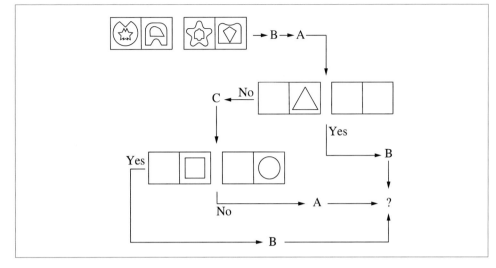

①

②

③

④

⑤

01 언어

01	02	03	04	05	06	07			
④	⑤	②	④	③	④	①			

01

정답 ④

제시문은 소음의 규제에 대한 이야기를 하고 있다. 따라서 소리가 시공간적 다양성을 담아내는 문화 구성 요소라는 주장을 통해 단순 소음 규제에 반박할 수 있다.

오답분석

① 관현악단 연주 사례를 통해 알 수 있는 사실이다.
②·③·⑤ 제시문의 내용으로 적절하다.

02

정답 ⑤

마지막 문단에서 추론할 수 있다.

오답분석

① 자기 유도 방식은 유도 전력을 이용하지만, 무선 전력 전송을 하기 때문에 철심을 이용하지 않는다.
② 자기 유도 방식은 전력 전송율이 높으나 1차 코일에 해당하는 송신부와 2차 코일에 해당하는 수신부가 수 센티미터 이상 떨어지거나 송신부와 수신부의 중심이 일치하지 않게 되면 전력 전송 효율이 급격히 저하된다.
③ 자기 유도 방식의 2차 코일은 교류 전류 방식이다.
④ 자기 공명 방식에서 2차 코일은 공진 주파수를 전달 받는다. 1차 코일에서 공진 주파수를 만든다.

03

정답 ②

구비문학에서는 단일한 작품, 원본이라는 개념이 성립하기 어려우며, 선창자의 재간과 그때그때의 분위기에 따라 새롭게 변형되거나 창작되는 일이 흔하다. 다시 말해 정해진 틀이 있다기보다는 상황이나 분위기에 따라 바뀌는 것이 가능하다. 따라서 글의 제목은 형편이나 때에 따라 변화될 수 있음을 뜻하는 말인 '유동성'을 사용한 '구비문학의 유동성'이라고 볼 수 있다.

04

정답 ④

제시된 글은 정부가 제공하는 공공 데이터를 활용한 앱 개발에 대한 설명으로, 먼저 다양한 앱을 개발하려는 사람들을 통해 화제를 제시한 (라) 문단이 오는 것이 적절하며, 이러한 앱 개발에 있어 부딪히는 문제들을 제시한 (가) 문단이 그 뒤에 오는 것이 적절하다. 다음으로 이러한 문제들을 해결하기 위한 방법으로 공공 데이터를 제시하는 (나) 문단이 오고, 마지막으로 공공 데이터에 대한 추가 설명으로 공공 데이터를 위한 정부의 노력인 (다) 문단이 오는 것이 적절하다.

05

반으로 자른 수박의 과육에 나타나는 하트 모양 줄무늬는 수박씨가 맺히는 자리에 생기는 '태좌'라는 것으로 정상적인 현상이다.

06

슈퍼문일 때는 지구와 달의 거리가 35만 7,000km 정도로 가까워지며, 이때 지구에서 보름달을 바라보는 시각도는 0.56도로 커지므로 0.49의 시각도보다 크다는 판단은 적절하다.

[오답분석]

① 케플러의 행성운동 제1법칙에 따라 태양계의 모든 행성은 태양을 중심으로 타원 궤도로 돈다. 따라서 지구도 태양을 타원 궤도로 돌기 때문에 지구에서 태양까지의 거리는 항상 일정하지 않을 것이다.

② 달이 지구에 가까워지면 달의 중력이 더 강하게 작용하여, 달을 향한 쪽의 해수면이 평상시보다 더 높아진다. 즉, 지구와 달의 거리에 따라 해수면의 높이가 달라지므로 서로 관계가 있다.

③ 달이 지구에 가까워지면 평소 달이 지구를 당기는 힘보다 더 강하게 지구를 당긴다. 따라서 이와 반대로 달이 지구에서 멀어지면 지구를 당기는 달의 힘은 약해질 것이다.

⑤ 달의 중력 때문에 높아진 해수면이 지구의 자전을 방해하게 되고, 이 때문에 지구의 자전 속도가 느려져 100만 년에 17초 정도씩 길어진다고 하였으므로 지구의 자전 속도는 점점 느려지고 있다.

07

네 번째 문단에 따르면 2000년대 초 연준의 금리 인하는 국공채에 투자했던 퇴직자들의 소득을 감소시켰고, 노년층에서 정부로, 정부에서 금융업으로 부의 대규모 이동이 이루어져 불평등을 심화시켰다. 따라서 금융업으로부터 정부로 부가 이동하였다는 ①은 글의 내용으로 적절하지 않다.

[오답분석]

② 마지막 문단에 따르면 2000년대 초 연준이 고용 증대를 기대하고 시행한 저금리 정책은 노동을 자본으로 대체하는 투자를 증대시킴으로써 오히려 실업률이 떨어지지 않는 구조를 만들었다.

③ 세 번째 문단에 따르면 2000년대 초는 대부분의 부문에서 설비 가동률이 낮은 상황이었기 때문에 당시의 저금리 정책이 오히려 주택 시장의 거품을 초래하였다.

④ 2000년대 초 연준의 저금리 정책으로 주택 가격이 상승하여 주택 시장의 거품을 초래하였고, 주식 가격 역시 상승하였지만 이에 대한 이득은 대체로 부유층에 집중되었다.

⑤ 두 번째 문단에 따르면 부동산 거품 대응 정책에서는 주택 담보 대출에 대한 규제가 금리 인상보다 더 효과적인 정책이다.

01	02	03	04	05	06	07	08	09	10	11	12								
④	④	④	⑤	④	③	②	②	②	③	③	⑤								

01

정답 ④

오염물질의 양은 $\frac{14}{100} \times 50 = 7$g이므로 깨끗한 물을 xg 더 넣어 오염농도를 10%로 만든다면

$\frac{7}{50+x} \times 100 = 10 \rightarrow 700 = 10 \times (50+x)$

$\therefore x=20$

따라서 깨끗한 물을 20g 더 넣어야 한다.

02

정답 ④

어떤 자연수를 x라 하면, $245-5=240$과 $100-4=96$으로는 x가 나누어떨어진다고 할 수 있다. 따라서 가장 큰 x는 240과 96의 최대공약수인 48이다.

03

정답 ④

{(시침의 숫자)+(분침의 숫자)}×5=(가운데 숫자)

A : $(9+7) \times 5 = 80$

B : $(B+6) \times 5 = 65 \rightarrow B+6=13 \rightarrow B=7$

$\therefore 2B - \frac{A}{20} = 2 \times 7 - \frac{80}{20} = 14-4 = 10$

04

정답 ⑤

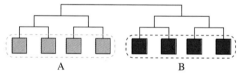

A   B

위의 그림과 같이 8강전 대진표를 살펴보면 결승전은 4명 중에서 1명씩 진출하는 것을 알 수 있다. 결승전 전까지 같은 국가의 선수 대결을 피하기 위해서는 A그룹과 B그룹에 두 명의 선수들이 나누어 들어가야 한다.

대진표상 A그룹과 B그룹은 따로 구별이 필요하지 않다. 하지만 두 명의 한국 선수가 각 그룹에 들어갔다고 하였을 때, 선수를 기준으로 두 그룹의 구별이 발생한다. 해당 그룹에 각 나머지 나라의 선수들이 배치되는 경우의 수는 $2 \times 2 \times 2 = 8$이다.

따라서 분배된 인원들의 경기의 경우의 수를 구하면 $_4C_2 \times _2C_2 \div 2 \times _4C_2 \times _2C_2 \div 2 = 9$이므로 $8 \times 9 = 72$가지이다.

05

정답 ④

남자 회원 수를 x명, 여자 회원 수를 y명이라고 하면

$y = 0.8x \cdots \bigcirc$

$x - 5 = y + 1 \cdots \bigcirc\bigcirc$

$\bigcirc$과 $\bigcirc\bigcirc$을 연립하면 $x=30$, $y=24$

$\therefore x+y = 30+24 = 54$명

따라서 모임의 회원 수는 54명이다.

06

- 20분 동안 30m/min의 속력으로 간 거리 : $20 \times 30 = 600$m
- 20분 후 남은 거리 : $2,000 - 600 = 1,400$m
- 1시간 중 남은 시간 : $60 - 20 = 40$분

따라서 20분 후 속력은 $1,400 \div 40 = 35$m/min이므로, 이후에는 35m/min의 속력으로 가야 한다.

07

A가 합격할 확률을 P_A라 하고, B가 합격할 확률을 P_B라 할 때, 두 사람의 합격 여부는 서로 영향을 미치지 않으므로 A, B 모두 합격할 확률은 $P_A \cap P_B = P_A \times P_B = 0.3$이다.

$P_A = 0.4$이므로 $P_B = \dfrac{0.3}{0.4} = \dfrac{3}{4} = 0.75$이다.

따라서 두 사람 모두 불합격할 확률은 $(1-0.4) \times (1-0.75) = 0.6 \times 0.25 = 0.15$이다.

08

한국의 소방직 공무원과 경찰직 공무원의 인원 수 격차는 2019년이 $66,523 - 39,582 = 26,941$명, 2020년이 $72,392 - 42,229 = 30,163$명, 2021년이 $79,882 - 45,520 = 34,362$명으로 매년 증가하고 있다.

[오답분석]

① 한국의 전년 대비 전체 공무원의 증가 인원수는 2020년이 $920,291 - 875,559 = 44,732$명, 2021년이 $955,293 - 920,291 = 35,002$명으로 2020년이 2021년도보다 많다.

③ 2019년 대비 2021년 한국과 미국의 소방직과 경찰직 공무원의 증가 인원수는 다음과 같다.

(단위 : 명)

국가	구분	2019년	2021년	인원 증가 수
한국	소방직 공무원	39,582	45,520	$45,520 - 39,582 = 5,938$
	경찰직 공무원	66,523	79,882	$79,882 - 66,523 = 13,359$
미국	소방직 공무원	220,392	340,594	$340,594 - 220,392 = 120,202$
	경찰직 공무원	452,482	531,322	$531,322 - 452,482 = 78,840$

따라서 2019년 대비 2021년 증가 인원수는 한국은 소방직 공무원이 경찰직보다 적지만, 미국은 그 반대임을 알 수 있다.

④ 미국의 소방직 공무원의 전년 대비 증가율은 2020년이 약 $\dfrac{282,329 - 220,392}{220,392} \times 100 \fallingdotseq 28.1\%$,

2021년이 약 $\dfrac{340,594 - 282,329}{282,329} \times 100 \fallingdotseq 20.6\%$로, 2020년이 2021년보다 약 $28.1 - 20.6 = 7.5\%$ 더 높다.

⑤ 미국의 경찰직 공무원이 미국 전체 공무원 중 차지하는 비율은 2019년이 $\dfrac{452,482}{1,882,428} \times 100 \fallingdotseq 24.0\%$, 2020년이 $\dfrac{490,220}{2,200,123} \times$

$100 \fallingdotseq 22.3\%$, 2021년이 $\dfrac{531,322}{2,586,550} \times 100 \fallingdotseq 20.5\%$로 매년 감소하고 있다.

09

D사의 판매율이 가장 높은 연도는 2021년, G사의 판매율이 가장 높은 연도는 2019년으로 다르다.

[오답분석]

① D사와 G사는 2020년도만 감소하여 판매율 증감이 같다.

③ D사의 판매율이 가장 높은 연도는 2021년이고, U사의 판매율이 가장 낮은 연도도 2021년으로 동일하다.

④ G사의 판매율이 가장 낮은 연도는 2017년이고, U사의 판매율이 가장 높은 연도도 2017년으로 동일하다.

⑤ U사의 가장 높은 판매율은 34%, 가장 낮은 판매율은 11%로 그 차이는 23%p이다.

10

ㄴ. 학생 확진자 중 초등학생의 비율은 $\frac{489}{1,203} \times 100 ≒ 40.6\%$이고, 전체 확진자 중 초등학교 기관의 비율은 $\frac{(489+73)}{(1,203+233)} \times 100$ ≒ 39.1% 로 학생 확진자 중 초등학생 비율이 더 높다.

ㄷ. 전체 확진자 중 고등학생의 비율은 $\frac{351}{(1,203+233)} \times 100 ≒ 24.4\%$이고, 유치원생의 비율은 $\frac{56}{(1,203+233)} \times 100 ≒ 3.9\%$로, 확진자는 유치원생의 비율보다 고등학생의 비율이 약 6.3배 이상이다.

오답분석

ㄱ. 확진자 중 퇴원수의 비율은 학생은 $\frac{1,089}{1,203} \times 100 ≒ 90.5\%$이고 교직원의 비율은 $\frac{226}{233} \times 100 ≒ 97.0\%$으로 약 6% 이상 차이가 난다.

ㄹ. 고등학교와 중학교 소속 확진자 수는 351+58+271+68=748명이고 이는 전체 확진자 1,203+233=1,436(명)의 약 52.1%이다.

11

2021년 1관당 인구 수는 2018년 1관당 인구 수에 비해 12,379명 감소했다.

오답분석

① 공공도서관 수는 644 → 703 → 759 → 786으로 증가하는 추세이다.
② 2021년 1인당 장서 수는 1.49권임을 표에서 쉽게 확인할 수 있다.
④ 2020년 공공도서관에 258,315,000명이 방문했음을 표에서 쉽게 확인할 수 있다.

12

여자 흡연율의 전년도와의 차이를 정리하면 다음과 같다.

구분	2017년	2018년	2019년	2020년	2021년
여자 흡연율(%)	7.4	7.1	6.8	6.9	7.3
전년도 대비 차이(%p)	−	−0.3	−0.3	+0.1	+0.4

따라서 가장 많은 차이를 보이는 해는 2021년이다.

오답분석

① 2017년부터 2021년까지 계속 감소하고 있다.
② 2019년까지 감소하다가 이후 증가하고 있다.
③ 남자와 여자의 흡연율 차이를 정리하면 다음과 같다.

구분	2017년	2018년	2019년	2020년	2021년
남자 흡연율(%)	48.7	46.2	44.3	42.2	40.7
여자 흡연율(%)	7.4	7.1	6.8	6.9	7.3
남자·여자 흡연율 차이(%p)	41.3	39.1	37.5	35.3	33.4

따라서 남자와 여자의 흡연율 차이는 감소하고 있다.
④ 남자 흡연율의 전년도와의 차이를 정리하면 다음과 같다.

구분	2017년	2018년	2019년	2020년	2021년
남자 흡연율(%)	48.7	46.2	44.3	42.2	40.7
전년도 대비 차이(%p)	−	−2.5	−1.9	−2.1	−1.5

따라서 가장 많은 차이를 보이는 해는 2018년이다.

01	02	03	04	05	06			
①	④	③	②	③	②			

01

정답 ①

A와 E의 진술이 모순이므로 두 경우를 확인한다.

- A의 진술이 참인 경우
  A와 D의 진술에 따라, 거짓말을 하는 사람이 C, D, E이다. 따라서 거짓말을 하는 사람이 1명이라는 조건에 위배된다.
- E의 진술이 참인 경우
  C의 말이 참이므로 A는 거짓말을 하고, B, D는 진실을 말하는 사람이다. 이때 D의 진술에서 전제(A의 말이 참이면)가 성립하지 않는다.

따라서 A가 거짓말을 하는 사람이다.

02

정답 ④

바나나>방울토마토, 바나나>사과>딸기로 바나나의 열량이 가장 높은 것을 알 수 있으나, 제시된 사실만으로는 방울토마토와 딸기의 열량을 비교할 수 없으므로 가장 낮은 열량의 과일은 알 수 없다.

03

정답 ③

B의 발언이 참이라면 C가 범인이고 F도 참이 된다. F는 C 또는 E가 범인이라고 했으므로 C가 범인이라면 E는 범인이 아니고, E의 발언 역시 참이 되어야 한다. 하지만 E의 발언이 참이라면 F가 범인이어야 하므로 모순이다. 따라서 B의 발언이 거짓이며, C 또는 E가 범인이라고 말한 F 역시 범인임을 알 수 있다.

04

정답 ②

앞의 항에 $\times(-1)$, $\times(-2)$, $\times(-3)$, …인 수열이다.
따라서 ( )$=(-120)\times(-6)=720$이다.

05

정답 ③

'환율이 하락하다.'를 A, '수출이 감소한다.'를 B, 'GDP가 감소한다.'를 C, '국가 경쟁력이 떨어진다.'를 D라고 했을 때, 첫 번째 명제는 A → D, 세 번째 명제는 B → C, 네 번째 명제는 B → D이므로 마지막 명제가 참이 되려면 C → A라는 명제가 필요하다. 그러므로 C → A의 대우 명제인 ③이 답이 된다.

06

정답 ②

'공부를 열심히 한다.'를 A, '지식을 함양하지 않는다.'를 B, '아는 것이 적다.'를 C, '인생에 나쁜 영향이 생긴다.'를 D로 놓고 보면 첫 번째 명제는 C → D, 세 번째 명제는 B → C, 네 번째 명제는 ~A → D이므로 네 번째 명제가 도출되기 위해서는 ~A → B가 필요하다. 따라서 대우 명제인 ②가 답이 된다.

01	02	03	04						
②	⑤	④	②						

01

정답 ②

A : 색 반전
B : 시계 방향으로 도형 및 색상 한 칸 이동
C : 반시계 방향으로 도형 및 색상 한 칸 이동

02

정답 ⑤

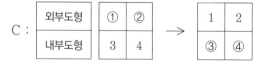

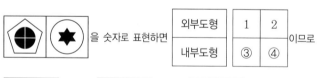

03

A : 오른쪽 외부 도형과 왼쪽 내부 도형 위치 변경

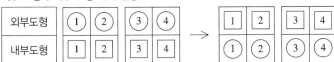

B : 외부 도형과 내부 도형 위치 변경

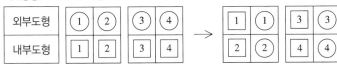

C : 시계방향으로 한 칸 이동

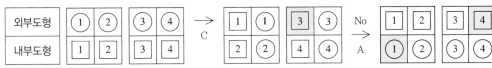

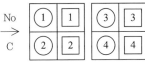

04

A : 오른쪽 외부 도형과 왼쪽 내부 도형 위치 변경

B : 외부 도형과 내부 도형 위치 변경

C : 시계방향으로 한 칸 이동

외부도형	①	②	③	④
내부도형	1	2	3	4

$\xrightarrow{\text{B}}$

1	2	3	4
①	②	③	④

$\xrightarrow{\text{A}}$

1	①	3	③
2	②	4	④

$\xrightarrow[\text{C}]{\text{No}}$

2	1	4	3
②	①	④	③

$\xrightarrow[\text{A}]{\text{No}}$

2	②	4	④
1	①	3	③

PART **1**

기출복원문제

01

기출복원문제

정답 및 해설 p.002

01 지각정확력

※ 다음 제시된 문자와 같은 것의 개수를 고르시오. [1~3]

01

辰

辰	在	辰	無	長	防	丹	失	堂	亞	丹	防
江	無	在	丹	辰	京	代	長	辰	失	史	江
卞	手	辰	京	史	卞	江	手	史	代	卞	手
防	長	堂	失	辰	在	堂	亞	京	長	辰	無

① 4개   ② 7개

③ 9개   ④ 11개

⑤ 14개

						ㄶ					

ㄶ	ㄹㄹ	ㄶ	ㅃ	ㅃ	ㄸ	ㄶ	ㅿ	ㄹㄹ	ㅃ	ㄹ	ㅃ
ㄹ	ㅃ	ㅃ	ㅿ	ㅆ	ㄹㄹ	ㅃ	ㅃ	ㅄ	ㅄ	ㅃ	ㄶ
ㄹㄹ	ㅆ	ㄶ	ㄸ	ㅃ	ㅆ	ㄹ	ㅄ	ㅆ	ㅿ	ㅆ	ㅃ
ㅃ	ㅿ	ㄹ	ㄹㄹ	ㄶ	ㅃ	ㄸ	ㄶ	ㅃ	ㄴ	ㄶ	ㄹㄹ

① 6개 ② 7개

③ 8개 ④ 9개

⑤ 10개

						☺					

☺	☺	☺	☹	☺	☹	☹	☹	☹	☺	☺	☺
☺	☺	☺	☺	☺	☺	☺	☹	☺	☺	☹	☺
⋓	⋓	⋓	⋒	⋒	⋓	⋒	☺	☺	☺	☺	☺
☺	☺	☹	☹	☺	☺	☹	☺	☺	☺	☺	☺

① 13개 ② 14개

③ 15개 ④ 16개

⑤ 17개

※ 다음 표에 제시되지 않은 문자를 고르시오. [4~6]

04

Ⅱ	Ⅰ	Ⅶ	Ⅹ	Ⅲ	Ⅷ	Ⅷ	Ⅳ	Ⅷ	Ⅳ	Ⅲ	Ⅳ
Ⅹ	Ⅱ	Ⅷ	Ⅷ	Ⅸ	Ⅱ	Ⅲ	Ⅸ	Ⅴ	Ⅰ	Ⅶ	Ⅴ
Ⅲ	Ⅳ	Ⅴ	Ⅹ	Ⅱ	Ⅲ	Ⅶ	Ⅲ	Ⅹ	Ⅱ	Ⅲ	Ⅷ
Ⅳ	Ⅶ	Ⅲ	Ⅳ	Ⅶ	Ⅰ	Ⅷ	Ⅳ	Ⅶ	Ⅸ	Ⅱ	Ⅰ

① Ⅱ   ② Ⅸ
③ Ⅵ   ④ Ⅰ
⑤ Ⅶ

05

(n)	(f)	(e)	(h)	(g)	(v)	(i)	(q)	(a)	(g)	(d)	(n)
(v)	(g)	(i)	(w)	(d)	(k)	(e)	(h)	(k)	(f)	(q)	(h)
(d)	(b)	(v)	(f)	(q)	(g)	(f)	(n)	(i)	(h)	(k)	(f)
(e)	(h)	(n)	(g)	(i)	(e)	(h)	(g)	(d)	(z)	(v)	(e)

① (w)   ② (z)
③ (b)   ④ (m)
⑤ (a)

06

① ↪   ② ←
③ ⇁   ④ ↔
⑤ ↑

※ 다음 제시된 낱말의 대응 관계로 볼 때 빈칸에 들어갈 알맞은 것을 고르시오. **[1~3]**

01

자전거 : (　　) = 손 : 손톱

① 팔 　　　　　　　　　　② 운동
③ 도로 　　　　　　　　　④ 지하철
⑤ 페달

02

암상 : 시기심 = (　　) : 답습

① 장난 　　　　　　　　　② 흉내
③ 지원 　　　　　　　　　④ 전파
⑤ 그림자

Easy
03

쌀 : 섬 = 바늘 : (　　)

① 갓 　　　　　　　　　　② 거리
③ 말 　　　　　　　　　　④ 쌈
⑤ 톳

※ 다음 제시된 낱말의 대응 관계로 볼 때 빈칸에 들어가기에 알맞은 것끼리 짝지어진 것을 고르시오.
[4~5]

04

| 낱말 : (A) = (B) : 속박 |

⟨A⟩　① 언어　　② 문장　　③ 단어　　④ 국어　　⑤ 신문
⟨B⟩　① 결정　　② 과속　　③ 희박　　④ 구속　　⑤ 정치

05

| 지청구 : (A) = 겸손 : (B) |

⟨A⟩　① 부추　　② 타박　　③ 우리　　④ 지부　　⑤ 칭찬
⟨B⟩　① 판결　　② 공정　　③ 보상　　④ 심술　　⑤ 거드름

PART 1

※ 다음 제시문을 읽고, 각 문제가 항상 참이면 ①, 거짓이면 ②, 알 수 없으면 ③을 고르시오. **[1~3]**

- 모든 손님들은 A와 B 중에서 하나만을 주문했다.
- A를 주문한 손님 중에서 일부는 C를 주문했다.
- B를 주문한 손님들만 추가로 주문할 수 있는 D도 많이 판매되었다.

01 B와 C를 동시에 주문하는 손님도 있었다.

  ① 참   ② 거짓   ③ 알 수 없음

02 D를 주문한 손님은 A를 주문하지 않았다.

  ① 참   ② 거짓   ③ 알 수 없음

03 C를 주문한 손님은 모두 A를 주문했다.

  ① 참   ② 거짓   ③ 알 수 없음

※ 다음 제시문을 읽고, 각 문제가 항상 참이면 ①, 거짓이면 ②, 알 수 없으면 ③을 고르시오. [4~6]

> • 스트레스를 받으면 매운 음식을 먹는다.
> • 아이스크림을 먹으면 운동을 한다.
> • 아이스크림을 먹지 않으면 매운 음식을 먹지 않는다.
> • 운동을 하면 야근을 하지 않는다.
> • 야근을 하지 않으면 친구를 만난다.

04 아이스크림을 먹지 않았다면 스트레스를 받지 않았다.

① 참   ② 거짓   ③ 알 수 없음

05 친구를 만나지 않았다면 매운 음식을 먹는다.

① 참   ② 거짓   ③ 알 수 없음

06 야근을 하지 않았다면 아이스크림을 먹는다.

① 참   ② 거짓   ③ 알 수 없음

PART 1

※ 제시된 전개도를 접었을 때, 나타나는 입체도형으로 알맞은 것을 고르시오. **[1~2]**

01

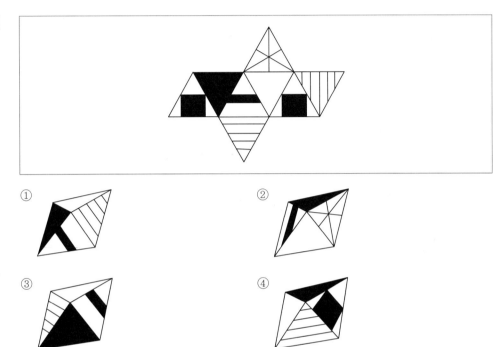

① ②

③ ④

02

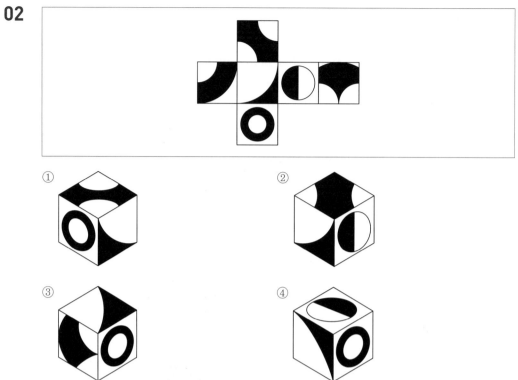

01 다음 글의 주제로 가장 적절한 것은?

> 표준화된 언어는 의사소통을 효과적으로 하기 위하여 의도적으로 선택해야 할 공용어로서의 가치가 있다. 반면에 방언은 지역이나 계층의 언어와 문화를 보존하고 드러냄으로써 국가 전체의 언어와 문화를 다양하게 발전시키는 토대로서의 가치가 있다. 이러한 의미에서 표준화된 언어와 방언은 상호 보완적인 관계에 있다. 표준화된 언어가 있기에 정확한 의사소통이 가능하며, 방언이 있기에 개인의 언어생활에서나 언어 예술 활동에서 자유롭고 창의적인 표현이 가능하다. 결국 우리는 표준화된 언어와 방언 둘 다의 가치를 인정해야 하며, 발화(發話) 상황(狀況)을 잘 고려해서 표준화된 언어와 방언을 잘 가려서 사용할 줄 아는 능력을 길러야 한다.

① 창의적인 예술 활동에서는 방언의 기능이 중요하다.
② 표준화된 언어와 방언에는 각각 독자적인 가치와 역할이 있다.
③ 정확한 의사소통을 위해서는 표준화된 언어가 꼭 필요하다.
④ 표준화된 언어와 방언을 구분할 줄 아는 능력을 길러야 한다.

02 다음 글의 내용을 추론한 것으로 적절하지 않은 것은?

미세먼지가 피부의 염증 반응을 악화시키고, 재생을 둔화시키는 등 피부의 적이라는 연구 결과가 지속적으로 발표되고 있다. 최근 어떤 연구 결과에 따르면 초미세먼지 농도가 짙은 지역에 거주하는 사람은 공기가 가장 깨끗한 지역에 사는 사람보다 잡티나 주름이 생길 확률이 높았고, 고령일수록 그 확률은 증가했다.

그렇다면 미세먼지 차단 화장품은 효과가 있을까? 정답은 '제대로 된 제품을 고른다면 어느 정도 효과가 있다.'이다. 그러나 식품의약품안전처에서 발표한 내용에 따르면 미세먼지에 효과가 있다고 광고하는 제품 중 절반 이상이 효과가 없는 것으로 드러났다. 무엇보다 미세먼지 차단지수가 표준화되어 있지 않고, 각 나라와 회사별로 다른 지수를 제안하고 있어서 이를 검증하고 표준화시키는 데는 좀 더 시간이 걸릴 것으로 보고 있다.

피부를 미세먼지로부터 보호하는 방법은 애초에 건강한 피부를 유지하는 것이다. 미세먼지가 가장 많이 침투하는 부위를 살펴보면 피부가 얇거나 자주 갈라지는 눈 근처, 코 옆, 입술 등이다. 평소 세안을 깨끗이 하고, 보습제와 자외선 차단제를 잘 바르는 생활습관만으로도 피부를 보호할 수 있다. 특히, 메이크업을 즐겨하는 사람들은 색조 제품의 특성상 노폐물이 더 잘 붙을 수밖에 없으므로 주의해야 한다.

다음으로 체내 면역력을 높이는 것이다. 미세먼지는 체내의 면역체계를 약하게 만들어서 비염, 편도선염, 폐질환, 피부염 등의 원인이 된다. 이를 막기 위해서는 건강한 음식과 꾸준한 운동으로 체내의 면역력을 높이면 미세먼지를 방어하는 데 효과적이다.

① 나이가 많은 사람일수록 미세먼지에 취약하다.

② 국가별로 표준화된 미세먼지 차단지수를 발표했지만, 세계적으로 표준화하는 데는 시간이 걸릴 것이다.

③ 미세먼지는 피부가 약한 부위일수록 침투하기 쉽다.

④ 메이크업을 즐겨하는 사람은 그렇지 않은 사람보다 미세먼지에 더 많이 노출되어 있다.

03 다음 글을 읽고 문단을 논리적 순서대로 바르게 나열한 것은?

> (가) 세종대왕은 백성들이 어려운 한자를 익히지 못해 글을 읽고 쓰지 못하는 것을 안타깝게 여겼
> 다. 당시에는 오직 사대부들만 한자를 배워 지식을 독점했기 때문에 권력 역시 이들의 것이었
> 다. 세종대왕은 이를 가엾게 여기다가, 온 국민이 쉽게 깨우칠 수 있는 문자를 만들었다.
>
> (나) 훈민정음을 세상에 설명하기 위해 1446년(세종 28년) 정인지 등의 학자가 세종대왕의 명령을
> 받고 한문으로 편찬한 해설서인 『훈민정음 해례본』을 편찬하고, 정인지・안지・권제 등을 명
> 해 조선 왕조 창업을 노래한 『용비어천가』를 펴냈다.
>
> (다) 이러한 반대를 물리치고, 세종대왕은 1446년 훈민정음을 세상에 알리게 된다. 실제로 '백성을
> 가르치는 바른 소리'라는 뜻의 훈민정음의 서문을 보면 평생 글을 모른 채 살아가는 사람들에
> 대한 애민정신이 명확히 드러난다.
>
> (라) 각고의 노력 끝에 훈민정음이 만들었지만, 대신들은 물론 집현전 학자들까지도 한글 창제에
> 대해 거세게 반발했다. 최만리, 정찬손 등의 학자들이 반대 상소를 올리자 세종대왕이 "이두를
> 제작한 뜻이 백성을 편리하게 하려 함이라면, 지금의 언문(한글)도 백성을 편리하게 하려 하는
> 것이다."라고 질타한 일화가 『세종실록』에 남아 있을 정도이다.

① (가) – (라) – (다) – (나) ② (가) – (나) – (라) – (다)
③ (나) – (라) – (다) – (가) ④ (나) – (다) – (라) – (가)

04 다음은 전통사찰 지정등록 현황에 관한 자료이다. 이에 대한 설명으로 가장 적절한 것은?

〈연도별 전통사찰 지정등록 현황〉

(단위 : 개소)

구분	2010년	2011년	2012년	2013년	2014년	2015년	2016년	2017년	2018년
지정등록	17	15	12	7	4	4	2	1	2

① 전통사찰로 지정등록되는 수는 계속 감소하고 있다.
② 2010년부터 2014년까지 전통사찰로 지정등록된 수의 평균은 11개소이다.
③ 2012년과 2016년에 지정등록된 전통사찰 수의 전년 대비 감소폭은 같다.
④ 전통사찰 지정등록 수가 가장 낮은 연도는 2015년이다.

05 다음은 2018년 우리나라 초·중고생 스마트폰 중독 현황에 대한 자료이다. 다음 〈보기〉에서 자료에 대한 설명으로 적절하지 않은 것을 모두 고르면?

〈2018년 우리나라 초·중고생 스마트폰 중독 비율〉

(단위 : %)

구분		전체	초등학생(9~11세)	중고생(12~17세)
전체		32.38	31.51	32.71
성별	남자	32.88	33.35	32.71
	여자	31.83	29.58	32.72
가구소득별	기초수급	30.91	30.35	31.05
	차상위	30.53	24.21	30.82
	일반	32.46	31.56	32.81
거주지역별	대도시	31.95	30.80	32.40
	중소도시	32.49	32.00	32.64
	농어촌	34.50	32.84	35.07
가족유형별	양부모	32.58	31.75	32.90
	한 부모·조손	31.16	28.83	31.79

※ 각 항목의 전체 인원은 그 항목에 해당하는 초등학생 수와 중고생 수의 합을 말한다.

보기

ㄱ. 초등학생과 중고생 모두 남자의 스마트폰 중독비율이 여자의 스마트폰 중독비율보다 높다.
ㄴ. 한 부모·조손 가족의 스마트폰 중독 비율은 초등학생의 경우가 중고생의 70% 이상 차지한다.
ㄷ. 조사대상 중 대도시에 거주하는 초등학생 수는 중고생 수보다 많다.
ㄹ. 초등학생과 중고생 모두 기초수급가구의 경우가 일반가구의 경우보다 스마트폰 중독 비율이 높다.

① ㄱ, ㄴ
② ㄱ, ㄷ
③ ㄱ, ㄷ, ㄹ
④ ㄴ, ㄷ, ㄹ

01 C건설에서 백화점 건물을 짓기 위해 포크레인 A, B 두 대로 작업을 하고 있다. A로만 작업을 하면 건물 하나를 완성하는 데 40일 걸리고, B만 사용하면 20일 걸린다. 공사 감독이 A만으로 작업을 하다가 나중에는 B만 사용하여 총 21일 만에 건물 하나를 완공했다고 할 때, B로 작업한 날은 총 며칠인가?

① 11일　　　　　　　　　　　　　② 12일
③ 19일　　　　　　　　　　　　　④ 20일

02 8%의 소금물 200g에서 한 컵의 소금물을 퍼내고 퍼낸 양만큼 물을 부었다. 그리고 다시 2%의 소금물을 더 넣었더니 3%의 소금물 320g이 되었다고 할 때 퍼낸 소금물의 양은?

① 100g　　　　　　　　　　　　　② 110g
③ 120g　　　　　　　　　　　　　④ 130g

03 집에서 1.5km 떨어진 학원을 가는데 15분 안에 도착해야 한다. 처음에는 분속 40m로 걷다가 지각하지 않기 위해 남은 거리는 분속 160m로 달렸다. 걸어간 거리는 몇 m인가?

① 280m　　　　　　　　　　　　　② 290m
③ 300m　　　　　　　　　　　　　④ 310m

Easy

04 서로 다른 2개의 주사위 A, B를 동시에 던졌을 때, 나온 눈의 곱이 홀수일 확률은?

① $\frac{1}{4}$　　　　　　　　　　　　　② $\frac{1}{5}$
③ $\frac{1}{6}$　　　　　　　　　　　　　④ $\frac{1}{8}$

※ 일정한 규칙으로 수를 나열할 때, 빈칸에 들어갈 알맞은 수를 고르시오. **[1~4]**

01

$$8 \quad 4 \quad \frac{4}{3} \quad \frac{1}{3} \quad (\quad) \quad \frac{1}{90} \quad \frac{1}{630}$$

① $\frac{1}{6}$

② $\frac{3}{8}$

③ $\frac{11}{12}$

④ $\frac{1}{15}$

02

$$150 \quad 7 \quad 149 \quad 8 \quad 138 \quad 12 \quad 27 \quad (\quad) \quad -1{,}084 \quad 37$$

① 18

② 21

③ 22

④ 24

03

$$82 \quad 41 \quad -164 \quad -82 \quad 328 \quad 164 \quad (\quad)$$

① -328

② -492

③ -656

④ -820

Easy

04

$$2 \quad 11 \quad 16 \quad 5 \quad 10 \quad 11 \quad 7 \quad 12 \quad (\quad)$$

① 8

② 10

③ 13

④ 15

※ 창의력 문제는 정답을 따로 제공하지 않는 영역입니다.

※ 주어진 그림의 용도를 40가지 쓰시오. [1~2]

01

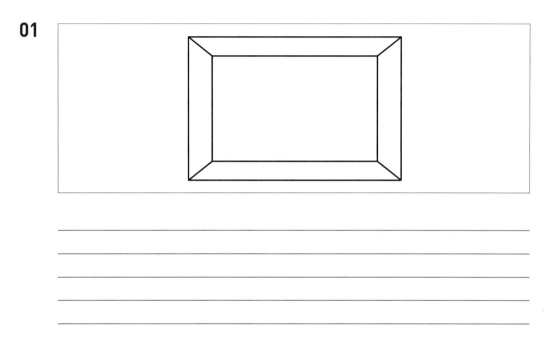

02

03 다음 질문에 대한 자신의 생각을 40가지 쓰시오.

> 맑은 날 우산을 쓰고 가는 남자가 있다. 우산을 쓴 이유가 무엇일까?

01 지각정확력

※ 다음 제시된 문자와 같은 것의 개수를 구하시오. [1~2]

01

nm

mm	nm	mm	nn	nn	mn	mm	mn	Mn	mn	mm	mn
Nn	nn	mn	nm	mm	mn	Nn	mm	nn	Nn	mm	nn
nn	mm	nn	Mn	nn	nm	mm	Nn	mm	Mn	nm	Mn
mm	nn	mn	mn	Mn	NN	Nn	mm	Mn	NN	mm	mm
mn	mn	nn	mm	mm	nn	NN	Nn	mm	Nn	mm	nn
mn	mm	nn	mn	Mn	mm	NN	Nn	Mn	nm	mm	nn

① 5개 ② 6개
③ 7개 ④ 8개
⑤ 9개

02

83

88	83	88	33	68	88	88	33	88	68	88	68
86	83	86	88	33	88	33	83	68	33	33	83
88	33	33	68	83	33	89	33	88	68	88	68
33	88	88	33	89	68	88	68	86	88	68	86
88	83	80	88	88	88	88	88	88	68	33	88
89	88	33	88	89	86	89	88	86	33	88	88

① 5개 ② 6개
③ 7개 ④ 8개
⑤ 9개

※ 다음 표에 제시되지 않은 문자를 고르시오. [3~4]

Hard

03

(표 안의 도형 문자 생략)

① ◔   ② ◓
③ ◔   ④ ◔
⑤ ⊟

04

기	리	히	니	리	지	비	티	리	시	니	히
리	히	비	시	니	비	니	리	니	비	히	리
지	키	니	티	히	디	시	디	지	리	디	티
피	티	히	리	피	시	피	디	니	시	리	디
지	이	키	디	리	이	이	히	키	디	피	키
비	리	디	이	비	지	디	리	지	비	히	디

① 지   ② 시
③ 미   ④ 리
⑤ 니

※ 다음 제시된 낱말의 대응 관계로 볼 때 빈칸에 들어가기에 알맞은 것을 고르시오. **[1~2]**

01

| 개선 : 수정 = 긴요 : ( ) |

① 긴밀   ② 중요
③ 경중   ④ 사소
⑤ 친밀

02

| 괄목상대 : 일취월장 = 관포지교 : ( ) |

① 막역지우   ② 전전반측
③ 낙화유수   ④ 망운지정
⑤ 혼정신성

※ 다음 제시된 낱말의 대응 관계로 볼 때 빈칸에 들어가기에 알맞은 것으로 짝지어진 것을 고르시오.
[3~4]

03

| 송편 : (A) = 꽈배기 : (B) |

| 〈A〉 | ① 추석 | ② 반달 | ③ 송병 | ④ 떡국 | ⑤ 떡 |
| 〈B〉 | ① 설탕 | ② 설날 | ③ 밀가루 | ④ 빵 | ⑤ 과자 |

04

| 의무 : (A) = 용기 : (B) |

| 〈A〉 | ① 교육 | ② 병역 | ③ 노동 | ④ 납세 | ⑤ 권리 |
| 〈B〉 | ① 기백 | ② 비겁 | ③ 의기 | ④ 기개 | ⑤ 담력 |

※ 다음 제시문을 읽고 각 문제가 항상 참이면 ①, 거짓이면 ②, 알 수 없으면 ③을 고르시오. **[1~3]**

- 4명의 사람 A ~ D가 있다.
- 4명의 사람은 학교, 도서관, 편의점, 아웃렛 중 각자 다른 한 곳을 목적지로 한다.
- 일대로로 가면 편의점과 아웃렛만 갈 수 있다.
- 이대로로 가면 학교와 도서관만 갈 수 있다.
- 삼대로로 가면 학교와 아웃렛만 갈 수 있다.
- 사대로로 가면 도서관과 편의점만 갈 수 있다.
- A는 일대로, C는 삼대로로 출발하였다.
- B는 이대로와 삼대로를 이용하지 않았다.

01 D가 가려는 목적지가 A와 C가 이용한 두 길을 모두 이용해도 된다면, B는 도서관에 갔다.

① 참 ② 거짓 ③ 알 수 없다.

02 B가 일대로를 이용했다면, 편의점을 간 사람은 B이다.

① 참 ② 거짓 ③ 알 수 없다.

03 D가 일대로를 이용했다면, A가 편의점에 갔을 가능성은 50%이다.

① 참 ② 거짓 ③ 알 수 없다.

※ 제시된 전개도를 접었을 때 나타나는 입체도형으로 알맞은 것을 고르시오. [1~2]

01

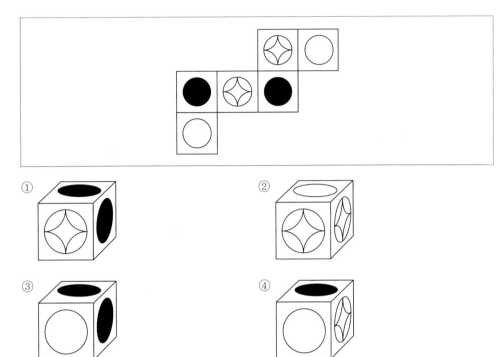

02

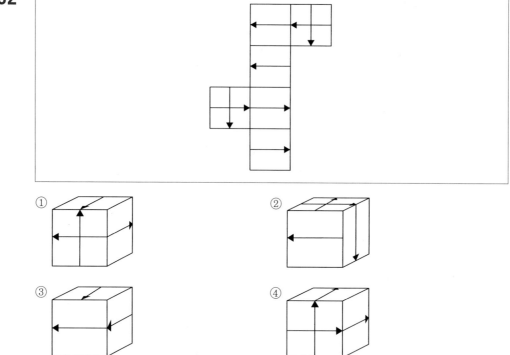

01 다음 글의 주제로 가장 적절한 것은?

> 요즘 기업에서 KIRBS나 SHL Korea 등의 전문기관에 의뢰해 지원자의 인성검사를 시행하고 있는 검사도구가 있다. KPDI 성격진단검사, SHL 인성검사 등이 그것이다. 그렇다면 이런 도구들을 채용에 이용하는 것은 바람직한가?
>
> 미국에서 인성검사로 지원자를 가려 뽑을 수 있는 직종은 경찰과 보육사뿐이다. 이처럼 미국에서는 심리적 장애는 취업에 걸림돌이 되지 않는다. 하지만 한국에서는 많은 기업들이 인성검사를 채용과정에서 필수로 하고 있다. 이 때문에 인성검사는 여전히 논쟁의 중심에 있으며 많은 지원자들이 인성검사에 임할 때 진짜 '나'를 숨기는 이유이다.

① 인성검사는 실시해야 하는가?
② 인성검사는 언제부터 실시되었는가?
③ 다른 나라에서는 인성검사를 어떻게 시행하는가?
④ 인성검사의 유래는 무엇인가?

02 다음 글의 내용으로 적절하지 않은 것은?

> 식물의 광합성 작용은 빛 에너지를 이용하여 뿌리에서 흡수한 물과 잎의 기공에서 흡수한 이산화탄소로부터 포도당과 같은 유기물과 산소를 만들어 내는 과정이다. 그러나 광합성 작용을 할 때 빛과 이산화탄소가 동시에 필요한 것은 아니다. 물(H_2O)은 엽록체에서 빛 에너지에 의해 수소 이온, 전자와 산소로 분해되고 이 수소 이온과 전자가 식물의 잎에 있는 $NADP^+$와 결합해서 NADPH가 되는데, 이와 같은 반응을 명반응이라고 한다. 또한 식물 세포에서 이산화탄소를 흡수하여 포도당과 같은 탄수화물을 합성하는 열화학 반응을 암반응이라 하는데, 이 과정에는 명반응에 의해 만들어진 NADPH가 필요하다.

① 식물의 광합성 작용은 산소를 만들어낸다.
② 광합성 작용을 할 때 빛과 이산화탄소가 동시에 필요하다.
③ 빛이 필요한 반응은 명반응이고, 이산화탄소가 필요한 반응은 암반응이다.
④ NADPH는 명반응에서 만들어진다.

03 다음 자료에 대한 해석으로 적절하지 않은 것은?

<화장품 생산실적>

(단위 : 개, %, 백만 원)

구분		2010년	2011년	2012년	2013년	2014년	2015년	2016년
제조업체 수		591	829	1,480	1,895	2,735	3,840	4,961
	증감률	12.4	40.3	78.5	28.0	44.0	40.0	29.2
품목 수		85,533	93,682	101,296	88,806	101,362	105,318	119,051
	증감률	12.4	9.5	8.1	−12.3	14.1	3.9	13.0
생산금액		6,014,551	6,385,616	7,122,666	7,972,072	8,970,370	10,732,853	13,051,380
전년 대비 성장률		16.4	6.2	11.5	11.9	12.5	19.6	21.6

※ 업체 수는 제조업체 중 생산실적을 보고한 업체만 포함

① 생산실적을 보고한 화장품 제조업체 수는 계속 증가하고 있다.
② 생산실적을 보고한 화장품 제조업체 수의 증감률은 2014년에 가장 크다.
③ 매년 전년 대비 생산실적은 증가하고 있다.
④ 전년에 비해서 품목 수가 감소한 해가 있다.

01 농도가 5%인 100g의 설탕물을 증발시켜 농도가 10%인 설탕물이 되게 하려고 한다. 한 시간에 2g씩 증발된다고 할 때, 몇 시간이 걸리겠는가?

① 22시간   ② 23시간

③ 24시간   ④ 25시간

02 A씨는 오후 2시에 예정되어 있는 면접을 보기 위해 집에서 오후 1시에 출발하였다. 시속 80km인 버스를 타고 가다가 1시 30분에 갑자기 사고가 나서 바로 버스에서 내렸다. 집에서 면접 장소까지 50km 떨어져 있고 남은 거리를 걸어간다고 할 때, 면접 장소까지 늦지 않으려면 최소 몇 km/h로 가야 하는가?

① 10km/h   ② 15km/h

③ 20km/h   ④ 25km/h

03 어떤 마을에 A장터는 25일마다 열리고 B장터는 30일마다 열리는데 1월 18일에 두 장터가 같이 열렸다. 1월 18일이 목요일이라면, 다음 두 장터가 같이 열리는 날은 무슨 요일이겠는가?

① 일요일   ② 월요일

③ 화요일   ④ 수요일

Hard

04 각각 1부터 5까지 써져 있는 5개의 공이 4가지 색의 상자에 각각 들어가 있다. 4개의 공을 무작위로 꺼내 4가지의 숫자를 모두 맞춰야 당첨이 되는 로또가 있다. 병호가 숫자 5, 3, 1, 1을 적어 제출했을 때, 이 숫자기 로또에 당첨될 확률은 얼마인가?(단, 꺼낸 공은 다시 넣지 않으며, 꺼낸 순서와 상관없이 숫자만 맞으면 당첨된다)

① $\dfrac{8}{1,615}$ ② $\dfrac{16}{1,615}$

③ $\dfrac{32}{1,615}$ ④ $\dfrac{64}{1,615}$

※ 일정한 규칙으로 수를 나열할 때, 빈칸에 들어갈 알맞은 숫자를 고르시오. **[1~3]**

01

$$1 \quad -1 \quad 3 \quad -5 \quad 11 \quad (\quad)$$

① -19 ② -20
③ -21 ④ -22

02

$$\frac{1}{2} \quad \frac{2}{3} \quad \frac{3}{4} \quad \frac{1}{2} \quad 1 \quad \frac{1}{3} \quad \frac{5}{4} \quad \frac{1}{6} \quad (\quad)$$

① $\frac{9}{2}$ ② $\frac{7}{2}$
③ $\frac{5}{2}$ ④ $\frac{3}{2}$

03

$$\underline{1 \quad 2 \quad 2} \quad \underline{2 \quad 4 \quad 2} \quad \underline{3 \quad 12 \quad (\quad)}$$

① 4 ② 5
③ 6 ④ 7

01 다음 사건을 발생 순서대로 바르게 나열한 것은?

> ㉠ 을사의병   ㉡ 정미의병
>
> ㉢ 을미의병   ㉣ 갑오의병

① ㉣ - ㉢ - ㉠ - ㉡   ② ㉠ - ㉣ - ㉢ - ㉡

③ ㉢ - ㉣ - ㉠ - ㉡   ④ ㉣ - ㉠ - ㉢ - ㉡

02 다음 중 동학농민운동에 대한 설명으로 적절하지 않은 것은?

① 농민 수탈과 일본의 경제적 침투가 원인이 되었다.

② 전라도 고부군에서 일어난 민란에서 비롯된 것으로, 고부 농민 봉기는 전봉준을 중심으로 하였다.

③ 정부가 동학군에게 화해를 청하고 전주화약을 맺었다.

④ 2차 봉기인 공주 우금치 전투에서 승리하였다.

03 다음 중 독립협회의 활동으로 옳지 않은 것은?

① 국권 · 이권수호 운동   ② 민중계몽운동

③ 입헌군주제 주장   ④ 군국기무처 설치

04 다음 중 국내 항일운동과 관련이 없는 것은?

① 신간회   ② 6 · 10 만세 운동

③ 광주학생 항일운동   ④ 간도 참변

PART 1

※ 창의력 문제는 정답을 따로 제공하지 않는 영역입니다.

01 주어진 그림의 용도를 40가지 쓰시오.

02 다음 질문에 대한 자신의 생각을 40가지 쓰시오.

사람이 손을 대지 않고 물건을 움직일 수 있다면 무슨 일이 일어날까?

03 | 2017년
상반기 기출복원문제

정답 및 해설 p.016

01 지각정확력

※ 다음 제시된 문자와 같은 것의 개수를 구하시오. [1~2]

01

ttp

ttp	tto	tpp	tto	ttr	tto	ttr	tpp	tta	tip	tta	tto
tlp	tto	tip	tta	ttp	tip	ttp	tlp	ttr	tpp	tto	tpp
tto	tta	tpp	tlp	tto	tta	ttr	ttr	tto	tip	tta	tip
tip	ttp	tip	tto	tta	tpp	tto	ttr	tip	tpp	tlp	tta
ttr	tlp	ttr	tto	tip	ttr	tlp	tto	tta	tlp	ttp	ttp
tto	tlp	tpp	tlp	tta	ttp	tta	ttr	tto	tlp	tto	ttr

① 5개   ② 6개
③ 7개   ④ 8개
⑤ 9개

02

36

66	36	38	39	38	86	39	96	86	39	66	30
30	26	33	38	26	66	26	66	30	30	96	86
66	36	86	30	96	33	96	30	36	39	86	30
33	30	66	39	36	39	30	33	39	33	26	66
86	38	96	66	33	26	33	88	33	30	33	06
39	96	86	33	26	39	38	26	96	38	36	66

① 1개   ② 2개
③ 3개   ④ 4개
⑤ 5개

※ 다음 표에 제시되지 않은 문자를 고르시오. [3~4]

03

ㅁㅂ	ㄷㄹ	ㅍㅂ	ㅊㅊ	ㅎㄱ	ㅍㅂ	ㅎㄱ	ㅊㅊ	ㅊㅊ	ㅌㅋ	ㄱㅂ	ㄷㄹ
ㅂㅂ	ㄱㅂ	ㄹㅎ	ㄷㄹ	ㅂㅂ	ㅍㅂ	ㄹㅎ	ㄷㄹ	ㄱㅂ	ㅍㅂ	ㅎㅅ	ㅎㄱ
ㅌㅋ	ㅎㄱ	ㅍㅂ	ㄱㅂ	ㄷㄹ	ㅌㅋ	ㅊㅊ	ㄱㅂ	ㅎㄱ	ㅌㅋ	ㅊㅊ	ㅌㅋ
ㅊㅊ	ㄱㅂ	ㅂㅂ	ㅎㄱ	ㅌㅋ	ㅍㅂ	ㄱㅂ	ㄱㅍ	ㅌㅋ	ㅎㄱ	ㅂㅂ	ㅍㅂ
ㄹㅎ	ㅌㅈ	ㅍㅂ	ㄹㅎ	ㅊㅊ	ㄱㅂ	ㄷㄹ	ㄹㅎ	ㅂㅂ	ㄷㄹ	ㅌㅋ	ㅎㄱ
ㅍㅂ	ㄹㅎ	ㅌㅋ	ㅊㅊ	ㄹㅎ	ㅂㅂ	ㄹㅎ	ㄱㅂ	ㅎㄱ	ㄹㅎ	ㅂㅂ	ㅍㅂ

① ㅁㅂ   ② ㅊㅂ

③ ㄱㅍ   ④ ㅌㅈ

⑤ ㅎㅅ

04

ど	お	せ	が	お	す	せ	が	す	ど	ほ	せ
ほ	す	い	ど	お	ほ	ど	ほ	が	ほ	が	つ
が	り	す	ほ	り	お	せ	ど	す	お	す	す
ど	せ	が	り	ど	ほ	が	り	が	く	お	せ
り	す	り	す	お	せ	せ	ど	ほ	り	が	り
と	お	ど	ほ	が	り	お	す	り	ほ	せ	ど

① い   ② く

③ か   ④ と

⑤ つ

※ 다음 제시된 낱말의 대응 관계로 볼 때 빈칸에 들어가기에 알맞은 것을 고르시오. **[1~2]**

01

| 막상막하 : 난형난제 = 사필귀정 : ( ) |

① 과유불급　　　　　　　　　② 고장난명
③ 다기망양　　　　　　　　　④ 인과응보
⑤ 형설지공

02

| 가을 : 사과 = 여름 : ( ) |

① 수박　　　　　　　　　　　② 딸기
③ 한라봉　　　　　　　　　　④ 배
⑤ 유자

※ 다음 제시된 낱말의 대응 관계로 볼 때, 빈칸에 들어가기에 알맞은 것으로 짝지어진 것을 고르시오.
　[3~4]

03

| 부피 : (A) = 속도 : (B) |

| 〈A〉 | ① cc | ② K | ③ mg | ④ kg | ⑤ m/h |
| 〈B〉 | ① mg | ② a | ③ in/s | ④ cm | ⑤ bbl |

04

| (A) : 자치 = (B) : 보증 |

| 〈A〉 | ① 자결 | ② 종속 | ③ 주제 | ④ 구속 | ⑤ 제적 |
| 〈B〉 | ① 조달 | ② 담보 | ③ 달성 | ④ 적립 | ⑤ 배상 |

※ 다음 제시문을 읽고 각 문제가 항상 참이면 ①, 거짓이면 ②, 알 수 없으면 ③을 고르시오. **[1~3]**

- 4명의 사람 A, B, C, D가 있다.
- 점수판에 1점, 2점, 3점, 4점, 5점이 체크되어 있다.
- 4명의 사람 중 점수를 체크하지 않은 사람은 없다.
- 각 점수는 한 번만 체크할 수 있다.
- A는 4점을 체크하였다.
- B는 1점을 체크하지 않았다.
- C는 2점과 5점 중 하나를 체크하였다.

01 B가 2점을 체크했다면 D는 1점을 체크했을 것이다.

① 참   ② 거짓   ③ 알 수 없다.

02 D가 2점 또는 5점을 체크했다면, B는 3점에 체크했을 것이다.

① 참   ② 거짓   ③ 알 수 없다.

03 C가 2점을 체크했다면, B와 D가 5점을 체크할 가능성이 같다.

① 참   ② 거짓   ③ 알 수 없다.

01 제시된 전개도를 접었을 때 나타나는 입체도형으로 알맞은 것은?

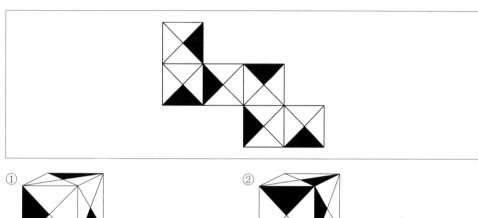

①

②

③

④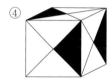

02 제시된 전개도를 접었을 때 나타날 수 없는 입체도형은?

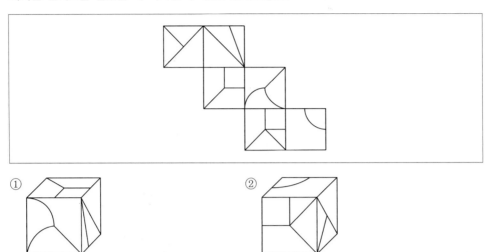

①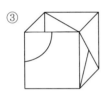

②

③

④

01 다음 글의 내용으로 적절하지 않은 것은?

> 우리나라 재벌들은 경제성과와 자선 활동에 있어서 훌륭한 역할을 수행해 왔다. 그러나 높은 경제성과와 왕성한 자선 활동에도 불구하고, 이들이 연루된 수많은 불법행위나 비윤리적 행동은 강한 반기업 정서를 갖게 하였다. 그런데 경제성과나 자선 활동은 반기업 정서를 해소하는 데 미치는 영향이 미약하지만, 불법행위나 비윤리적 행동은 반기업 정서를 생성하는 데 직접적이고도 강력한 영향을 미친다.

① 우리나라는 재벌에 대한 반기업 정서가 존재한다.
② 반기업 정서는 긍정적인 측면보다 부정적인 측면에서 생성된다.
③ 우리나라 재벌은 긍정적인 측면과 부정적인 측면을 동시에 갖고 있다.
④ 경제성과를 높이고 자선 활동을 많이 하는 것만으로 반기업 정서가 해소될 수 있다.

02 다음 글의 내용으로 가장 적절한 것은?

> 우리 속담에 '울다가도 웃을 일이다.'라는 말이 있듯이 슬픔의 아름다움과 해학의 아름다움이 함께 존재한다면 이것은 우리네의 곡절 많은 역사 속에서 밴 미덕의 하나라고 할 만하다. 울다가도 웃을 일이라는 말은 물론 어처구니가 없을 때 하는 말이기도 하지만 애수가 아름다울 수 있고 또 익살이 세련되어 아름다울 수 있다면 그 사회의 서정과 조형미에 나타나는 표현에도 의당 이러한 것이 반영되어 있어야 한다.
> 이러한 고요의 아름다움과 슬픔의 아름다움이 조형작품 위에 옮겨질 수 있다면 이것은 바로 예술에서 말하는 적조미의 세계이며 익살의 아름다움이 조형 위에 구현된다면 물론 이것은 해학미의 세계일 것이다.

① 익살은 우리 민족만이 지닌 특성이다.
② 익살은 풍속화에서 가장 잘 표현된다.
③ 익살이 조형 위에 구현된다면 적조미다.
④ 익살은 우리 민족의 삶의 정서를 반영한다.

03 다음 자료에 대한 해석으로 적절하지 않은 것은?

<국가별 생산자 물가지수 추이>

구분	2010년	2011년	2012년	2013년	2014년	2015년	2016년
한국	97.75	98.63	100.0	108.6	108.41	112.51	119.35
미국	93.46	96.26	100.0	106.26	103.55	107.94	114.39
독일	93.63	98.69	100.0	105.52	101.12	102.72	-
중국	94.16	96.99	100.0	106.87	101.13	106.69	113.09
일본	95.15	98.27	100.0	104.52	99.04	98.94	100.96
대만	88.89	93.87	100.0	105.16	95.91	101.16	104.62

① 생산자 물가지수 상승폭이 2010년 대비 2016년에 가장 낮은 나라보다 4배 이상 높은 나라는 없다.

② 2013년 대비 2016년 우리나라의 생산자 물가지수 상승률은 다른 나라에 비해 가장 높은 상승률을 보인다.

③ 2010년에 비해 2016년 물가지수 상승폭이 가장 낮은 나라는 일본이다.

④ 미국과 일본, 중국은 다른 경쟁국에 비해 높은 생산자 물가지수 상승폭을 보인다.

01 하이킹을 하는데 올라갈 때는 시속 10km로 달리고, 내려올 때는 올라갈 때보다 10km 더 먼 길을 시속 20km로 달렸다. 올라갔다가 내려오는 데 총 5시간이 걸렸다면, 올라갈 때 달린 거리는 몇 km인가?

① 15km ② 20km

③ 25km ④ 30km

Easy

02 농도가 10%인 소금물 500L가 있는데, 생수를 채워서 소금물 농도를 5%로 줄이려고 한다. 생수는 얼마나 더 넣어야 하는가?

① 400L ② 450L

③ 500L ④ 550L

03 인식이는 과자와 아이스크림을 사려고 한다. 과자는 하나에 1,000원, 아이스크림은 하나에 600원 일 때, 15,000원을 가지고 과자와 아이스크림을 총 17개 사려고 한다면 아이스크림은 최소 몇 개를 사야 되는가?

① 4개 ② 5개

③ 6개 ④ 7개

※ 일정한 규칙으로 수를 나열할 때, 빈칸에 들어갈 알맞은 숫자를 고르시오. **[1~3]**

01

| 5 10 4 11 3 ( ) 2 13 1 |

① 10   ② 12
③ 15   ④ 16

02

| 1 2 2 4 4 6 ( ) 8 16 10 32 12 64 |

① 6   ② 8
③ 10   ④ 12

03

| 6 3 3 10 ( ) 6 8 4 3 |

① 2   ② 3
③ 4   ④ 5

01 다음 중 고조선 8조법을 통해 유추할 수 있는 사실로 옳지 않은 것은?

① 사람을 죽인 자는 사형에 처했다.
② 남에게 상처를 입힌 자는 사형에 처했다.
③ 남의 재산을 훔친 사람은 노비로 삼았다.
④ 화폐가 사용되었다.

02 다음 중 조선 영조의 정책으로 옳지 않은 것은?

① 탕평책 시행
② 노비종모법 시행
③ 균역법 시행
④ 『대전통편』 편찬

03 다음 중 6세기의 모습으로 적절하지 않은 것은?

① 신라는 왕의 칭호를 사용하였다.
② 신라는 우산국을 정복하였다.
③ 신라에 율령이 반포되었다.
④ 백제는 웅진으로 천도하였다.

04 다음 중 고려 성종 때의 정책으로 옳은 것은?

① 숭불정책
② 노비안검법
③ 화폐주조
④ 전시과 제도

05 1910년대 일제의 통치 방법으로 옳지 않은 것은?

① 헌병 경찰제가 시행되었다.

② 교사들이 착검하였다.

③ 산미 증식 계획이 시행되었다.

④ 우민화 교육을 시행하였다.

06 다음에서 설명하고 있는 것은 무엇인가?

- 자주·평화·민족적 대단결의 통일 3대 원칙을 합의
- 남북 조절 위원회 설치
- 남북한 독재 체제 강화에 이용

① 7·4 남북 공동 성명   ② 남북 기본 합의서

③ 6·15 남북 공동 선언   ④ 10·4 선언

07 다음 중 근대 유물에 대한 설명으로 적절하지 않은 것은?

① 세브란스 병원 : 서양 의사들이 환자를 치료한 병원

② 덕수궁 중명전 : 을사늑약이 체결된 장소

③ 배재학당 : 근대식 중등 국립학교

④ 원각사 : 최초의 근대식 공연장

01 주어진 그림의 용도를 40가지 쓰시오.

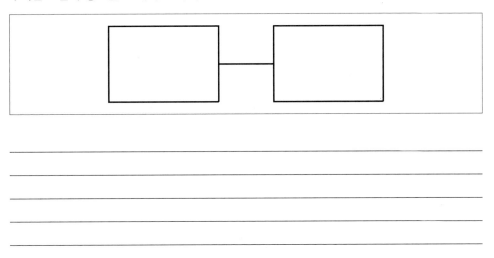

02 다음 질문에 대한 자신의 생각을 40가지 쓰시오.

사람이 물 위를 걸을 수 있다면 무슨 일이 일어날 것인가?

04 | 2016년 하반기 기출복원문제

정답 및 해설 p.023

01 지각정확력

※ 다음 제시된 문자와 같은 것의 개수를 구하시오. [1~2]

01

ⓝ

ⓝ	ⓜ	ⓜ	ⓝ	ⓝ	ⓞ	ⓝ	ⓞ	ⓓ	ⓞ	ⓢ	ⓢ
ⓜ	ⓝ	ⓞ	ⓜ	ⓓ	ⓞ	ⓞ	ⓢ	ⓓ	ⓗ	ⓞ	ⓝ
ⓘ	ⓘ	ⓞ	ⓓ	ⓢ	ⓞ	ⓔ	ⓗ	ⓝ	ⓜ	ⓝ	ⓞ
ⓝ	ⓞ	ⓜ	ⓓ	ⓔ	ⓢ	ⓗ	ⓞ	ⓞ	ⓜ	ⓝ	ⓞ

① 2개   ② 4개

③ 6개   ④ 8개

⑤ 10개

Easy

02

66

66	06	68	60	96	76	64	66	66	56	66	66
66	96	06	67	65	62	36	16	06	96	69	86
96	86	67	69	68	56	26	67	64	68	06	60
06	56	96	66	86	68	06	60	66	46	65	26

① 5개   ② 6개

③ 7개   ④ 8개

⑤ 9개

※ 다음 표에 제시되지 않은 문자를 고르시오. [3~4]

03

ㄹㅿ	ㄹㄷ	ㄹㄷ	ㄹㅅ	ㄹㅼ	ㄹㄷ	ㄹㅿ	ㄹㅅ	ㄹㅅ	ㄹㅼ	ㄹㄷ	ㄹㅿ
ㄹㄷ	ㄹㅼ	ㄹㅼ	ㄹㅿ	ㄹㅅ	ㄹㅅ	ㄹㄷ	ㄹㅿ	ㄹㅼ	ㄹㄷ	ㄹㅿ	ㄹㅅ
ㄹㄷ	ㄹㄷ	ㄹㅅ	ㄹㅿ	ㄹㅼ	ㄹㄷ	ㄹㅼ	ㄹㄷ	ㄹㅅ	ㄹㅅ	ㄹㅿ	ㄹㅼ
ㄹㅅ	ㄹㅼ	ㄹㄷ	ㄹㅿ	ㄹㅼ	ㄹㅅ	ㄹㅅ	ㄹㅅ	ㄹㅿ	ㄹㅼ	ㄹㄷ	ㄹㅿ

① ㄹㅈ ② ㄹㄷ
③ ㄹㅼ ④ ㄹㅿ
⑤ ㄹㅎ

04

cm³	km	cm	cm	km	km²	cm³	km³	cm	cm	cm³	cm³
cm³	km²	km	cm	cm³	km²	cm	cm	km	cm³	km²	km³
km³	km³	cm³	cm³	mm³	km³	km³	mm²	cm	mm	mm²	m²
km	cm	mm²	km²	mm³	km³	cm³	cm³	cm	km²	cm³	km³

① cm ② km
③ cm² ④ cm³
⑤ km²

※ 다음 제시된 낱말의 대응 관계로 볼 때 빈칸에 들어가기에 알맞은 것을 고르시오. **[1~2]**

01

> 대한민국 : 무궁화 = 네덜란드 : (　　)

① 장미   ② 튤립
③ 데이지   ④ 백합
⑤ 카네이션

02

> 청결하다 : 정갈하다 = (　　) : 고단하다

① 피곤하다   ② 흐리멍덩하다
③ 애매하다   ④ 혼미하다
⑤ 확연하다

※ 다음 제시된 낱말의 대응 관계로 볼 때, 빈칸에 들어가기에 알맞은 것으로 짝지어진 것을 고르시오.
　　[3~4]

03

> 고상하다 : (A) = 전업하다 : (B)

〈A〉 　① 흡사하다 　② 어설프다 　③ 저속하다 　④ 불숙하다 　⑤ 능란하다
〈B〉 　① 저속하다 　② 전심하다 　③ 겸임하다 　④ 견제하다 　⑤ 전임하다

04

> 마블 코믹스 : (A) = (B) : 배트맨

〈A〉 　① 어벤저스 　② 영화 　③ 오락 　④ 초능력 　⑤ 히어로
〈B〉 　① 아이언맨 　② 박쥐 　③ 범죄 　④ DC 코믹스 　⑤ 가면

※ 다음 제시문을 읽고 각 문제가 항상 참이면 ①, 거짓이면 ②, 알 수 없으면 ③을 고르시오. **[1~3]**

- 아이스크림 가게의 하루 판매량은 딸기 맛 1개, 사과 맛 2개, 포도 맛 2개, 복숭아 맛 1개이고, 손님은 A, B, C, D 총 4명이었다.
- 모든 손님은 1개 이상의 아이스크림을 먹었다.
- A는 포도 맛을 먹었다.
- B와 C 중 한 명은 포도 맛을 먹었다.
- B는 딸기 맛을 먹었다.

01   B가 복숭아 맛을 먹었다면, D는 딸기 맛을 먹었다.

① 참   ② 거짓   ③ 알 수 없다.

02   아이스크림을 가장 많이 먹은 손님은 D이다.

① 참   ② 거짓   ③ 알 수 없다.

03   주어진 조건에서 한 손님이 먹을 수 있는 아이스크림의 최대량은 3개이다.

① 참   ② 거짓   ③ 알 수 없다.

※ 다음 제시된 전개도에 알맞은 입체도형을 고르시오. [1~2]

01

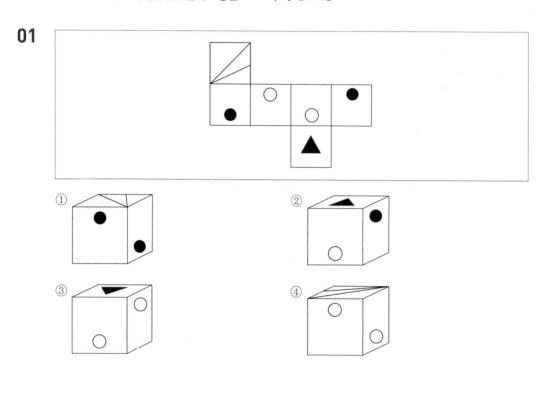

02

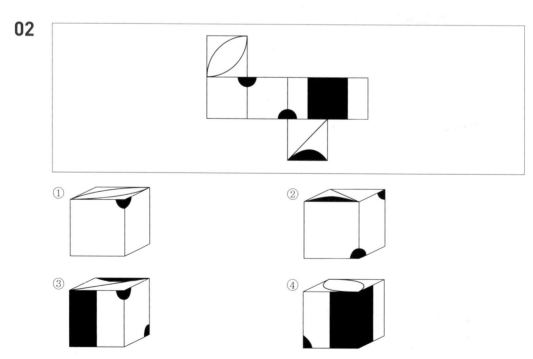

01 다음 문장을 논리적 순서대로 바르게 나열한 것은?

> (가) 정확한 보도를 하기 위해서는 문제를 전체적으로 봐야 하고, 역사적으로 새로운 가치의 편에서 봐야 하며, 무엇이 근거이고 무엇이 조건인가를 명확히 해야 한다.
> (나) 양심적이고자 하는 언론인이 때로 형극의 길과 고독의 길을 걸어야 하는 이유가 여기에 있다.
> (다) 신문이 진실을 보도해야 한다는 것은 설명이 필요 없는 당연한 이야기이다.
> (라) 이러한 준칙을 명확히 해야하는 것은 기자들의 기사 작성 기술이 미숙하기 때문이 아니라, 이해관계에 따라 특정 보도의 내용이 달라지기 때문이다.
> (마) 자신들에게 유리하도록 기사가 보도되게 하려는 외부 세력이 있으므로 진실 보도는 일반적으로 수난의 길을 걷게 마련이다.

① (가) – (다) – (라) – (마) – (나)
② (다) – (가) – (라) – (마) – (나)
③ (가) – (다) – (라) – (나) – (마)
④ (다) – (가) – (라) – (나) – (마)

02 다음 글의 주제로 가장 적절한 것은?

> 힘 있는 나라를 이루고 싶어 하는 것은 인류의 공통적인 염원이다. 이것은 시간의 고금을 가리지 아니하고 공간의 동서를 따질 것이 없는 한결같은 진리이다. 그래서 위대하지 않은 나라에서 태어난 사람은 나라를 위대하게 만들기 위하여 혼신의 힘을 기울인다. 보잘것없는 나라의 국민이 된다는 것은 내세울 것 없는 집안의 후손인 것 이상으로 우리를 슬프게 한다. 세계 여러 나라 사람이 모인 곳에 간다고 가정해보자. 누가 여기서 가장 큰소리치면서 위세 당당하게 처신할 것인가? 얼핏 생각하면 이목구비가 시원하게 생긴 사람, 지식과 화술이 뛰어난 사람, 교양과 인품이 훌륭한 사람, 외국어에 능통한 사람이 돋보일 것처럼 생각된다. 실제로 그런 사람들이 국제부대에서 뛰어난 활약을 하는 것은 사실이다. 그래서 사람은 스스로 디듬고 기르는 것이 아닌가? 그러나 실제에 있어서 어떤 사람으로 하여금 국제 사회에서 돋보이게 하는 것은 그가 등에 업고 있는 조국의 국력이다.

① 배움에 힘쓰자.
② 일등 국민을 본받자.
③ 역경을 이겨내자.
④ 국력을 키우자.

03 다음 글의 내용으로 적절하지 않은 것은?

> 고야의 마녀도 리얼하다. 이는 고야가 인간과 마녀를 분명하게 구별하지 않고, 마녀가 실존하는 것처럼 그렸기 때문이다. 따라서 우리는 고야가 마녀의 존재를 믿었는지 의심할 수 있다. 그러나 그것은 중요한 문제가 아니다. 고야는 마녀를 비이성의 상징으로 그려서 세상이 완전하게 이성에 의해서만 지배되지 않음을 표현하고 있을 뿐이다. 또한 악마는 인간 자신의 정신내면에 존재하는 것임을 시사한다. 그것이 바로 가장 유명한 작품인 제43번 「이성이 잠들면 괴물이 나타난다」에서 그려진 것이다.

① 고야는 마녀가 실존하는 것처럼 그렸다.
② 고야는 이성의 존재를 부정하였다.
③ 고야는 비이성이 인간 내면에 존재한다고 판단했다.
④ 고야는 세상을 이성과 비이성이 뒤섞인 상태로 이해했다.

04 다음 글의 내용에서 추론할 수 없는 것은?

> 빌케와 블랙은 얼음이 녹는점이 있다 해도 이를 완전히 물로 녹이려면 상당히 많은 열이 필요함을 발견하였다. 당시 널리 퍼진 속설은 얼음이 녹는점에 이르면 즉시 녹는다는 것이었다. 빌케는 쌓여 있는 눈에 뜨거운 물을 끼얹어 녹이는 과정에서 이 속설에 오류가 있음을 알게 되었다. 눈이 녹는점에 있음에도 불구하고 많은 양의 뜨거운 물은 눈을 조금밖에 녹이지 못했기 때문이다.
> 블랙은 1757년에 이 속설의 오류를 설명할 수 있는 실험을 수행하였다. 블랙은 따뜻한 방에 두 개의 플라스크 A와 B를 두었는데, A에는 얼음이, B에는 물이 담겨 있었다. 얼음과 물은 양이 같고 모두 같은 온도, 즉 얼음의 녹는점에 차이가 있었다. 시간이 지남에 따라 B에 있는 물의 온도는 계속해서 올라갔다. 하지만 A에서는 얼음이 녹으면서 생긴 물과 녹고 있는 얼음의 온도가 녹는점에서 일정하게 유지되었는데 이 상태는 얼음이 완전히 녹을 때까지 지속되었다. 얼음을 녹이는 데 필요한 열량은 같은 양의 물의 온도를 녹는점에서 화씨 140°까지 올릴 수 있는 정도의 열량과 같았다. 블랙은 이 열이 실제로 온도계에 변화를 주지 않기 때문에 이를 '잠열'이라고 불렀다.

① 얼음이 녹는점에 이르러도 완전히 녹지 않는 것은 잠열 때문이다.
② A의 얼음이 완전히 물로 바뀔 때까지, A의 얼음물 온도는 일정하게 유지된다.
③ A의 얼음이 모두 녹았을 때 B의 물의 온도는 화씨 140°였다.
④ 빌케와 블랙은 함께 잠열을 발견하였다.

Easy

01 A, B 주사위 2개를 동시에 던졌을 때, A에서 2 또는 4의 눈이 나오고, B에서 홀수가 나오는 경우의 수는?

① 4가지   ② 5가지

③ 6가지   ④ 7가지

02 A는 뛰어서 200m/min 속도로 가고, B는 걸어서 50m/min의 속도로 간다. B가 A보다 300m 앞에 있을 때, 시간이 얼마나 지나야 서로 만나게 되는가?

① 1분   ② 2분

③ 3분   ④ 4분

03 4%의 설탕물 400g이 들어있는 컵을 방에 두고 자고 일어나서 보니 물이 증발하여 농도가 8%가 되었다. 남아있는 물의 양은 몇 g인가?

① 100g   ② 200g

③ 300g   ④ 400g

04 어린이 6명과 어른 8명이 뷔페에 가는데 어른의 식권은 어린이의 입장료보다 1.5배 더 비싸다. 14명의 식권의 값이 72,000원이라면 어른 1명의 식권 가격은 얼마인가?

① 4,000원   ② 5,000원

③ 6,000원   ④ 7,000원

※ 일정한 규칙으로 수를 나열할 때, 빈칸에 들어갈 알맞은 숫자를 고르시오. **[1~3]**

01

| 7 | 4 | 35 | 13 | 175 | 40 | 875 | ( ) | 4,375 | 364 |

① 121
② 119
③ 118
④ 115

02

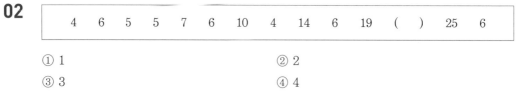

| 4 | 6 | 5 | 5 | 7 | 6 | 10 | 4 | 14 | 6 | 19 | ( ) | 25 | 6 |

① 1
② 2
③ 3
④ 4

03

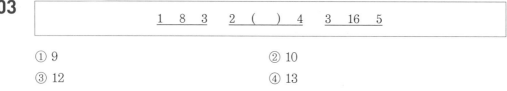

| 1 | 8 | 3 | 2 | ( ) | 4 | 3 | 16 | 5 |

① 9
② 10
③ 12
④ 13

01 다음 중 청동기 시대의 특징으로 가장 적절한 것은?

① 상원군 검은 모루 동굴, 연천군 전곡리 등이 대표적인 유적지이다.

② 야산이나 구릉지에 장방형 움집을 만들고 거주하였다.

③ 애니미즘, 샤머니즘 등의 신앙이 처음 등장하였다.

④ 널무덤, 독무덤 등이 만들어졌다.

02 다음 왕의 업적으로 옳지 않은 것은?

> • 왜왕에게 칠지도를 하사하였다.
> • 요서 · 산둥 · 규슈 등으로 진출하였다.

① 불교를 수용하였다.

② 마한을 정복하였다.

③ 고구려를 공격하였다.

④ 왕위 부자 상속을 확립하였다.

03 다음 중 고려왕의 업적에 대한 설명으로 적절하지 않은 것은?

① 태조 – 기인제도와 사심관제도를 실시하여 호족을 견제하었나.

② 광종 – 12목을 설치하고 지방관을 파견하였다.

③ 성종 – 최승로의 시무 28조를 받아들여 제도를 정비하였다.

④ 현종 – 5도 양계로 지방 제도를 정비하였다.

04 다음의 그림이 성행할 때의 모습으로 옳지 않은 것은?

> • 「인왕제색도」
> • 「금강전도」
> • 「미인도」

① 신분제가 동요하여 양반층이 증가하였다.

② 『농사직설』, 『향약집성방』 등의 책이 저술되었다.

③ 관영 수공업이 쇠퇴하고 민영 수공업이 발달하였다.

④ 이앙법이 확대되어 노동력이 절감되고, 이모작이 가능해졌다.

05 다음 사건들이 일어난 순서대로 바르게 나열한 것은?

> ㉠ 신미양요   ㉡ 고부 농민 봉기
> ㉢ 갑신정변   ㉣ 임오군란

① ㉠ - ㉢ - ㉣ - ㉡   ② ㉢ - ㉠ - ㉡ - ㉣

③ ㉢ - ㉣ - ㉡ - ㉠   ④ ㉠ - ㉣ - ㉢ - ㉡

06 다음에서 설명하는 단체는 어디인가?

> • 조선 혁명 선언을 행동 지침서로 함
> • 조선총독부, 종로 경찰서 등에 폭탄 투척

① 신간회   ② 대한민국 임시정부

③ 의열단   ④ 한인 애국단

07 다음 〈보기〉 중 1950년대에 있었던 사건으로 옳은 것을 모두 고르면?

> **보기**
>
> ㉠ 발췌 개헌   ㉡ 사사오입 개헌
> ㉢ 10월 유신   ㉣ 6 · 29 선언

① ㉠, ㉡   ② ㉡, ㉢

③ ㉢, ㉣   ④ ㉠, ㉣

※ 창의력 문제는 정답을 따로 제공하지 않는 영역입니다.

※ 주어진 그림의 용도를 40가지 쓰시오. **[1~2]**

01

02

03 다음 질문에 대한 자신의 생각을 40가지 쓰시오.

> 해 없이 밤만 지속된다면 어떻게 되겠는가?

_____

_____

_____

_____

_____

05 | 2016년 상반기 기출복원문제

정답 및 해설 p.030

01 지각정확력

※ 다음 제시된 문자와 같은 것의 개수를 구하시오. [1~3]

01

ⓘ

ⓐ	ⓑ	ⓓ	ⓗ	ⓢ	ⓛ	ⓦ	ⓑ	ⓓ	ⓕ	ⓩ	ⓗ
ⓖ	ⓙ	ⓘ	ⓛ	ⓖ	ⓙ	ⓘ	ⓒ	ⓗ	ⓖ	ⓥ	ⓙ
ⓢ	ⓩ	ⓛ	ⓓ	ⓓ	ⓘ	ⓛ	ⓕ	ⓤ	ⓓ	ⓦ	ⓘ
ⓛ	ⓤ	ⓢ	ⓩ	ⓗ	ⓨ	ⓑ	ⓖ	ⓣ	ⓜ	ⓤ	ⓛ

① 0개 ② 2개
③ 4개 ④ 6개
⑤ 8개

02

▦

① 1개 ② 3개
③ 4개 ④ 5개
⑤ 7개

03

				88							

86	83	60	83	88	85	63	08	68	39	96	38
88	66	38	66	68	33	66	98	86	83	88	86
83	96	88	86	36	83	80	88	38	33	80	68
68	80	96	68	63	39	98	60	88	36	98	66

① 2개   ② 3개

③ 4개   ④ 5개

⑤ 6개

※ 다음 표에 제시되지 않은 문자를 고르시오. [4~6]

Hard

04

같	강	감	갓	갈	갓	각	갈	갇	강	각	갇
갈	같	갇	갚	갈	감	갇	같	갖	같	갖	강
갖	갇	갇	갇	갖	강	갈	감	각	같	갈	갇
갓	갈	강	갖	갇	갇	갚	같	감	갖	같	갈

① 갇   ② 강

③ 감   ④ 갈

⑤ 갑

05

バ	ビ	ネ	ゴ	ガ	ブ	ロ	ネ	ビ	ウ	ワ	ボ
ペ	ウ	ブ	ビ	ワ	バ	ゴ	ワ	ボ	ミ	バ	ペ
ボ	ワ	バ	ボ	ロ	ビ	ネ	バ	ペ	ロ	ネ	ブ
ブ	ボ	ペ	ウ	ゴ	ミ	ワ	ナ	ブ	ゴ	ガ	バ

① バ   ② ブ

③ ホ   ④ ウ

⑤ ゴ

06

care	cage	cape	cade	crow	cake	cing	cale	cead	cake	cale	cane
cane	cate	case	cane	cate	care	cape	cate	care	case	crow	cage
cake	cabe	cake	care	crew	cage	cabe	cane	cose	crew	care	cabo
cale	cape	cate	cape	cabe	cale	cake	cade	cing	cate	code	case

① care   ② came

③ cane   ④ cage

⑤ cake

※ 다음 제시된 낱말의 대응 관계로 볼 때 빈칸에 들어가기에 알맞은 것을 고르시오. **[1~3]**

01

중국 : 베이징 = 호주 : ( )

① 캔버라   ② 브리즈번
③ 시드니   ④ 멜버른
⑤ 웰링턴

02

춘향 : 몽룡 = ( ) : 피터팬

① 피오나   ② 웬디
③ 팅커벨   ④ 오로라
⑤ 벨

03

( ) : 미국 = 비둘기 : 평화

① 호랑이   ② 솔개
③ 독수리   ④ 사자
⑤ 말

※ 다음 제시된 낱말의 대응 관계로 볼 때, 빈칸에 들어가기에 알맞은 것으로 짝지어진 것을 고르시오.
[4~7]

04

승진하다 : (A) = 유사하다 : (B)

〈A〉 ① 강등하다   ② 숙달하다   ③ 등정하다   ④ 유한하다   ⑤ 진화하다
〈B〉 ① 흡수하다   ② 미숙하다   ③ 상이하다   ④ 비교하다   ⑤ 일정하다

05

어벤져스 : (A) = (B) : 소녀시대

〈A〉 ① 엑스맨   ② 아이언맨   ③ 돌연변이   ④ 마법사   ⑤ 해리포터
〈B〉 ① 배우   ② 음악방송   ③ 아이돌   ④ 작곡가   ⑤ 노래

06

(A) : 비범하다 = 모호하다 : (B)

〈A〉 ① 특별하다   ② 평범하다   ③ 희미하다   ④ 혼돈하다   ⑤ 확연하다
〈B〉 ① 무상하다   ② 걸출하다   ③ 방임하다   ④ 애매하다   ⑤ 방관하다

07

(A) : 붙이다 = 카메라 : (B)

〈A〉 ① 색종이   ② 편지   ③ 풀   ④ 오리다   ⑤ 가위
〈B〉 ① 동영상   ② 사진   ③ 방영하다   ④ 촬영하다   ⑤ 녹음하다

※ 다음 제시문을 읽고 각 문제가 항상 참이면 ①, 거짓이면 ②, 알 수 없으면 ③을 고르시오. **[1~3]**

- 현우는 국어, 수학, 사회, 과학 성적표를 받았다.
- 과목당 만점은 100점이다.
- 국어와 사회 점수의 차이는 7점이다.
- 과학은 수학보다 5점 높다.
- 사회는 과학보다 15점 낮다.

---

01 국어가 80점이면 과학은 85점이다.

① 참 ② 거짓 ③ 알 수 없음

02 국어가 70점이면 사회는 77점이다.

① 참 ② 거짓 ③ 알 수 없음

03 사회가 73점이면 수학은 83점이다.

① 참 ② 거짓 ③ 알 수 없음

※ 다음 제시문을 읽고 각 문제가 항상 참이면 ①, 거짓이면 ②, 알 수 없으면 ③을 고르시오. 【4~6】

- A가 축구를 하면 B가 농구를 한다.
- B가 농구를 하면 C가 수영을 한다.

04 C가 수영을 하지 않으면 A가 축구를 하지 않는다.

① 참   ② 거짓   ③ 알 수 없음

05 B가 농구를 하지 않으면 C가 수영을 하지 않는다.

① 참   ② 거짓   ③ 알 수 없음

06 C가 수영을 하면 A가 축구를 한다.

① 참   ② 거짓   ③ 알 수 없음

※ 다음 제시된 전개도를 보고 만들 수 있는 입체도형을 고르시오. [1~3]

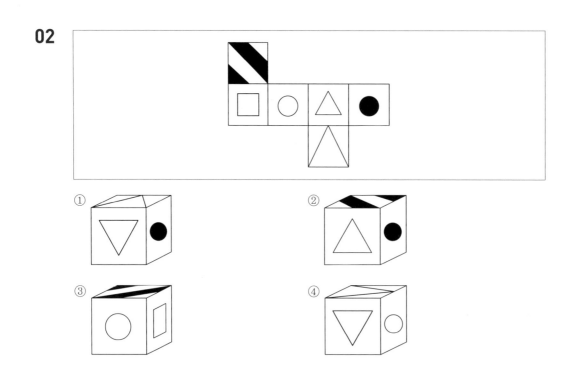

03

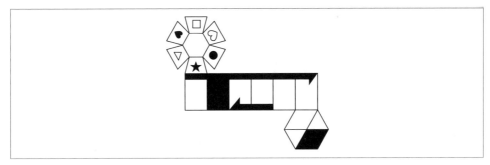

①

②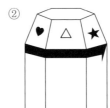

③

④

01 다음 문장을 논리적 순서대로 바르게 나열한 것은?

> (가) 가언적 명령과 달리, 우리가 이상적 인간으로서 가지는 일정한 의무를 정언적 명령이라고 한다.
>
> (나) 칸트는 이와 같은 정언적 명령들의 체계가 곧 도덕이라고 보았다.
>
> (다) 칸트는 우리가 특정한 목적을 달성하기 위해 준수해야 할 일, 또는 어떤 처지가 되지 않기 위해 회피해야 할 일에 대한 것을 가언적 명령이라고 했다.
>
> (라) 이는 절대적이고 무조건적인 의무이며, 이에 복종함으로써 뒤따르는 결과가 어떠하든 그와 상관없이 우리가 따라야 할 명령이다.

① (다) – (라) – (가) – (나) 　　　② (다) – (가) – (라) – (나)

③ (가) – (나) – (라) – (다) 　　　④ (나) – (다) – (라) – (가)

02 다음 글의 흐름상 적절하지 않은 문장은?

> 우리는 미술가가 얻어내려고 하는 효과가 어떤 것인지는 결코 예견할 수 없기 때문에 효과의 종류와 규칙을 설정하기는 불가능하다. (가) 미술가는 일단 옳다는 생각이 들면 전혀 조화되지 않는 것까지 시도하기를 원한다. (나) 하나의 그림이나 조각이 어떻게 되어 있어야 제대로 될 것인지 말해 줄 수 있는 규칙이 없기 때문에 우리가 어떤 작품을 걸작품이라고 느끼더라도 그 이유를 정확한 말로 표현한다는 것은 거의 불가능하다. (다) 따라서 어떠한 작품이든 사람들은 그것에 대해 논할 수 없는 것이다. (라) 만일 그러한 논의가 별 의미가 없는 것이라 하더라도 그러한 논의들은 우리에게 그림을 더 보도록 만들고, 우리가 그림을 더 많이 볼수록 전에는 발견하지 못했던 점들을 깨달을 수 있게 된다. 그림을 보면서 각 시대의 미술들이 이룩하려 했던 조화에 대한 감각을 발전시키고, 이러한 조화들에 의해 우리의 느낌이 풍부해질수록 우리는 더욱 그림 감상을 즐기게 될 것이다. 따라서 취미에 관한 문제는 논의의 여지가 없다는 오래된 경구는 진실이겠지만, 이로 인해 '취미는 개발될 수 있다.'는 사실이 숨겨져서는 안 된다.

① (가) 　　　　　　　　② (다)

③ (나) 　　　　　　　　④ (라)

03 다음 글의 내용으로 적절하지 않은 것은?

> 아파트에서는 부엌, 안방, 화장실, 그리고 거실이 다 같은 높이의 평면 위에 있다. 그것보다 밑에 또는 위에 있는 것은 다른 사람의 아파트이다. 좀 심한 표현을 쓴다면 아파트에서는 모든 것이 평면 적이다. 깊이가 없는 것이다. 사물은 아파트에서 그 부피를 잃고 평면 위에 선으로 존재하는 그림과 같이 되어 버린다. 모든 것은 한 평면 위에 나열되어 있다. 그래서 한눈에 들어오게 되어 있다. 아파 트에는 사람이나 물건이나 다같이 자신을 숨길 데가 없다.
>
> 땅집에서는 사정이 전혀 딴판이다. 땅집에서는 모든 것이 자기 나름의 두께와 깊이를 가지고 있다. 같은 물건이라도 그것이 다락방에 있을 때와 안방에 있을 때와 부엌에 있을 때는 거의 다르다. 아니, 집 자체가 인간과 마찬가지의 두께와 깊이를 가지고 있다. 집이 아름다운 이유는 집 자체가 인간을 닮았기 때문이다. 다락방은 의식이며 지하실은 무의식이다.

① 아파트에서 모든 것은 한 눈에 파악된다.

② 아파트의 공간들은 입체적이다.

③ 집은 그 자체로 인간을 닮았다.

④ 땅집에서는 모든 것이 나름의 두께와 깊이를 가진다.

04 다음 글의 주제로 가장 적절한 것은?

> '새'는 하나의 범주이다. [+동물], [+날 것]과 같이 성분 분석을 한다면 우리 머릿속에 떠오른 '새' 의 의미를 충분히 설명했다고 보기 어렵다. 성분 분석 이론의 의미자질 분석은 단순할 뿐이다. 이것 이 실망스런 이유는 성분 분석 이론의 '새'에 대한 의미 기술이 고작해야 다른 범주, 즉 조류가 아닌 다른 동물 범주와 구별해 주는 정도밖에 되지 못했기 때문이다. 아리스토텔레스 이래로 하나의 범주 는 경계가 뚜렷한 실재물이며, 범주의 구성원은 서로 동등한 자격을 가지고 있다고 믿어 왔다. 그리 고 범주를 구성하는 단위는 자질들의 집합으로 설명될 수 있다고 생각해 왔다. 앞에서 보여 준 성분 분석 이론 역시 그런 고전적인 범주 인식에 바탕을 두고 있다. 어휘의 의미는 의미 성분, 곧 의미자 질들의 총화로 기술될 수 있다고 믿는 것, 그것은 하나의 범주가 필요충분조건으로 이루어져 있다는 가정에서만이 가능한 것이었다. 그러나 '새'의 범주를 떠올려 보면, 범주의 구성원들끼리 결코 동등 한 자격을 가지고 있지 않다. 가장 원형적인 구성원이 있는가 하면, 덜 원형적인 것, 주변적인 것도 있는 것이다. 이렇게 고전 범주화 이론과 차별되는 범주에 대한 새로운 인식은 인지 언어학에서 하 나의 혁명으로 간수되었나.

① 고전 범주화 이론의 한계

② '새'가 갖는 성분 분석의 이론적 의미

③ '새'의 성분 분석 결과

④ 성분 분석 이론의 바탕

05 다음 내용 중 합리주의적인 이론에서 추론할 수 없는 것은?

> 어린이의 언어 습득을 설명하려는 이론으로는 두 가지가 있다. 하나는 경험주의적인 혹은 행동주의적인 이론이요, 다른 하나는 합리주의적인 이론이다.
>
> 경험주의 이론에 의하면 어린이가 언어를 습득하는 것은 어떤 선천적인 능력에 의한 것이 아니라 경험적인 훈련에 의해서 오로지 후천적으로만 이루어진다.
>
> 한편, 합리주의적인 언어 습득의 이론에서 어린이가 언어를 습득하는 것은 거의 전적으로 타고난 특수한 언어 학습 능력과, 일반 언어 구조에 대한 추상적인 선험적 지식에 의한 것이다.

① 어린이는 완전히 백지상태에서 출발하여 반복 연습과 시행착오, 그리고 교정에 의해서 언어라는 습관을 형성한다.

② 일정한 나이가 되면 모든 어린이가 예외 없이 언어를 통달하게 된다.

③ 많은 현실적 악조건에도 불구하고 어린이가 완전한 언어 능력을 갖출 수 있게 된다.

④ 인간은 언어 습득 능력을 가지고 태어난다.

06 다음과 같은 글의 개요에서 ㉠과 ㉡에 들어갈 내용으로 가장 적절한 것은?

> 제목 : _____㉠_____
> 서론 : 우리나라의 민주주의는 아직 미흡한 점이 많다.
> 본론
> 1. 민주주의의 이상과 거리가 먼 정치 행태
>   가. 입법부의 왜곡된 모습
>   나. 행정부의 잘못된 모습
> 2. 잘못된 현실을 고칠 수 있는 바탕으로서의 민본주의
>   가. '민심이 곧 천심'이라는 우리의 전통 사상
>   나. 율곡 이이의 사상
> 결론 : _____㉡_____

① ㉠ : 민주주의의 문제점
    ㉡ : 우리는 경천사상으로 인간 경시 풍조를 극복해야 한다.

② ㉠ : 민주주의 정착을 위한 민본주의의 활용
    ㉡ : 선조들의 지혜와 예절이 담겨 있는 민본주의의 의미를 알아야 한다.

③ ㉠ : 정치와 현실의 괴리
    ㉡ : 건전한 윤리관의 회복으로 정치와 현실의 간극을 좁혀야 한다.

④ ㉠ : 민본주의의 현대적 재생
    ㉡ : 민본주의의 현대적 재생을 통해 우리나라 민주주의의 미흡함을 보완해야 한다.

01   5%의 설탕물 600g을 1분 동안 가열하면 10g의 물이 증발한다. 이 설탕물을 10분 동안 가열한 후, 다시 설탕물 200g을 넣었더니 10%의 설탕물 700g이 되었다. 이때 더 넣은 설탕물 200g의 농도는 얼마인가?(단, 용액의 농도와 관계없이 가열하는 시간과 증발하는 물의 양은 비례한다)

① 5%   ② 15%

③ 20%   ④ 25%

02   5% 소금물 100g에 10% 소금물 xg을 넣었더니 6% 소금물 yg이 되었다. 이때 더 넣은 소금물 xg의 양은?

① $\dfrac{6y - 500}{10}$g   ② $\dfrac{11y - 100}{10}$g

③ $\dfrac{5y - 100}{10}$g   ④ $\dfrac{10y - 100}{10}$g

03   백현이가 배를 타고 10km/h의 속력으로 흐르는 강을 7km 이동했다. 배로 강을 거슬러 올라갈 때는 20km/h의 속력으로, 내려갈 때는 5km/h의 속력으로 이동했더니 총 40분이 걸렸다. 이때 백현이가 배를 타고 거슬러 올라간 거리는 얼마인가?

① 1km   ② 3km

③ 4km   ④ 6km

04   둘레가 10km인 호수 주위를 두 사람이 같은 지점에서 출발하여 걷는다. 경수는 시속 $a$km로 출발하였고, 수호는 경수가 출발한 지 30분 후에 반대 방향으로 시속 $b$km로 춘발했다. 이때 두 사람이 만나는 데 걸리는 시간은 얼마인가?

① $\dfrac{20 + b}{a + b}$ 시간   ② $\dfrac{20 + b}{2(a + b)}$ 시간

③ $\dfrac{a + b}{20 + b}$ 시간   ④ $\dfrac{20(a + b)}{a + b}$ 시간

05 수영이와 여동생의 나이 차는 5살이고, 언니의 나이는 수영이와 여동생 나이의 합의 2배이다. 세 자매의 나이의 합이 39일 때, 3년 뒤 언니의 나이는 얼마인가?

① 22살

② 24살

③ 27살

④ 29살

06 어떤 일을 소미가 혼자 하면 12일, 세정이와 미나 둘이서 하면 4일이 걸린다. 이 일을 소미, 세정, 미나가 다 같이 하면 며칠이 걸리겠는가?

① 2일

② 3일

③ 4일

④ 5일

07 집에서 놀이터까지 가는 경우의 수는 4가지, 놀이터에서 학교까지 가는 경우의 수는 5가지이다. 또한 집에서 놀이터를 거치지 않고 학교까지 갈 수 있는 경우의 수는 2가지이다. 이때 학교까지 갈 수 있는 경우의 수는 모두 몇 가지인가?

① 20가지

② 22가지

③ 26가지

④ 30가지

Easy

08 남학생 4명과 여학생 3명을 원형모양의 탁자에 앉힐 때, 여학생 3명이 이웃해서 앉을 확률은?

① $\dfrac{1}{21}$

② $\dfrac{1}{7}$

③ $\dfrac{1}{5}$

④ $\dfrac{1}{15}$

※ 일정한 규칙으로 수를 나열할 때, 빈칸에 들어갈 알맞은 숫자를 고르시오. **[1~6]**

01

| | 3 5 9 −15 27 45 81 ( ) 243 |

① 93
② −135
③ 175
④ −162

02

| | 1 $-\dfrac{1}{2}$ 0.2 $\dfrac{1}{6}$ 0.06 $\dfrac{1}{24}$ 0.024 $-\dfrac{1}{120}$ 0.012 ( ) |

① $-\dfrac{1}{240}$
② $-\dfrac{1}{360}$
③ $-\dfrac{1}{600}$
④ $-\dfrac{1}{720}$

03

| | 1 2 8 ( ) 148 765 4,626 |

① 12
② 33
③ 24
④ 27

04

3	5	19	5	9	( )	7	11	71

① 39   ② 41
③ 43   ④ 45

05

4	25	11	6	49	29	8	81	( )

① 35   ② 43
③ 47   ④ 55

06

4	2	20	5	( )	74	10	5	125

① 3   ② 5
③ 6   ④ 7

01 다음 중 청동기 시대의 특징으로 적절하지 않은 것은?

① 석제 농기구를 사용하였다.

② 대표적인 유물로 세형동검이 있다.

③ 직사각형 움집에서 생활했다.

④ 계급이 발생했다.

02 다음 군사제도와 관련이 있는 나라는?

* 중앙군 10위
* 지방군

① 고구려   ② 신라

③ 발해   ④ 백제

03 다음 중 집사부에 대한 설명으로 적절하지 않은 것은?

① 무열왕은 집사부를 강화함으로써 화백회의와 상대등의 세력을 억제하고자 했다.

② 신라 시대의 국가 기밀과 일반 업무를 담당한 최고 행정 기구였다.

③ 신라의 귀족들이 모여 진행한 회의로 국가의 중요한 일들을 만장일치에 의해 결정한다.

④ 삼국통일 이후 신라는 집사부의 장관인 시중의 기능을 강화하였다.

04 다음 중 고려의 성립 과정을 바르게 나열한 것은?

> (가) 후백제 멸망
> (나) 고려 건국
> (다) 신라 항복

① (가) – (다) – (나)　　　　　　② (다) – (가) – (나)
③ (나) – (다) – (가)　　　　　　④ (나) – (가) – (다)

05 다음 중 고려청자에 대한 설명으로 적절하지 않은 것은?

① 12세기 중엽에 순청자가 전성기를 이루었다.
② 상감청자는 고려의 독창적 상감법을 자기에 활용한 것이다.
③ 분청사기는 고려 말 청자로부터 변모한 뒤 특색이 더해져 15, 16세기를 거쳐 약 200년간 제작되었다.
④ 14세기 이후 왜적으로 인한 피해로 기법과 문양이 변모하는 등 고려청자가 쇠퇴하였다.

06 『경세유표(經世遺表)』, 『목민심서(牧民心書)』, 『흠흠신서(欽欽新書)』와 관련 있는 인물은?

① 박지원　　　　　　② 유득공
③ 박제가　　　　　　④ 정약용

07 다음 내용과 관련이 있는 인물은?

> • 불교의 대중화　　　• 아미타 신앙
> • 일심 사상　　　　　• 무애가

① 원효　　　　　　② 의상
③ 원측　　　　　　④ 혜초

08 다음 중 병인양요에 대한 설명으로 적절하지 않은 것은?

① 프랑스 함대가 강화도를 침략했다.

② 병인양요 이전에 흥선대원군은 전국에 척화비를 건립하였다.

③ 외규장각에 보관 중이던 서적과 보물 등의 문화재를 약탈당했다.

④ 이후 천주교에 대한 탄압이 더욱더 심해졌다.

09 다음 내용과 관련 있는 단체는?

• 독립신문 발간	• 광복군 조직
• 1919년 4월 13일	• 상해

① 대한광복군정부　　　　　　　　　② 대한국민의회

③ 대한민국 임시정부　　　　　　　　④ 대한인국민회

10 다음 사건을 역사적 순서대로 바르게 나열한 것은?

(가) 부마 항쟁	(나) 5·18 민주화 운동
(다) 4·19 혁명	(라) 6월 민주 항쟁

① (가) – (다) – (나) – (라)　　　　　② (다) – (가) – (나) – (라)

③ (다) – (가) – (라) – (나)　　　　　④ (가) – (다) – (라) – (나)

※ 주어진 그림의 용도를 40가지 쓰시오. **[1~3]**

01

02

03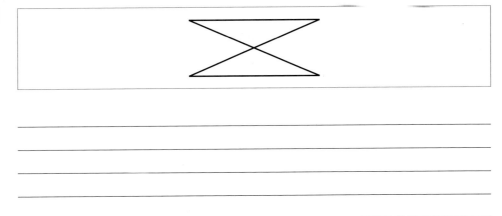

아이들이 답이 있는 질문을 하기 시작하면 그들이 성장하고 있음을 알 수 있다.

- 존 J. 플롬프 -

PART 2

적성검사

CHAPTER 01

지각정확력

합격 Cheat Key

영역 소개

지각정확력은 제시된 문자와 같은 문자의 개수를 구하는 문제와 제시되지 않은 문자를 찾는 문제가 출제된다. 총 30문제로 구성되어 있으며, 단순히 눈으로 보고 비교하면 되는 문제이기 때문에 어렵지 않은 편이지만, 제한시간이 6분으로 매우 짧은 편이다.

1 **제시된 문자 찾기**

제시되는 문자나 기호는 그 종류가 매우 다양하다. 한글은 물론이고 영어, 한자, 숫자, 특수문자뿐만 아니라 아랍어와 태국어 등 익숙하지 않은 문자가 출제되어 문제를 푸는 데 시간을 지체하게 만든다. 찾아야 할 숫자나 기호, 문자 등의 특징적인 부분을 빠르게 분별하는 연습을 해야 한다.

2 **제시되지 않은 문자 찾기**

같은 문자 찾기 유형과 마찬가지로 제시되는 문자나 기호의 종류가 매우 다양하다. 특히, 제시된 모든 문자를 요령 없이 찾아야 하기 때문에 시간이 많이 소요되는 유형이다.

┤ **학습 포인트** ├

- 명확한 이론이 있는 영역이 아니기 때문에 부단한 연습으로 시간을 줄이는 것만이 유일한 방법이다.
- 구분선을 그려 넣는 등 찾아야 할 숫자나 기호, 문자 등의 특징적인 부분을 빠르게 분별할 수 있는 자신만의 방법을 찾아 연습을 해야 한다.

01 | 제시된 문자 찾기

| 유형분석 |

- 유사한 한글, 영어, 한자, 숫자, 기호 중에서 제시된 문자를 빠른 시간 안에 정확히 찾아낼 수 있는지 평가하는 유형이다.
- 지각력과 정확력, 그리고 순발력을 함께 평가한다.

다음 제시된 문자와 같은 것의 개수는?

書

畵	群	書	君	君	群	君	畫	畵	群	君	畵
畫	畫	畫	郡	群	畵	郡	君	群	書	群	畫
群	郡	郡	畵	書	群	畫	君	郡	畫	君	郡
書	畫	君	郡	君	畵	畵	畵	君	群	郡	畵

① 2개 ② 3개
③ 4개 ④ 5개
⑤ 6개

정답 ③

畵	群	書	君	君	群	君	畫	畵	群	君	畵
畫	畫	畫	郡	群	畵	郡	君	群	書	群	畫
群	郡	郡	畵	書	群	畫	君	郡	畫	君	郡
書	畫	君	郡	君	畵	畵	畵	君	群	郡	畵

30초 컷 풀이 Tip

다시 확인하는 일이 없도록 처음부터 하나씩 꼼꼼하게 문자를 대조하는 것이 시간 단축과 정답률 상승에 도움이 된다.

02 | 제시되지 않은 문자 찾기

| 유형분석 |

- 유사한 한글, 영어, 한자, 숫자, 기호 중에서 제시되지 않은 문자를 빠른 시간 안에 정확히 분별할 수 있는지 평가하는 유형이다.
- 지각력과 정확력을 동시에 평가한다.

다음 표에 제시되지 않은 문자는?

자각	촉각	매각	소각	기각	내각	후각	감각	둔각	망각	각각	엇각
기각	내각	청각	조각	갑각	해각	종각	자각	주각	간각	매각	시각
망각	지각	갑각	엇각	주각	촉각	매각	청각	부각	내각	조각	기각
대각	후각	촉각	자각	후각	망각	조각	내각	기각	촉각	청각	감각

① 지각　　　　　　　　　　② 소각
③ 부각　　　　　　　　　　④ 시각
⑤ 두각

정답 ⑤

자각	촉각	매각	소각	기각	내각	후각	감각	둔각	망각	각각	엇각
기각	내각	청각	조각	갑각	해각	종각	자각	주각	간각	매각	시각
망각	지각	갑각	엇각	주각	촉각	매각	청각	부각	내각	조각	기각
대각	후각	촉각	자각	후각	망각	조각	내각	기각	촉각	청각	감각

30초 컷 풀이 Tip

다시 확인하는 일이 없도록 처음부터 하나씩 꼼꼼하게 문자를 대조하는 것이 시간 단축과 정답률 상승에 도움이 된다.

01 | 유형점검

정답 및 해설 p.040

※ 다음 중 제시된 문자와 같은 것의 개수를 고르시오. [1~15]

01

國

圖	四	圓	口	國	日	日	匚	書	區	匚	四
日	匚	國	圓	口	四	圓	圖	圓	四	圓	日
國	圓	圖	日	日	匚	書	圖	四	圓	圖	四
四	圓	口	國	日	日	匚	圖	書	區	四	匚

① 3개   ② 4개
③ 5개   ④ 6개
⑤ 7개

Easy
02

㉠

㉠	㉡	㉢	㉣	㉤	㉥	㉦	㉧	㉨	㉩	㉪	㉠
㉫	㉬	㉮	㉯	㉰	㉱	㉲	㉠	㉳	㉴	㉵	㉶
㉷	㉸	㉹	㉺	Ⓐ	Ⓑ	Ⓒ	Ⓓ	Ⓔ	Ⓕ	㉠	Ⓗ
Ⓙ	Ⓚ	Ⓛ	Ⓜ	Ⓝ	Ⓞ	㉠	Ⓟ	Ⓠ	Ⓡ	Ⓢ	Ⓣ

① 2개   ② 3개
③ 4개   ④ 5개
⑤ 6개

03

589

610	587	331	356	408	631	602	90	635	301	201	101
220	730	196	589	600	589	306	102	37	580	669	89
58	796	589	633	580	710	635	663	578	598	895	598
310	566	899	588	769	586	486	789	987	169	323	115

① 1개   ② 2개

③ 3개   ④ 4개

⑤ 5개

04

≒

≒	≕	∺	÷	≕	≐	∺	≗	≕	≗	∺	≕
≐	≕	≐	≕	∺	≕	÷	≔	∺	≒	≕	÷
≕	÷	≒	≕	≐	÷	≕	≕	÷	≔	≐	÷
÷	≔	∺	≔	÷	≒	∺	≕	≐	∺	≔	≕

① 1개   ② 2개

③ 3개   ④ 4개

⑤ 5개

05

て

う	て	ぐ	つ	ど	ざ	ん	ど	う	で	う	よ
で	よ	の	ど	う	て	ぐ	の	で	ん	ど	ど
つ	ど	ざ	で	よ	ど	う	ど	て	つ	ざ	つ
て	の	う	て	ん	の	よ	で	う	ぐ	う	て

① 2개   ② 3개

③ 4개   ④ 5개

⑤ 6개

06

問

問	門	間	門	問	聞	們	門	聞	聞	聞	間
門	間	聞	聞	們	間	聞	間	們	問	門	們
聞	門	們	間	聞	問	門	問	門	間	問	聞
們	聞	間	問	門	間	們	門	聞	門	聞	門

① 3개　　　　　　② 4개
③ 5개　　　　　　④ 6개
⑤ 7개

07

↔

#	○	◇	☆	&	★	△	☆	*	■	※	◆
▼	→	▲	@	←	=	□	●	◎	§	▽	↑
↔	○	↓	▼	#	&	→	▽	□	↑	#	←
◆	※	*	★	=	●	◇	□	△	▲	■	@

① 1개　　　　　　② 2개
③ 3개　　　　　　④ 4개
⑤ 5개

08

soul

sprit	sole	sin	shape	sou	sound	soup	sour	soul	south	soul	saul
sour	soup	sin	saul	soul	soup	son	sole	sprit	seoul	soup	son
seoul	sound	soul	houl	boul	bawl	soul	sole	son	soup	sour	sour
sun	sunny	star	start	styx	stur	spam	super	show	sour	salt	sand

① 1개　　　　　　② 2개
③ 3개　　　　　　④ 4개
⑤ 5개

09

⑱

⑲	⑧	⑰	⑯	⑲	⑧	⑧	⑧	⑰	(18)	⑱	⑯
⑰	⑱	(18)	⑩	(18)	⑲	⑰	⑰	(18)	⑲	(18)	⑱
⑯	⑩	⑲	⑰	⑯	(18)	⑩	⑲	⑯	⑧	⑯	⑲
⑱	⑰	⑧	(18)	⑩	⑩	⑯	⑩	⑧	⑰	⑱	(18)

① 3개   ② 4개
③ 5개   ④ 6개
⑤ 7개

10

Ч

Ч	Ш	Щ	Ц	У	Л	П	Щ	Л	У	Щ	Ш
Ш	Щ	П	П	Ш	У	П	Л	Ш	Ш	У	У
Л	У	Ш	Щ	Л	Л	Ш	У	Щ	Л	Щ	Л
Щ	Ш	Л	П	Щ	П	У	Щ	У	Ш	Л	Ш

① 1개   ② 2개
③ 3개   ④ 4개
⑤ 5개

11

un

un	uu	nn	un	mn	un	um	nn	un	uo	uu	un
nn	un	mn	uu	nn	uu	uo	uu	mn	un	nn	nn
uu	mn	nn	um	uo	nn	uu	un	nn	um	uo	um
un	um	mn	un	uo	um	mn	um	uu	nn	um	un

① 7개   ② 8개
③ 9개   ④ 10개
⑤ 11개

12

£

₣	₮	฿	£	£	฿	₡	₣	₮	₡	₮	₣
₡	₦	£	₡	฿	₣	₦	₮	₣	£	₦	฿
₮	₣	₣	₡	₦	₦	£	฿	฿	₡	₣	₡
£	₦	฿	₦	£	£	₡	₦	£	£	฿	₮

① 3개 ② 4개
③ 5개 ④ 6개
⑤ 7개

13

セ

ゼ	テ	ネ	デ	ケ	ス	ケ	ス	ネ	ス	テ	ゼ
デ	ズ	セ	ゲ	ス	ゼ	ゲ	テ	デ	ゼ	ゲ	ゲ
セ	テ	ネ	ケ	テ	ケ	テ	ズ	セ	ケ	デ	ネ
ゲ	ネ	ゲ	ゼ	デ	ズ	ケ	ゼ	デ	ス	ス	セ

① 4개 ② 5개
③ 6개 ④ 7개
⑤ 8개

14

vii

vii	III	ii	IX	vii	ix	iv	VII	v	xii	XI	i
iv	v	VI	iii	xi	x	v	ii	vii	xi	iii	XII
III	vii	xi	xii	iv	VI	VI	XII	ix	VI	v	vii
ii	XII	XI	VII	v	iii	vii	IX	i	IX	iv	xii

① 2개 ② 3개
③ 4개 ④ 5개
⑤ 6개

15

						輨					

置	値	致	致	輨	恥	稚	燨	峙	輨	侈	緻
馳	痴	幟	淄	梔	緇	癡	嗤	痔	治	稺	輨
輨	癡	雉	馳	幟	痔	値	致	緇	稚	緻	峙
痴	致	梔	輨	稀	置	淄	恥	侈	嗤	燨	輨

① 1개   ② 2개

③ 3개   ④ 5개

⑤ 6개

※ 다음 표에 제시되지 않은 문자를 고르시오. [16~30]

16

◁	◀	▷	▶	♤	♠	♡	♥	♧	♣	◉	◈
▣	◐	◑	▨	▤	▥	□	▧	▦	▩	♨	☏
☎	☜	☞	¶	†	‡	↕	↗	↙	↖	↘	♭
♩	♪	♬	㏇	㈜	№	Co.	™	a.m.	p.m.	TEL	€

① ♠   ② ▨

③ ¶   ④ ㉿

⑤ ®

17

홍	경	묘	청	래	이	재	순	조	사	고	종
박	김	삿	랑	인	시	갓	구	대	위	충	절
보	은	속	리	대	성	힌	타	국	금	아	태
짬	탕	찌	단	짠	고	감	래	진	상	왕	전

① 홍   ② 속

③ 무   ④ 짠

⑤ 탕

18

변화	포탄	고향	원산	목포	가방	반증	무상	무념	문학	방학	밥상
벽지	벽화	사랑	순화	소이	딸기	사망	변혁	변절	수학	교정	기업
니트	종류	평화	출구	예광	변심	반항	소화	파기	무형	역사	문화
탄산	맥주	고난	탈출	예방	사또	화랑	담배	낙지	선박	출항	장갑

① 과속　　　　　　② 화랑
③ 무형　　　　　　④ 출항
⑤ 평화

19

hole	hell	hide	hard	have	horn	hate	hill	hunt	heavy
husk	hatch	heal	height	hear	heat	hublot	head	help	him
have	height	heat	husk	hell	head	heal	hear	hate	help
him	heat	hide	hole	hatch	hard	heavy	horn	hublot	hunt

① hard　　　　　　② hill
③ holiday　　　　④ him
⑤ heat

20

★	□	●	▼	★	□	◇	▼	◎	□	□	★
●	◇	☆	○	△	○	●	★	◇	△	◇	○
△	◎	◇	★	◎	▼	△	●	○	◆	●	◎
▲	○	◎	●	□	▽	◇	▼	□	▼	△	★

① ☆　　　　　　② ■
③ ◆　　　　　　④ ▽
⑤ ▲

21

ㅀ	ㄺ	ㄾ	ㅀ	ㄽ	ㄺ	ㄽ	ㅀ	ㄺ	ㅁㅂ	ㅀ	ㄼ
ㄽ	ㄹㄱ	ㄺ	ㅀ	ㄺ	ㅀ	ㄹㄱ	ㄽ	ㅀ	ㄽ	ㄺ	ㄹㄱ
ㄹㄷ	ㅀ	ㄽ	ㄹㄷ	ㄽ	ㅀ	ㄹㄷ	ㅁㅂ	ㅀ	ㄹㄱ	ㄺ	ㄹㄷ
ㄺ	ㄽ	ㄺ	ㅀ	ㄹㄱ	ㄽ	ㄽ	ㄹㄸ	ㅁㅂ	ㄽ	ㄽ	ㄹㄱ

① ㄼ   ② ㄼ

③ ㄾ   ④ ㄽ

⑤ ㄹㄸ

22

MER	LTA	VER	DTA	DLR	ITI	DOR	ETE	RSR	ZER	BTA	LOE
XSR	WER	LSR	UER	OSR	DCR	PER	ASD	WCT	KTI	YAM	GTE
OTA	KKN	YSR	DSR	DZR	ATA	SDR	SSR	DTI	LHE	FTE	BVG
NER	HTE	VOE	TER	JTI	DAA	PSR	DTE	LME	QSR	SDZ	CTA

① LTA   ② DTI

③ LTE   ④ DSR

⑤ PER

23

하	라	차	사	바	하	다	라	아	아	라	사
마	아	라	타	사	나	마	가	가	사	하	가
사	나	하	마	아	디	가	카	아	다	가	하
아	마	다	바	나	라	사	자	바	하	마	바

① 자   ② 차

③ 카   ④ 타

⑤ 파

24

암 웃 잇 우	맛 안 핫 윾	으 힜 팟 압	먻 얏 앚 앤	압 햤 밌 악	옻 헜 인 오	알 옛 윴 앋	있 임 윴 햣	옛 맛 았 엣	윳 일 무 유	욮 잍 욧 었	엇 헛 엿 훗

① 우

② 얏

③ 있

④ 었

⑤ 앗

25

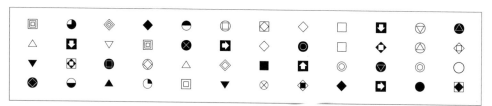

① ◨

② ◧

③ ◙

④ ◆

⑤ ▢

26

8.03	9.12	4.12	7.23	2.76	4.28	1.48	7.43	3.79	2.47	3.78	3.22
2.46	0.35	2.85	2.45	2.28	2.84	3.53	5.32	8.93	3.77	6.82	5.38
4.28	2.85	3.79	2.46	9.12	2.45	3.22	7.23	2.84	3.53	1.48	5.32
0.35	4.12	2.28	3.78	5.38	8.03	6.82	8.93	3.77	2.76	2.47	7.43

① 4.12

② 5.38

③ 5.87

④ 2.46

⑤ 8.93

27

฿	w	฿	s	Σ	¥	Σ	฿	℃	£	₽	c
℃	Ŧ	N	₠	℃	£	$	Ŧ	₽	Y	Σ	£
₽	Σ	₽	£	¢	W	Ŧ	₦	Σ	m	℃	Σ
£	n	F	C	฿	₽	y	Σ	S	F	฿	℃

① $ ② ¢
③ ₦   ④ ¥
⑤ ₩

28

★	♫	♥	◎	θ	☆	♪	♥	●	♠	●	♫
♀	◈	♪	♠	♪	♀	☆	◎	◐	θ	★	◑
♠	♪	◐	θ	★	♫	◑	θ	♀	♫	☆	◎
◎	♥	♪	♫	♪	♥	Ω	♠	♪	◈	♀	★

① Ω   ② ◈
③ ◐   ④ ◎
⑤ ★

29

감각	감기	감옥	감성	감소	감찰	감시	김염	감수	감독	감세	감사
감자	감봉	감별	감지	감정	감동	감안	감내	감마	감행	감초	감흥
감개	감성	감사	감동	감수	감기	감염	감독	감자	감정	감개	감지
감내	감찰	감안	감옥	감별	감행	감시	감봉	감소	감각	감흥	감세

① 감소   ② 감회
③ 감시   ④ 감각
⑤ 감수

30

take	talk	touch	time	tip	tilt	turn	then	think	ten	turtle	tube
tor	travel	tate	tear	top	torch	tort	taste	task	tidy	test	topic
tiny	target	true	tab	tell	twins	trap	tall	ton	tint	trip	tent
tomb	tight	tune	tire	tone	toy	tag	toxic	try	tax	taw	title

① then   ② tune
③ taste   ④ travel
⑤ team

CHAPTER 02

언어유추력

합격 Cheat Key

영역 소개

언어유추력은 A : B = C : (   )의 유형과 A : (   ) = B : (   )의 유형으로, 제시된 단어를 유추해서 괄호 안에 적절한 단어를 고르는 문제가 20문제 출제되며 5분 안에 해결해야 한다. 단어 간의 관계는 주술 관계, 인과 관계, 술목 관계, 상보 관계 등 다양한 유형으로 출제된다.

언어유추

제시된 단어의 관계와 속성, 단어에 내포된 의미 및 상징을 파악해서 단어를 적용하는 문제가 출제된다. 매우 다양한 기준으로 어휘를 분류하기 때문에 고정관념에서 벗어나서 다양한 사고를 통해서 접근해야 한다. 따라서 본서의 여러 가지 문제를 풀어보면서 단어의 의미를 정확히 이해해야 하며, 다양한 유형을 파악한 후 가능한 한 많은 단어의 관계와 속성을 파악하는 것이 중요하다.

┤ 학습 포인트 ├

- 유의 관계, 반의 관계, 상하 관계 이외에도 원인과 결과, 행위와 도구, 한자성어 등 다양한 관계가 제시된다.
- 많은 문제를 풀어보면서 다양한 어휘 관계를 파악할 수 있는 눈을 길러야 한다.

02 | 이론점검

단어의 관계를 묻는 유형은 주어진 낱말과 대응 방식이 같은 것 또는 나머지와 속성이 다른 것으로 출제되며, 문제 유형은 'a : b = ( ) : d' 또는 'a : ( ) = ( ) : d'와 같이 빈칸을 채우는 문제이다.

보통 유의 관계, 반의 관계, 상하 관계, 부분 관계를 통해 단어의 속성을 묻는 문제로, 제시된 단어들의 관계와 속성을 바르게 파악하여 적용하는 것이 중요하다.

논리구조에서는 주로 단락과 문장 간의 관계나 글 전체의 논리적 구조를 정확히 파악했는지를 묻는다. 글의 순서를 바르게 배열하는 유형이 출제되고 있다. 제시문의 전체적인 흐름을 바탕으로 각 문단의 특징, 단락 간의 역할 등을 논리적으로 구조화할 수 있는 능력을 길러야 한다.

01 유의 관계

두 개 이상의 어휘가 서로 소리는 다르나 의미가 비슷한 경우를 유의 관계라고 하고, 유의 관계에 있는 어휘를 유의어(類義語)라고 한다. 유의 관계의 대부분은 개념적 의미의 동일성을 전제로 한다. 그렇다고 하여 유의 관계를 이루는 단어들을 어느 경우에나 서로 바꾸어 쓸 수 있는 것은 아니다. 따라서 언어 상황에 적합한 말을 찾아 쓰도록 노력하여야 한다.

(1) 원어의 차이

한국어는 크게 고유어, 한자어, 외래어로 구성되어 있다. 따라서 하나의 사물에 대해서 각각 부르는 일이 있을 경우 유의 관계가 발생하게 된다.

(2) 전문성의 차이

같은 사물에 대해서 일반적으로 부르는 이름과 전문적으로 부르는 이름이 다른 경우가 많다. 이런 경우에 전문적으로 부르는 이름과 일반적으로 부르는 이름 사이에 유의 관계가 발생한다.

예 에어컨 : 공기조화기, 소금 : 염화나트륨 등

(3) 내포의 차이

나타내는 의미가 완전히 일치하지는 않으나, 유사한 경우에 유의 관계가 발생한다.

예 즐겁다 : 기쁘다, 친구 : 동무 등

(4) 완곡어법

문화적으로 금기시하는 표현을 둘러서 말하는 것을 완곡어법이라고 하며, 이러한 완곡어법 사용에 따라 유의 관계가 발생한다.

예 변소 : 화장실, 죽다 : 돌아가다 등

02 반의 관계

(1) 개요

반의어(反意語)는 둘 이상의 단어에서 의미가 서로 짝을 이루어 대립하는 경우를 말한다.

즉, 반의어는 어휘의 의미가 서로 대립하는 단어를 말하며, 이러한 어휘들의 관계를 반의 관계라고 한다. 한 쌍의 단어가 반의어가 되려면, 두 어휘 사이에 공통적인 의미 요소가 있으면서도 동시에 서로 다른 하나의 의미 요소가 있어야 한다.

반의어는 반드시 한 쌍으로만 존재하는 것이 아니라, 다의어(多義語)이면 그에 따라 반의어가 여러 개로 달라질 수 있다. 즉, 하나의 단어에 대하여 여러 개의 반의어가 있을 수 있다.

(2) 반의어의 종류

반의어에는 상보 반의어와 정도 반의어, 관계 반의어, 방향 반의어가 있다.

① **상보 반의어** : 한쪽 말을 부정하면 다른 쪽 말이 되는 반의어이며, 중간항은 존재하지 않는다. '있다'와 '없다'가 상보적 반의어이며, '있다'와 '없다' 사이의 중간 상태는 존재할 수 없다.

② **정도 반의어** : 한쪽 말을 부정하면 반드시 다른 쪽 말이 되는 것이 아니며, 중간항을 갖는 반의어이다. '크다'와 '작다'가 정도 반의어이며, 크지도 작지도 않은 중간이라는 중간항을 갖는다.

③ **관계 반의어** : 관계 반의어는 상대가 존재해야만 자신이 존재할 수 있는 반의어이다. '부모'와 '자식'이 관계 반의어의 예이다.

④ **방향 반의어** : 맞선 방향을 전제로 하여 관계나 이동의 측면에서 대립을 이루는 단어 쌍이다. 방향 반의어는 공간적 대립, 인간관계 대립, 이동적 대립 등으로 나누어 볼 수 있다.

　　㉠ 공간적 대립

　　　예 위 : 아래, 처음 : 끝 등

　　㉡ 인간관계 대립

　　　예 스승 : 제자, 남편 : 아내 등

　　㉢ 이동적 대립

　　　예 사다 : 팔다, 열다 : 닫다 등

03 상하 관계

상하 관계는 단어의 의미적 계층 구조에서 한쪽이 의미상 다른 쪽을 포함하거나 다른 쪽에 포섭되는 관계를 말한다. 상하 관계를 형성하는 단어들은 상위어(上位語)일수록 일반적이고 포괄적인 의미를 지니며, 하위어(下位語)일수록 개별적이고 한정적인 의미를 지닌다. 따라서 상위어는 하위어를 함의하게 된다. 즉, 하위어가 가지고 있는 의미 특성을 상위어가 자동적으로 가지게 된다.

04 부분 관계

부분 관계는 한 단어가 다른 단어의 부분이 되는 관계를 말하며, 전체 – 부분 관계라고도 한다. 부분 관계에서 부분을 가리키는 단어를 부분어(部分語), 전체를 가리키는 단어를 전체어(全體語)라고 한다. 예를 들면, '머리, 팔, 몸통, 다리'는 '몸'의 부분어이며, 이러한 부분어들에 의해 이루어진 '몸'은 전체어이다.

01 │ 언어유추

| 유형분석 |

- 어휘에 대한 이해력과 어휘 간의 관계에 대한 논리력 및 추리력을 평가하는 유형이다.
- 동의 · 유의 · 반의 · 상하 관계와 같은 기본적인 어휘 관계를 먼저 생각해보고, 아닐 경우 폭넓은 사고를 하는 것이 중요하다.

01 다음 제시된 낱말의 대응 관계로 볼 때, 빈칸에 들어가기에 알맞은 것은?

혁파 : 폐지 = 백중 : ( )

① 인용   ② 조달
③ 모범   ④ 도출
⑤ 호각

02 다음 제시된 낱말의 대응 관계로 볼 때, 빈칸에 들어갈 단어끼리 알맞게 짝지어진 것은?

팃새 : (A) = (B) : 유람선

〈A〉 ① 참새   ② 철새   ③ 두루미   ④ 특권   ⑤ 세력
〈B〉 ① 관광   ② 놀이동산   ③ 한강   ④ 조망   ⑤ 배

01

정답 ⑤

제시된 관계는 유의 관계이다.

'혁파'의 유의어는 '폐지'이고, '백중'의 유의어는 '호각'이다.

- 혁파(革罷) : 묵은 기구, 제도, 법령 따위를 없앰
- 폐지(廢止) : 실시하여 오던 제도나 법규, 일 따위를 그만두거나 없앰
- 백중(伯仲) : 재주나 실력, 기술 따위가 서로 비슷하여 낫고 못함이 없음
- 호각(互角) : 서로 우열을 가릴 수 없을 정도로 역량이 비슷한 것

02

정답 ①, ⑤

제시문은 상하 관계이다.

'텃새'의 하위어는 '참새'이고, '배'의 하위어는 '유람선'이다.

30초 컷 풀이 Tip

최근에 출제되는 어휘유추 유형 문제는 선뜻 답을 고르기 쉽지 않은 경우가 많다. 이 경우 먼저 ①~⑤의 단어를 모두 빈칸에 넣어보고, 제시된 단어와 관계 자체가 없는 보기 → 관계가 있지만 빈칸에 들어갔을 때 옆의 단어 관계와 등가 관계를 이룰 수 없는 보기 순서로 소거하면 좀 더 쉽게 답을 찾을 수 있나.

※ 다음 제시된 낱말의 대응관계로 볼 때 빈칸에 들어가기에 알맞은 것을 고르시오. **[1~10]**

01

구리 : 전선 = ( ) : 마요네즈

① 식빵   ② 계란
③ 우유   ④ 케첩
⑤ 카레

02

한국어 : ( ) = 매체 : 신문

① 경상북도   ② 포유류
③ 교통수단   ④ 고유어
⑤ 중국어

Easy
03

엔진 : 자동차 = 배터리 : ( )

① 충전기   ② 전기
③ 동력기   ④ 휴대전화
⑤ 콘센트

Hard
04

거드름 : 거만 = 삭임 : ( )

① 신체   ② 등산
③ 소화   ④ 소통
⑤ 검진

05

> 요리사 : 주방 = 학생 : (   )

① 교복   ② 책
③ 공부   ④ 선생님
⑤ 학교

06

> 수평 : 수직 = (   ) : 기립

① 경례   ② 박수
③ 기상   ④ 좌석
⑤ 착석

07

> 사실 : 허구 = 유명 : (   )

① 인기   ② 가수
③ 진실   ④ 무명
⑤ 공인

08

> 포유류 : 고래 = (   ) : 기타

① 음악   ② 연주
③ 악기   ④ 첼로
⑤ 공연

09

책 : 독후감 = 일상 : (　　)

① 대본　　　　　　　　　② 일기
③ 시　　　　　　　　　　④ 편지
⑤ 기행문

10

능동 : 수동 = (　　) : 자유

① 자진　　　　　　　　　② 범죄
③ 속박　　　　　　　　　④ 권리
⑤ 자립

※ 다음 제시된 낱말의 대응 관계로 볼 때, 빈칸에 들어갈 것끼리 알맞게 짝지어진 것을 고르시오.
[11~20]

11

(A) : 조제 = (B) : 진료

〈A〉　① 직공　　② 약사　　③ 공장　　④ 병원　　⑤ 약국
〈B〉　① 재직　　② 선박　　③ 조종　　④ 의사　　⑤ 교육

Hard
12

40세 : (A) = (B) : 이순

〈A〉　① 종심　　② 환갑　　③ 지천명　　④ 이립　　⑤ 불혹
〈B〉　① 70세　　② 60세　　③ 50세　　④ 30세　　⑤ 20세

13

영화 : (A) = 건물 : (B)

〈A〉 ① 영화관　② 감독　③ 배우　④ 스크린　⑤ 시사회
〈B〉 ① 주택　② 디자인　③ 설계　④ 감리　⑤ 건축가

14

우월 : (A) = (B) : 대항

〈A〉 ① 열등　② 항거　③ 상대　④ 견제　⑤ 감금
〈B〉 ① 반항　② 굴복　③ 대립　④ 상반　⑤ 결정

Easy

15

(A) : 씻다 = 우산 : (B)

〈A〉 ① 수건　② 욕실　③ 비누　④ 거울　⑤ 찜질
〈B〉 ① 먹다　② 피하다　③ 치우다　④ 찢다　⑤ 지우다

16

(A) : 빗자루 = 찍다 : (B)

〈A〉 ① 치우다　② 씹다　③ 집다　④ 쓸다　⑤ 들다
〈B〉 ① 돋보기　② 컴퓨터　③ 안경　④ 거위　⑤ 카메라

17

(A) : 풍문 = 격언 : (B)

〈A〉　① 신문　　② 사실　　③ 유언비어　　④ 사진　　⑤ 수다
〈B〉　① 속담　　② 대사　　③ 화제　　④ 이동　　⑤ 동화

18

(A) : 청결 = 운동 : (B)

〈A〉　① 휴식　　② 잠　　③ 목욕　　④ 식사　　⑤ 영화
〈B〉　① 필수　　② 등산　　③ 건강　　④ 경기　　⑤ 달리기

19

(A) : 슬픔 = 웃음 : (B)

〈A〉　① 편지　　② 눈물　　③ 인상　　④ 영화　　⑤ 콧물
〈B〉　① 상상　　② 추측　　③ 행복　　④ 아름다움　　⑤ 실패

20

(A) : 비빔밥 = 카카오 : (B)

〈A〉　① 양식　　② 나물　　③ 한식　　④ 식혜　　⑤ 전주
〈B〉　① 개미　　② 바위　　③ 초콜릿　　④ 바다　　⑤ 시계

CHAPTER 03

언어추리력

합격 Cheat Key

영역 소개

언어추리력은 3 ~ 6문장의 조건이 제시되고, 이를 통해 문제에 제시된 참 / 거짓 / 알 수 없음의 여부를 판단하는 문제가 20문항 출제되며, 7분 이내에 풀어야 한다. 초반에 제시되는 문제들은 3 ~ 4개의 간단한 문장으로 쉽게 풀 수 있지만, 뒤로 갈수록 조건이 많아지고 여러 가지 상황을 복합적으로 생각해야 하는 문제들이 출제된다.

언어추리

언어추리력 영역을 풀 때 가장 필요한 능력은 문장 이해력이다. 특히 조건에 사용된 조사의 의미와 제한사항 등을 제대로 이해해야 정답을 찾을 수 있으므로 문제와 제시된 문장을 꼼꼼히 읽는 습관을 길러야 한다. 또한, 명제 사이의 관계 중에서도 대우 명제가 가장 중요하고, 경우에 따라 참·거짓이 달라지는 역·이 명제가 출제될 수 있기 때문에 각 명제의 관계를 반드시 숙지해야 한다.

┤ 학습 포인트 ├
- 세 개 이상의 비교대상이 등장하며, '~보다', '가장' 등의 표현에 유의해 풀어야 한다.
- '어떤'과 '모든'이 나오는 명제는 벤다이어그램을 활용한다.
- 주어진 규칙과 조건을 파악한 후 이를 도식화(표, 기호 등으로 정리)하여 문제에 접근해야 한다.

03 | 이론점검

1. 연역 추론

이미 알고 있는 판단(전제)을 근거로 새로운 판단(결론)을 유도하는 추론이다. 연역 추론은 진리일 가능성을 따지는 귀납 추론과는 달리, 명제 간의 관계와 논리적 타당성을 따진다. 즉, 연역 추론은 전제들로부터 절대적인 필연성을 가진 결론을 이끌어내는 추론이다.

(1) 직접 추론 : 한 개의 전제로부터 중간적 매개 없이 새로운 결론을 이끌어내는 추론이며, 대우 명제가 그 대표적인 예이다.

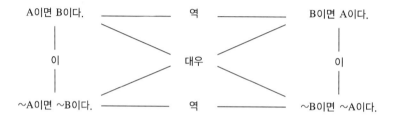

• 한국인은 모두 황인종이다.	(전제)
• 그러므로 황인종이 아닌 사람은 모두 한국인이 아니다.	(결론 1)
• 그러므로 황인종 중에는 한국인이 아닌 사람도 있다.	(결론 2)

(2) 간접 추론 : 둘 이상의 전제로부터 새로운 결론을 이끌어내는 추론이다. 삼단논법이 가장 대표적인 예이다.

① **정언 삼단논법** : 세 개의 정언명제로 구성된 간접추론 방식이다. 세 개의 명제 가운데 두 개의 명제는 전제이고, 나머지 한 개의 명제는 결론이다. 세 명제의 주어와 술어는 세 개의 서로 다른 개념을 표현한다(P는 대개념, S는 소개념, M은 매개념이다).

② **가언 삼단논법** : 가언명제로 이루어진 삼단논법을 말한다. 가언명제란 두 개의 정언명제가 '만일 ~ 이라면'이라는 접속사에 의해 결합된 복합명제이다. 여기서 '만일'에 의해 이끌리는 명제를 전건이라고 하고, 그 뒤의 명제를 후건이라고 한다. 가언 삼단논법의 종류로는 혼합가언 삼단논법과 순수가언 삼단논법이 있다.

ⓒ 혼합가언 삼단논법 : 대전제만 가언명제로 구성된 삼단논법이나. 긍정식과 부정식 두 가지가 있으며, 긍정식은 'A면 B다. A다. 그러므로 B다.'이고, 부정식은 'A면 B다. B가 아니다. 그러므로 A가 아니다.'이다.

> • 만약 A라면 B다.
> • B가 아니다.
> • 그러므로 A가 아니다.

ⓛ 순수가언 삼단논법 : 대전제와 소전제 및 결론까지 모두 가언명제들로 구성된 삼단논법이다.

> • 만약 A라면 B다.
> • 만약 B라면 C다.
> • 그러므로 만약 A라면 C다.

③ 선언 삼단논법 : '~이거나 ~이다.'의 형식으로 표현되며 전제 속에 선언 명제를 포함하고 있는 삼단논법이다.

> • 내일은 비가 오거나 눈이 온다.　　　　　　　　　　　A 또는 B이다.
> • 내일은 비가 오지 않는다.　　　　　　　　　　　　　A가 아니다.
> • 그러므로 내일은 눈이 온다.　　　　　　　　　　　그러므로 B다.

④ 딜레마 논법 : 대전제는 두 개의 가언명제로, 소전제는 하나의 선언명제로 이루어진 삼단논법으로, 양도추론이라고도 한다.

> • 만일 네가 거짓말을 하면, 신이 미워할 것이다.　　　　　　　　　(대전제)
> • 만일 네가 거짓말을 하지 않으면, 사람들이 미워할 것이다.　　　(대전제)
> • 너는 거짓말을 하거나, 거짓말을 하지 않을 것이다.　　　　　　(소전제)
> • 그러므로 너는 미움을 받게 될 것이다.　　　　　　　　　　　　(결론)

2. 귀납 추론

특수한 또는 개별적인 사실로부터 일반적인 결론을 이끌어 내는 추론을 말한다. 귀납 추론은 구체적 사실들을 기반으로 하여 결론을 이끌어 내기 때문에 필연성을 따지기보다는 개연성과 유관성, 표본성 등을 중시하게 된다. 여기서 개연성이란, 관찰된 어떤 사실이 같은 조건 하에서 앞으로도 관찰될 수 있는가 하는 가능성을 말하고, 유관성은 추론에 사용된 자료가 관찰하려는 사실과 관련되어야 하는 것을 일컬으며, 표본성은 추론을 위한 자료의 표본 추출이 공정하게 이루어져야 하는 것을 가리킨다. 이러한 귀납 추론은 일상생활 속에서 많이 사용하고, 우리가 알고 있는 과학적 사실도 이와 같은 방법으로 밝혀졌다.

> • 히틀러도 사람이고 죽었다.
> • 스탈린도 사람이고 죽었다.
> • 그러므로 모든 사람은 죽는다.

그러나 전제들이 참이어도 결론이 항상 참인 것은 아니다. 단 하나의 예외로 인하여 결론이 거짓이 될 수 있다.

> • 성냥불은 뜨겁다.
> • 연탄불도 뜨겁다.
> • 그러므로 모든 불은 뜨겁다.

위 예문에서 '성냥불이나 연탄불이 뜨거우므로 모든 불은 뜨겁다.'라는 결론이 나왔는데, 반딧불은 뜨겁지 않으므로 '모든 불이 뜨겁다.'라는 결론은 거짓이 된다.

(1) **완전 귀납 추론** : 관찰하고자 하는 집합의 전체를 다 검증함으로써 대상의 공통 특질을 밝혀내는 방법이다. 이는 예외 없는 진실을 발견할 수 있다는 장점은 있으나, 집합의 규모가 크고 속성의 변화가 다양할 경우에는 적용하기 어려운 단점이 있다.

　예 1부터 10까지의 수를 다 더하여 그 합이 55임을 밝혀내는 방법

(2) **통계적 귀납 추론** : 통계적 귀납 추론은 관찰하고자 하는 집합의 일부에서 발견한 몇 가지 사실을 열거함으로써 그 공통점을 결론으로 이끌어 내려는 방식을 가리킨다. 관찰하려는 집합의 규모가 클 때 그 일부를 표본으로 추출하여 조사하는 방식이 이에 해당하며, 표본 추출의 기준이 얼마나 적합하고 공정한가에 따라 그 결과에 대한 신뢰도가 달라진다는 단점이 있다.

　예 여론조사에서 일부의 국민에 대한 설문 내용을 바탕으로, 이를 전체 국민의 여론으로 제시하는 것

(3) **인과적 귀납 추론** : 관찰하고자 하는 집합의 일부 원소들이 지닌 인과 관계를 인식하여 그 원인이나 결과를 이끌어 내려는 방식을 말한다.

　① **일치법** : 공통적인 현상을 지닌 몇 가지 사실 중에서 각기 지닌 요소 중 어느 한 가지만 일치한다면 이 요소가 공통 현상의 원인이라고 판단

　　예 마을 잔칫집에서 돼지고기를 먹은 사람들이 집단 식중독을 일으켰다.
　　따라서 식중독의 원인은 상한 돼지고기가 아닌가 생각한다.

　② **차이법** : 어떤 현상이 나타나는 경우와 나타나지 않은 경우를 놓고 보았을 때, 각 경우의 여러 조건 중 단 하나만이 차이를 보인다면 그 차이를 보이는 조건이 원인이 된다고 판단

　　예 현수와 승재는 둘 다 지능이나 학습 시간, 학습 환경 등이 비슷한데 공부하는 태도에는 약간의 차이가 있다.
　　따라서 둘의 성적이 차이를 보이는 것은 학습 태도의 차이 때문으로 생각된다.

　③ **일치 · 차이 병용법** : 몇 개의 공통 현상이 나타나는 경우와 몇 개의 그렇지 않은 경우를 놓고 일치법과 차이법을 병용하여 적용함으로써 그 원인을 판단

　　예 학업 능력 정도가 비슷한 두 아동 집단에 대해 처음에는 같은 분량의 과제를 부여하고 나중에는 각기 다른 분량의 과제를 부여한 결과, 많이 부여한 집단의 성적이 훨씬 높게 나타났다. 이로 보아, 과제를 많이 부여하는 것이 적게 부여하는 것보다 학생의 학업 성적 향상에 도움이 된다고 판단할 수 있다.

④ **공변법** : 관찰하는 어떤 사실의 변화에 따라 현상의 변화가 일어날 때 그 변화의 원인이 무엇인지 판단

　　例 담배를 피우는 양이 각기 다른 사람들의 집단을 조사한 결과, 담배를 많이 피울수록 폐암에 걸릴 확률이 높다는 사실이 발견되었다.

⑤ **잉여법** : 앞의 몇 가지 현상이 뒤의 몇 가지 현상의 원인이며, 선행 현상의 일부분이 후행 현상의 일부분이라면, 선행 현상의 나머지 부분이 후행 현상의 나머지 부분의 원인임을 판단

　　例 어젯밤 일어난 사건의 혐의자는 정은이와 규민이 두 사람인데, 정은이는 알리바이가 성립되어 혐의 사실이 없는 것으로 밝혀졌다.
　　　　따라서 그 사건의 범인은 규민이일 가능성이 높다.

3. 유비 추론

두 개의 대상 사이에 일련의 속성이 동일하다는 사실에 근거하여 그것들의 나머지 속성도 동일하리라는 결론을 이끌어내는 추론, 즉 이미 알고 있는 것에서 다른 유사한 점을 찾아내는 추론을 말한다. 그렇기 때문에 유비 추론은 잣대(기준)가 되는 사물이나 현상이 있어야 한다. 유비 추론은 가설을 세우는 데 유용하다. 이미 알고 있는 사례로부터 아직 알지 못하는 것을 생각해 봄으로써 쉽게 가설을 세울 수 있다. 이때 유의할 점은 이미 알고 있는 사례와 이제 알고자 하는 사례가 매우 유사하다는 확신과 증거가 있어야 한다. 그렇지 않은 상태에서 유비 추론에 의해 결론을 이끌어 내면, 그것은 개연성이 거의 없고 잘못된 결론이 될 수도 있다.

- 지구에는 공기, 물, 흙, 햇빛이 있다.
  → A는 a, b, c, d의 속성을 가지고 있다.
- 화성에는 공기, 물, 흙, 햇빛이 있다.
  → B는 a, b, c, d의 속성을 가지고 있다.
- 지구에 생물이 살고 있다.
  → A는 e의 속성을 가지고 있다.
- 그러므로 화성에도 생물이 살고 있을 것이다.
  → 그러므로 B도 e의 속성을 가지고 있을 것이다.

---

01 | 언어추리

| 유형분석 |

- 명제간의 관계를 정확히 알고 이를 활용할 수 있는지를 평가하는 유형이다.
- 역, 이, 대우의 개념을 정확하게 숙지하고 있어야 한다.
- 'A○ → B×'와 같이 명제를 단순화하여 정리하면서 풀어야 한다.
- 각 진술 사이의 모순을 찾아 성립하지 않는 경우의 수를 제거하거나, 경우의 수를 나누어 모든 조건이 들어맞는지를 확인해야 한다.

※ 다음 제시문을 읽고, 각 문제가 항상 참이면 ①, 거짓이면 ②, 알 수 없으면 ③을 고르시오. [1~2]

- 비 오는 날을 좋아하면 물놀이를 좋아한다.
- 장화를 좋아하면 비 오는 날을 좋아한다.
- 여름을 좋아하지 않으면 물놀이를 좋아하지 않는다.
- 어떤 고양이는 장화를 좋아한다.

01 어떤 고양이는 여름을 좋아한다.

① 참 ② 거짓 ③ 알 수 없음

02 비오는 날을 좋아하지 않는 고양이도 있다.

① 참 ② 거짓 ③ 알 수 없음

01

정답 ①

장화를 좋아함=p, 비 오는 날을 좋아함=q, 물놀이를 좋아함=r, 여름을 좋아함=s라고 할 때, 어떤 고양이 → p → q → r → s가 성립한다. 따라서 어떤 고양이는 여름을 좋아한다.

02

정답 ③

어떤 고양이 → p → q가 성립하지만, 비 오는 날을 좋아하지 않는 고양이도 있는지 아닌지 알 수 없다.

30초 컷 풀이 Tip

명제 문제를 풀 때는 각 명제들을 간단하게 기호화한 다음 관계에 맞게 순서대로 도식화하면 깔끔한 풀이를 할 수 있어 시간단축이 가능하다. 참인 명제의 대우 명제도 반드시 참이라는 점을 가장 먼저 활용한다. 또한, 먼저 조건을 살펴보고 변하지 않아서 기준이 되는 조건을 중심으로 차례차례 살을 붙여 표나 도식의 형태를 완성해 경우의 수를 생각하는 것도 좋은 방법이다.

03 | 유형점검

정답 및 해설 p.048

※ 다음 제시문을 읽고 각 문제가 항상 참이면 ①, 거짓이면 ②, 알 수 없으면 ③을 고르시오. [1~3]

- 5명의 사람과 XS, S, M, L, XL, XXL 사이즈의 옷이 있다.
- 옷 사이즈가 겹치는 사람은 없다.
- 진영이는 M 사이즈를 입는다.
- 재희는 지수보다 큰 옷을 입는다.
- 수영이는 지영이보다 큰 옷을 입는다.

01 지수가 지영이보다 큰 옷을 입는다면 수영이는 지수보다 작은 옷을 입는다.

① 참   ② 거짓   ③ 알 수 없음

02 지수가 지영이보다 큰 옷을 입는다면 지영이는 진영이보다 작은 옷을 입는다.

① 참   ② 거짓   ③ 알 수 없음

Hard

03 지수가 XS 사이즈의 옷을 입고 지영이가 재희보다 큰 옷을 입는다면 재희는 진영이보다 작은 옷을 입는다.

① 참   ② 거짓   ③ 알 수 없음

- 어떤 고양이는 참치를 좋아한다.
- 참치를 좋아하면 낚시를 좋아한다.
- 모든 너구리는 낚시를 싫어한다.
- 모든 수달은 낚시를 좋아한다.

Easy

04 모든 수달은 물을 좋아한다.

① 참   ② 거짓   ③ 알 수 없음

05 모든 고양이는 낚시를 좋아한다.

① 참   ② 거짓   ③ 알 수 없음

06 참치를 좋아하면 너구리가 아니다.

① 참   ② 거짓   ③ 알 수 없음

- A ~ D 네 명의 사람과 귤, 사과, 수박, 딸기, 토마토가 있다.
- 네 명이 서로 겹치지 않게 한 가지씩 먹었다.
- A는 딸기를 먹었다.
- B는 귤을 먹지 않았다.
- C는 수박과 토마토 중 하나를 먹었다.

07 B가 수박과 토마토 중 하나를 먹었다면 D는 귤을 먹었을 것이다.

① 참   ② 거짓   ③ 알 수 없음

08 B가 사과를 먹었다면 D가 먹은 과일은 수박이다.

① 참   ② 거짓   ③ 알 수 없음

Hard

09 C가 토마토를 먹었다면 B가 사과를 먹었을 가능성과 D가 사과를 먹었을 가능성은 같다.

① 참   ② 거짓   ③ 알 수 없음

- A ~ E가 차례대로 서 있다.
- A와 B 사이의 간격과 B와 C 사이의 간격은 같다.
- D는 C 오른쪽에 서 있다.

10 A, B, C 사이에는 다른 사람이 들어갈 수 없다.

① 참   ② 거짓   ③ 알 수 없음

11 A, B, C, D, E가 서 있을 수 있는 경우의 수는 총 8가지이다.

① 참   ② 거짓   ③ 알 수 없음

- 1층부터 4층까지 있는 빌라의 각기 다른 층에 A ~ D가 살고 있다.
- A는 B의 바로 아래층에 산다.
- B는 4층에 살지 않는다.
- D는 C보다 위층에 산다.

12 D는 4층에 산다.

① 참   ② 거짓   ③ 알 수 없음

13 A가 1층에 산다면 C는 3층에 산다.

① 참   ② 거짓   ③ 알 수 없음

14 B와 C는 서로 이웃한 층에 살고 있다.

① 참   ② 거짓   ③ 알 수 없음

※ 다음 제시문을 읽고 각 문제가 항상 참이면 ①, 거짓이면 ②, 알 수 없으면 ③을 고르시오. [15~17]

- 어느 커피숍의 오전 판매량은 아메리카노 1잔, 카페라테 2잔, 카푸치노 2잔, 카페모카 1잔이고, 손님은 A ~ D 총 4명이었다.
- 모든 손님은 1잔 이상의 커피를 마셨다.
- A는 카푸치노를 마셨다.
- B와 C 중 한 명은 카푸치노를 마셨다.
- B는 아메리카노를 마셨다.

Easy

15 B가 카페모카를 마셨다면 D는 카페라테를 마셨을 것이다.

① 참   ② 거짓   ③ 알 수 없음

16 커피를 가장 적게 마신 손님은 D이다.

① 참   ② 거짓   ③ 알 수 없음

17 주어진 조건에서 한 손님이 마실 수 있는 커피의 최대량은 2잔이다.

① 참   ② 거짓   ③ 알 수 없음

※ 다음 제시문을 읽고 각 문장이 항상 참이면 ①, 거짓이면 ②, 알 수 없으면 ③을 고르시오. [18~20]

- A~D 네 사람이 컴퓨터 활용능력시험에 응시했다.
- 1, 2, 3급에 각각 1명, 2명, 1명이 합격했다.
- A와 B는 다른 급수에 합격했다.
- A와 C는 다른 급수에 합격했다.
- D는 세 사람과 다른 급수에 합격했다.

18 B는 1급에 합격했다.

① 참   ② 거짓   ③ 알 수 없음

19 A는 3급에 합격했다.

① 참   ② 거짓   ③ 알 수 없음

20 C는 2급에 합격했다.

① 참   ② 거짓   ③ 알 수 없음

공간지각력

합격 Cheat Key

영역 소개

공간지각력은 제시된 전개도를 접었을 때 나타나는 입체도형을 유추하는 유형이 출제되며 총 20문항을 7분 내에 해결해야 한다.

전개도

전개도를 접었을 때, 나타날 수 있는 모양을 찾는 문제와 나타날 수 없는 모양을 찾는 문제가 출제된다.

┤ **학습 포인트** ├
- 일반적인 정육각형의 전개도만 출제하는 것이 아니라 다양한 입체도형의 전개도를 출제하고 있으므로 최대한 많은 전개도를 접해보고 연습해보는 것이 도움이 된다.

01 | 전개도

| 유형분석 |

- 입체도형에 대한 형태지각 능력과 추리 능력을 평가한다.
- 다양한 모양의 입체도형 전개도가 출제된다.

주어진 전개도로 정육면체를 만들 때 만들어질 수 없는 것은?

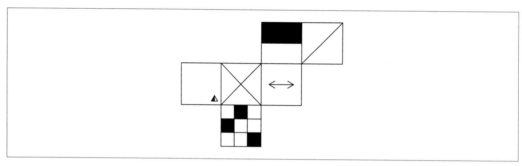

①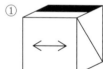

②

③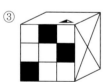

④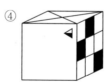

정답 ②

1. 선택지 ① ~ ④ 사이에 중복되는 면이 존재하는지 확인한다.
   - ②, ③, ④가 세 면씩 서로 중복된다.
2. 중복되는 면이 존재하는 경우 해당 면을 기준으로 인접하는 면을 비교하며 오답을 제거한다.
   - ②의 윗면을 정면으로 놓으면 ③과 윗면의 모양이 달라지지만, ③의 윗면을 정면으로 놓으면 ④와 같아진다.
3. 나머지 선택지의 정면, 측면, 윗면의 그림과 방향을 전개도와 비교한다.
   - ②의 옆면에 위치한 삼각형의 방향이 시계 반대 방향으로 90° 회전되어야 옳다.

30초 컷 풀이 Tip

1. 선택지를 보고 필요한 세 면을 전개도에서 찾는다.

선택지	전개도
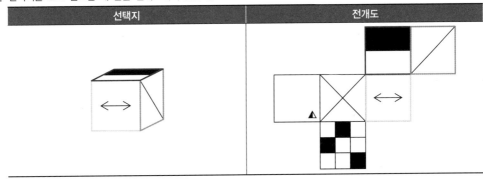	

2. 전개도에서 찾은 세 면을 [위 / 앞 옆] 형태로 만든 후 선택지와 각 면의 모양을 비교한다.

선택지	전개도
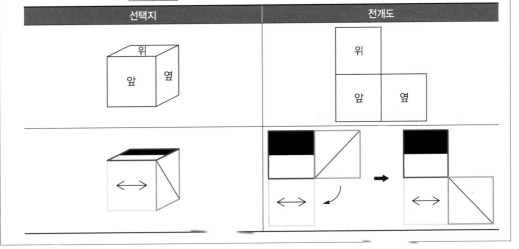	

※ 제시된 전개도를 접었을 때 나타나는 입체도형으로 알맞은 것을 고르시오. [1~20]

01

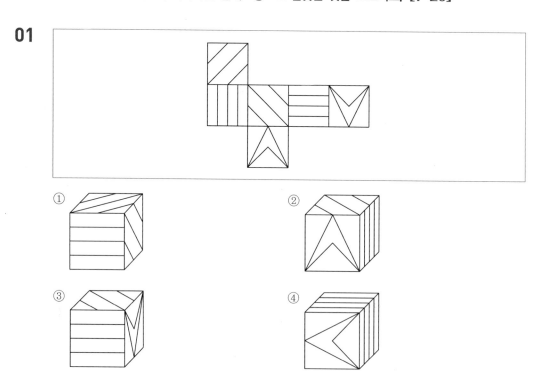

02

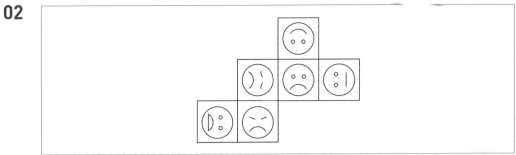

①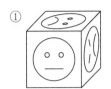

②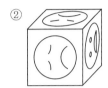

③

④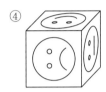

03

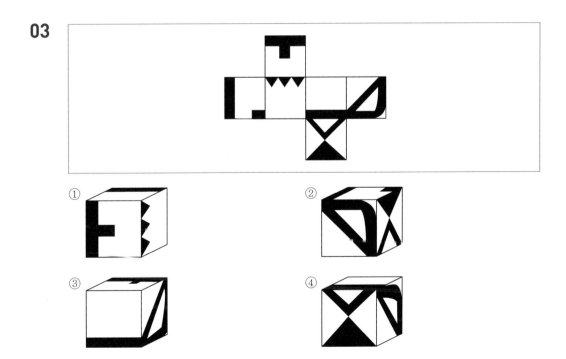

①

②

③

④

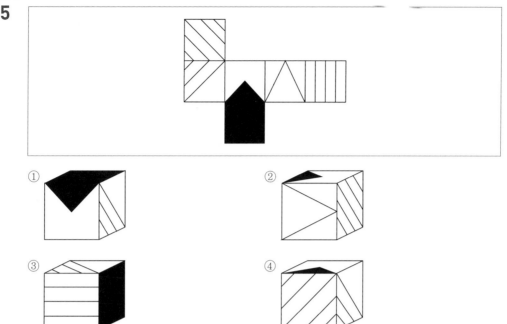

06

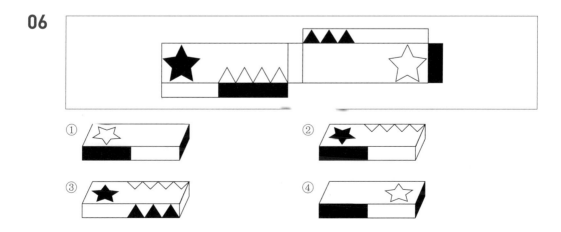

PART 2

07

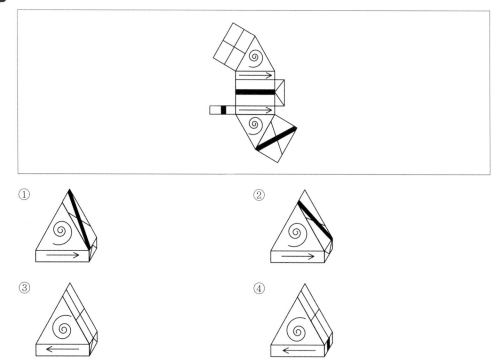

08

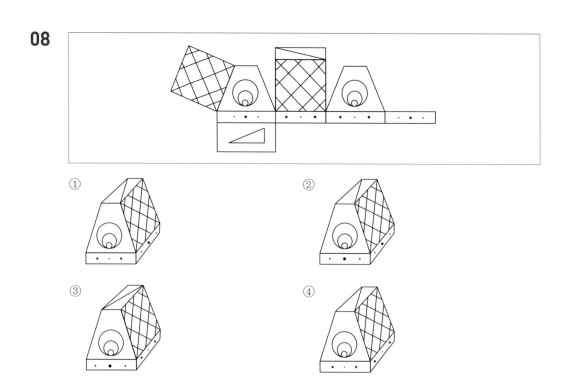

09

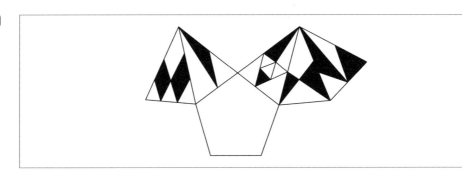

①

②

③

④

10

①

②

③

④

11

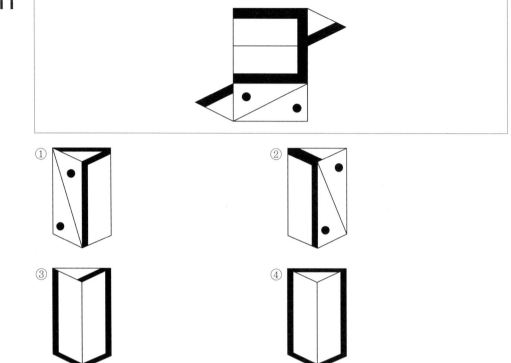

12

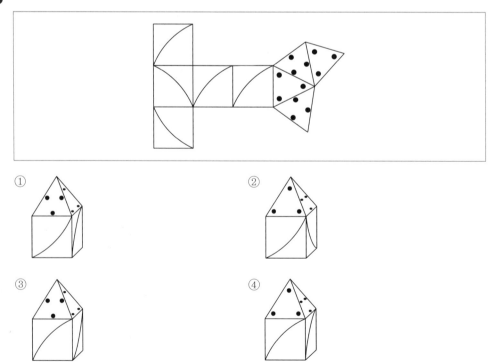

13

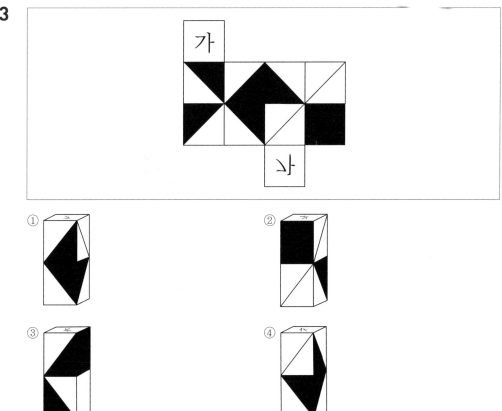

14

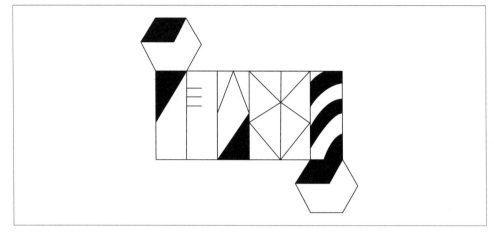

①

②

③

④

15

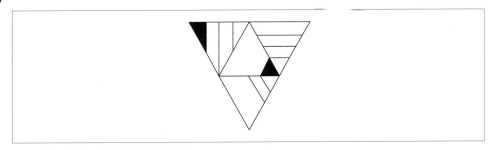

①

②

③

④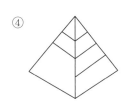

16

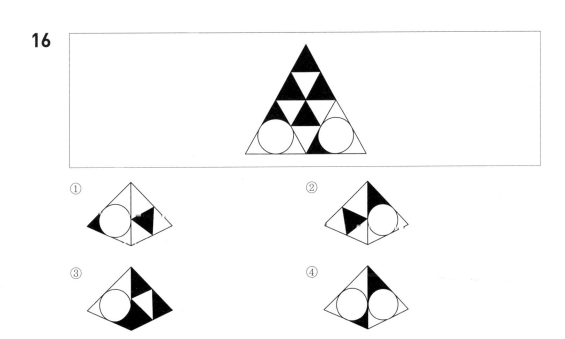

17

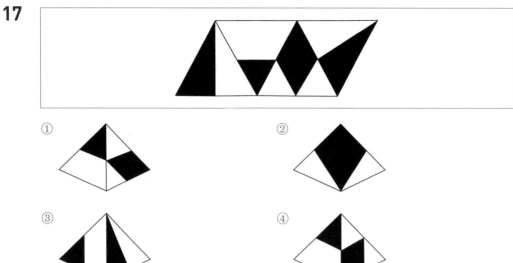

① ② ③ ④

18

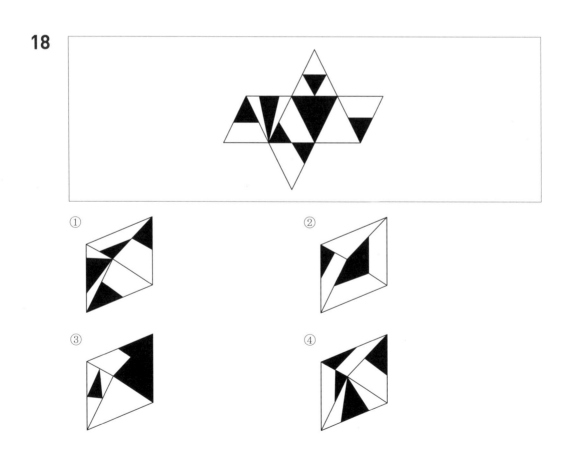

① ② ③ ④

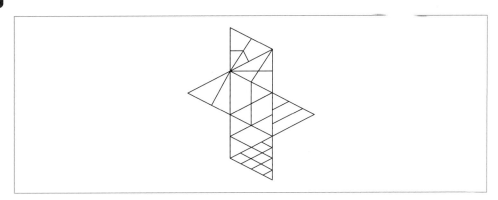

①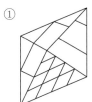

②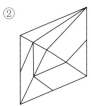

③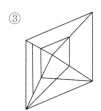

④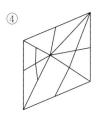

20

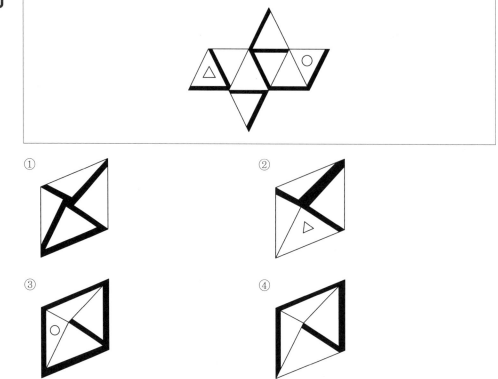

우리가 해야 할 일은 끊임없이 호기심을 갖고 새로운 생각을 시험해보고
새로운 인상을 받는 것이다.

- 월터 페이터 -

CHAPTER 05

판단력

합격 Cheat Key

영역 소개

판단력은 크게 일반적인 언어 독해와 자료해석의 두 가지 유형으로 나눌 수 있고, 12분 동안 20문항을 풀어야 한다. 독해는 주제 찾기, 일치·불일치, 빈칸추론 등 일반적인 비문학 독해 문제와 문장을 논리적 순서에 맞게 나열하는 문장나열 문제, 제시된 글의 개요 및 보고서의 수정 방안으로 옳거나 그른 것을 선택하는 개요수정 문제 등이 출제된다. 또한 자료해석에서는 도표 및 그래프에 해당하는 값 찾기, 자료 해석 및 추론하기 등 일반적인 자료해석 문제가 출제되었다.

유형 소개

1   독해

독해력을 기르기 위해서는 글의 구성이 탄탄하게 잡혀 있는 양질의 글을 많이 접해야 하며, 일반적으로 신문 기사나 사설 등이 독해력 향상에 도움을 준다. 이러한 글을 접하면서 글의 논리 구조를 파악해 보는 습관을 기르면 짧은 시간 안에 장문의 지문 구성을 이해할 수 있게 되고, 문제를 푸는 시간을 줄일 수 있다.

- 다양한 분야의 지문이 제시되므로 평소에 여러 분야의 도서나 신문의 기사 등을 읽어둔다.
- 문장나열의 경우 문장과 문장을 연결하는 접속어의 쓰임에 대해 정확히 알고 있어야 문제를 풀 수 있고, 문장 속에 나타나는 지시어는 해당 문장의 앞에 어떤 내용이 오는지에 대한 힌트가 되므로 이에 집중한다.
- 빈칸추론의 경우 지문을 처음부터 끝까지 다 읽기보다는 빈칸의 앞뒤 문장만으로 그 사이에 들어갈 내용을 유추하는 연습을 해야 한다. 선택지를 읽으며 빈칸에 들어갈 답을 고른 후 해설과 비교하면서 왜 틀렸는지 파악하고 놓친 부분을 반드시 체크하는 습관을 들인다.
- 사실적 독해의 경우 무작정 제시문을 읽고 문제를 풀기보다는, 문제와 선택지를 먼저 읽고 지문에서 찾아야 할 내용이 무엇인지를 먼저 파악한 후 글을 읽는다.

2 자료해석

제시된 자료의 구성을 우선적으로 살펴 핵심을 숙지한 상태에서 문제를 읽고, 그에 해당하는 근거를 찾아 해결해가는 순서대로 연습을 한다. 막무가내로 문제 먼저 읽고 수치를 찾고자 한다면 단순한 자료해석 문제로는 성과가 있을지 몰라도, 혼합된 자료나 흔히 보기 힘든 그래프 등으로 구성된 문제는 쉽게 풀기 어렵다.

- 자료의 내용을 확인하기 전에 자료의 제목과 범주, 단위를 우선적으로 확인하여 어떠한 자료를 담고 있는지 파악한 이후 구하고자 하는 자료를 확인하는 것이 시간을 단축할 수 있다.
- 다양한 형태의 자료를 접해보기 위해서는 문제를 많이 풀어보는 것도 중요하지만, 통계청과 같은 인터넷 사이트를 통해 표, 도식, 차트 등의 여러 가지 자료를 접하여 자료별로 구성이 어떻게 되어 있는지를 숙지해 놓는 것도 좋은 방법이 될 수 있다.

05 | 이론점검

01 논리구조

논리구조에서는 주로 단락과 문장 간의 관계나 글 전체의 논리적 구조를 정확히 파악했는지를 묻는다. 글의 순서를 바르게 나열하는 유형이 출제되고 있다. 제시문의 전체적인 흐름을 바탕으로 각 문단의 특징, 단락 간의 역할 등을 논리적으로 구조화할 수 있는 능력을 길러야 한다.

(1) 문장과 문장 간의 관계

① **상세화 관계** : 주지 → 구체적 설명(비교, 대조, 유추, 분류, 분석, 인용, 예시, 비유, 부연, 상술 등)

② **문제(제기)와 해결 관계** : 한 문장이 문제를 제기하고, 다른 문장이 그 해결책을 제시하는 관계(과제 제시 → 해결 방안, 문제 제기 → 해답 제시)

③ **선후 관계** : 한 문장이 먼저 발생한 내용을 담고, 다음 문장이 나중에 발생한 내용을 담고 있는 관계

④ **원인과 결과 관계** : 한 문장이 원인이 되고, 다른 문장이 그 결과가 되는 관계(원인제시 → 결과 제시, 결과 제시 → 원인 제시)

⑤ **주장과 근거 관계** : 한 문장이 필자가 말하고자 하는 바(주지)가 되고, 다른 문장이 그 문장의 증거(근거)가 되는 관계(주장 제시 → 근거 제시, 의견 제안 → 의견 설명)

⑥ **전제와 결론 관계** : 앞 문장에서 조건이나 가정을 제시하고, 뒤 문장에서 이에 따른 결론을 제시하는 관계

(2) 문장의 연결 방식

① **순접** : 원인과 결과, 부연 설명 등의 문장 연결에 쓰임
예 그래서, 그리고, 그러므로 등

② **역접** : 앞글의 내용을 전면적 또는 부분적으로 부정
예 그러나, 그렇지만, 그래도, 하지만 등

③ **대등·병렬** : 앞뒤 문장의 대비와 반복에 의한 접속
예 및, 혹은, 또는, 이에 반하여 등

④ **보충·첨가** : 앞글의 내용을 보다 강조하거나 부족한 부분을 보충하기 위해 다른 말을 덧붙이는 문맥
예 단, 곧, 즉, 더욱이, 게다가, 왜냐하면 등

⑤ 화제 전환 : 앞글과는 다른 새로운 내용을 이야기하기 위한 문맥

예 그런데, 그러면, 다음에는, 이제, 각설하고 등

⑥ 비유·예시 : 앞글에 대해 비유적으로 다시 말하거나 구체적인 예를 보임

예 예를 들면, 예컨대, 마치 등

(3) 원리 접근법

앞뒤 문장의 중심 의미 파악		앞뒤 문장의 중심 내용이 어떤 관계인지 파악		문장 간의 접속어, 지시어의 의미와 기능		문장의 의미와 관계성 파악
각 문장의 의미를 어떤 관계로 연결해서 글을 전개하는지 파악해야 한다.	→	지문 안의 모든 문장은 서로 논리적 관계성이 있다.	→	접속어와 지시어를 의미하는 것은 독해의 길잡이 역할을 한다.	→	문단의 중심 내용을 알기 위한 기본 분석 과정이다.

02 논리적 이해

(1) 전제의 추론

전제의 추론은 규칙적으로 주어진 내용의 이면에 내포되어 있는 이미 옳다고 인정된 사실을 유추하는 유형이다.

① 먼저 주장이 무엇인지 명확하게 파악해야 한다.

② 주장이 성립하기 위해서 논리적으로 필요한 요건이 무엇인지 생각해 본다.

③ 선택지 중 주장과 논리적으로 인과 관계를 형성할 수 있는 조건을 찾아낸다.

(2) 결론의 추론

주어진 내용을 명확히 이해한 다음, 이를 근거로 이끌어 낼 수 있는 올바른 결론이나 관련 사항을 논리적인 관점에서 찾는 문제 유형이다. 이와 같은 문제는 평상시 비판적이고 논리적인 관점으로 글을 읽는 연습을 충분히 해 두어야 유리하다고 볼 수 있다.

> **자주 출제되는 유형**
> • 정의가 바르게 된 것
> • 문맥상 삭제해도 되는 부분
> • 빈칸에 들어갈 적절한 것
> • 다음 글에 이어 나올 수 있는 것
> • 글의 내용을 통해 알 수 없는 것
> • 가장 타당한 논증
> • 다음 내용이 들어가기에 가장 적절한 위치

이와 같은 유형의 문제를 풀 때는 먼저 제시문을 읽고, 그 글을 통해 타당성 여부를 검증해 가는 방법을 취하는 것이 좋다. 물론 통독(通讀)을 통해 각 문단에서 다루고 있는 내용이 무엇인지 미리 확인해 두어야만 선택지와 관련된 내용을 이끌어 낼 근거가 언급된 부분을 쉽게 찾을 수 있다.

(3) 주제의 추론

주제와 관련된 추론 문제는 적성검사에서 자주 출제되는 유형으로서, 글의 표제, 부제, 주제, 주장, 의도를 파악하는 형태의 문제와 같은 유형이다. 이러한 유형의 문제는 주제를 글의 첫 문단이나 마지막 문단을 통해서 찾을 수 있으며, 그렇지 않으면 문단의 병렬·대등 관계를 파악하면 쉽게 찾을 수 있다. 여러 문단에서 공통된 주제를 추론할 때는, 각각의 제시문을 먼저 요약한 뒤, 핵심 키워드를 찾은 다음, 이를 토대로 주제문을 가려내어 하나의 주제를 유추하면 된다. 평소에 제시문을 읽고, 핵심 키워드를 찾아 문장을 구성하는 연습을 많이 해두어야 한다. 또한 겉으로 드러난 주제나 정보를 찾는 데 그치지 않고 글 속에 숨겨진 의도나 정보를 찾기 위해 꼼꼼히 관찰하는 태도가 필요하다.

---

03 도표

(1) 꺾은선(절선)그래프

① 시간적 추이(시계열 변화)를 표시하는 데 적합하다.
　　예 연도별 매출액 추이 변화 등
② 경과·비교·분포를 비롯하여 상관관계 등을 나타날 때 사용한다.

〈중학교 장학금, 학비감면 수혜현황〉

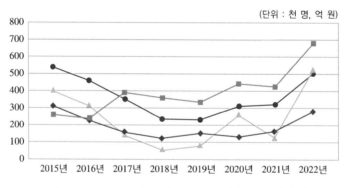

(단위 : 천 명, 억 원)

━●━ 장학금 수혜금액　　━■━ 장학금 수혜 인원　　━▲━ 학비감면 수혜금액　　━◆━ 학비감면 수혜 인원

(2) 막대그래프

① 비교하고자 하는 수량을 막대 길이로 표시하고, 그 길이를 비교하여 각 수량 간의 대소 관계를 나타내는 데 적합하다.

예 영업소별 매출액, 성적별 인원분포 등

② 가장 간단한 형태로 내역·비교·경과·도수 등을 표시하는 용도로 사용한다.

〈연도별 암 발생 추이〉

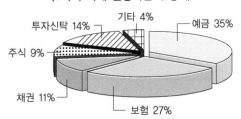

(3) 원그래프

① 내역이나 내용의 구성비를 분할하여 나타내는 데 적합하다.

예 제품별 매출액 구성비 등

② 원그래프를 정교하게 작성할 때는 수치를 각도로 환산해야 한다.

〈C국의 가계 금융자산 구성비〉

투자신탁 14% 기타 4% 예금 35%
주식 9%
채권 11% 보험 27%

(4) 점그래프

① 지역분포를 비롯하여 도시, 지방, 기업, 상품 등의 평가나 위치, 성격을 표시하는 데 적합하다.
　예 광고비율과 이익률의 관계 등
② 종축과 횡축에 두 요소를 두고, 보고자 하는 것이 어떤 위치에 있는가를 알고자 할 때 사용한다.

〈OECD 국가의 대학졸업자 취업률 및 경제활동인구 비중〉

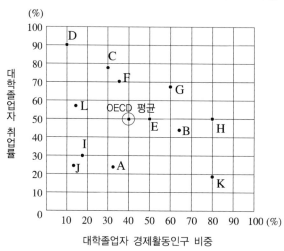

(5) 층별그래프

① 합계와 각 부분의 크기를 백분율로 나타내고 시간적 변화를 보는 데 적합하다.
② 합계와 각 부분의 크기를 실수로 나타내고 시간적 변화를 보는 데 적합하다.
　예 상품별 매출액 추이 등
③ 선의 움직임보다는 선과 선 사이의 크기로써 데이터 변화를 나타내는 그래프이다.

〈우리나라 세계유산 현황〉

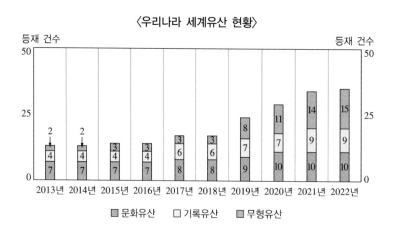

(6) 레이더 차트(거미줄그래프)

① 다양한 요소를 비교할 때, 경과를 나타내는 데 적합하다.

　예 매출액의 계절변동 등

② 비교하는 수량을 직경, 또는 반경으로 나누어 원의 중심에서의 거리에 따라 각 수량의 관계를 나타내는 그래프이다.

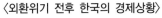

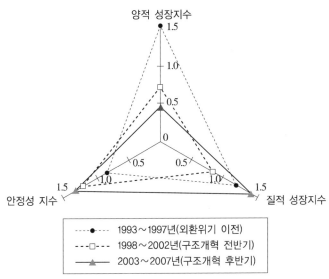

01 | 독해 |
주제 · 제목 찾기

| 유형분석 |

- 제시된 글의 중심 내용을 정확히 판단할 수 있는지 평가하는 유형이다.
- 경제·경영·철학·역사·예술·과학 등 다양한 분야와 관련된 지문이 제시되므로 폭넓은 독서를 해야 한다.

다음 글의 제목으로 가장 적절한 것은?

대부분의 사람이 주식 투자를 하는 목적은 자산을 증식하는 것이지만, 항상 이익을 낼 수는 없으며 이익에 대한 기대에는 언제나 손해에 따른 위험이 동반된다. 이러한 위험을 줄이기 위해서 일반적으로 투자자는 포트폴리오를 구성하는데, 이때 전반적인 시장상황에 상관없이 나타나는 위험인 '비체계적 위험'과 시장 상황에 연관되어 나타나는 위험인 '체계적 위험' 두 가지를 동시에 고려해야 한다.

비체계적 위험이란 종업원의 파업, 경영 실패, 판매의 부진 등 개별 기업의 특수한 상황과 관련이 있는 것으로 '기업 고유 위험'이라고도 한다. 기업의 특수 사정으로 인한 위험은 예측하기 어려운 상황에서 돌발적으로 일어날 수 있는 것들로, 여러 주식에 분산 투자함으로써 제거할 수 있다. 반면에 체계적 위험은 시장의 전반적인 상황과 관련한 것으로, 예를 들면 경기 변동, 인플레이션, 이자율의 변화, 정치 사회적 환경 등 여러 기업들에 공통으로 영향을 주는 요인들에 기인한다. 체계적 위험은 주식 시장 전반에 관한 위험이기 때문에 비체계적 위험에 대응하는 분산투자의 방법으로도 감소시킬 수 없으므로 '분산 불능 위험'이라고도 한다. 그렇다면 체계적 위험에 대응할 방법은 없을까? '베타 계수'를 활용한 포트폴리오 구성으로 투자자는 체계적 위험에 대응할 수 있다. 베타 계수란 주식 시장 전체의 수익률 변동이 발생했을 때 이에 대해 개별 기업의 주가 수익률이 얼마나 민감하게 반응하는가를 측정하는 계수로, 종합주가지수의 수익률이 1% 변할 때 개별 주식의 수익률이 얼마나 변하는가를 나타내며, 수익률의 민감도로 설명할 수 있다. 따라서 투자자는 주식시장이 호황에 진입할 경우 베타 계수가 큰 종목의 투자 비율을 높이지만 불황이 예상되는 경우에는 베타 계수가 작은 종목의 투자 비율을 높여 위험을 최소화할 수 있다.

① 비체계적 위험과 체계적 위험의 사례 분석
② 비체계적 위험을 활용한 경기 변동의 예측 방법
③ 비체계적 위험과 체계적 위험을 고려한 투자 전략
④ 종합주가지수 변동에 민감한 비체계적 위험의 중요성

첫 번째 문단에서 비체계적 위험과 체계적 위험을 나누어 살핀 후 두 번째 문단에서 비체계적 위험 아래에서의 투자 전략과 체계적 위험 아래에서의 투자 전략을 제시하고 있다. 그리고 마지막 문단에서는 베타 계수를 활용하여 체계적 위험에 대응하는 내용이 전개되고 있다.

따라서 글의 제목으로 적절한 것은 '비체계적 위험과 체계적 위험을 고려한 투자 전략'이다.

30초 컷 풀이 Tip

글의 중심이 되는 내용은 주로 글의 맨 앞이나 맨 뒤에 위치한다. 따라서 글의 첫 문단과 마지막 문단을 먼저 확인해보고 필요한 경우 그 문단을 보충해주는 부분을 읽어가면서 주제를 파악해 나간다.

PART 2

02 | 독해 |
문장나열

| 유형분석 |

- 문장의 논리적 관계를 파악하여 올바르게 나열할 수 있는지를 평가하는 유형이다.
- 문단 순서 나열에서 가장 중요한 것은 지시어와 접속어이므로, 접속어의 쓰임에 대해 정확히 알고 있어야 하고 지시어가 가리키는 것이 무엇인지 잘 파악해야 한다.

다음 제시된 문단을 논리적 순서대로 나열한 것은?

(가) '빅뱅 이전에 아무 일도 없었다.'는 말을 달리 해석하는 방법도 있다. 그것은 바로 빅뱅 이전에는 시간도 없었다고 해석하는 것이다. 그 경우 '빅뱅 이전'이라는 개념 자체가 성립하지 않으므로 그 이전에 아무 일도 없었던 것은 당연하다. 그렇게 해석한다면 빅뱅이 일어난 이유도 설명할 수 있게 된다. 즉 빅뱅은 '0년'을 나타내는 것이다. 시간의 시작은 빅뱅의 시작으로 정의되기 때문에 우주가 그 이전이든 이후이든 왜 탄생했느냐고 묻는 것은 이치에 닿지 않는다.

(나) 단지 지금 설명할 수 없다는 뜻이 아니라 설명 자체가 있을 수 없다는 뜻이다. 어떻게 설명이 가능하겠는가? 수도관이 터진 이유는 그전에 닥쳐온 추위로 설명할 수 있다. 공룡이 멸종한 이유는 그 전에 지구와 운석이 충돌했을 가능성으로 설명하면 된다. 바꿔 말해서, 우리는 한 사건을 설명하기 위해 그 사건 이전에 일어났던 사건에서 원인을 찾는다. 그러나 빅뱅의 경우에는 그 이전에 아무것도 없었으므로 어떠한 설명도 찾을 수 없는 것이다.

(다) 그런데 이런 식으로 사고하려면, 아무 일도 일어나지 않고 시간만 존재하는 것을 상상할 수 있어야 한다. 그것은 곧 시간을 일종의 그릇처럼 상상하고 그 그릇 안에 담긴 것과 무관하게 여긴다는 뜻이다. 시간을 이렇게 본다면 변화는 일어날 수 없다. 여기서 변화는 시간의 경과가 아니라 사물의 변화를 가리킨다. 이런 전제하에서 우리가 마주하는 문제는 이것이다. 어떤 변화가 생겨나기도 전에 영겁의 시간이 있었다면, 왜 우주가 탄생하게 되었는지를 설명할 수 없다.

(라) 우주론자들에 따르면 우주는 빅뱅으로부터 시작되었다고 한다. 빅뱅이란 엄청난 에너지를 가진 아주 작은 우주가 폭발하듯 갑자기 생겨난 사건을 말한다. 그게 사실이라면 빅뱅 이전에는 무엇이 있었느냐는 질문이 나오는 게 당연하다. 아마 아무것도 없었을 것이다. 하지만 빅뱅 이전에 아무것도 없었다는 말은 무슨 뜻일까? 영겁의 시간 동안 단지 진공이었다는 뜻이다. 움직이는 것도, 변화하는 것도 없었다는 것이다.

① (가) – (나) – (다) – (라)　　　② (가) – (다) – (나) – (라)
③ (가) – (라) – (나) – (다)　　　④ (라) – (다) – (나) – (가)

④

제시문은 빅뱅 이전의 우주에 대한 가설을 제시하며, 이러한 가설에 내재된 개념의 오류와 해석을 순차대로 설명하고 있다. 따라서 (라) 빅뱅 이전에 존재한 '무언가'에 대한 상상 → (다) 빅뱅 이전에 존재하는 영겁의 시간을 상상함으로써 발생하는 문제 지적 → (나) 빅뱅 이전의 시간으로 인해 우주 탄생 원인을 설명할 수 없는 이유 → (가) 빅뱅 이전이라는 개념에 대한 다른 방식의 해석 순으로 나열하는 것이 적절하다.

30초 컷 풀이 Tip

우선 각 문장에 자리한 지시어와 접속어를 살펴본다. 문두에 접속어가 오거나 문장 중간에 지시어가 나오는 경우 글의 첫 번째 문장이 될 수 없다. 따라서 이러한 문장들을 하나씩 소거해 나가다 보면 첫 문장이 될 수 있는 것을 찾을 수 있을 것이다. 또한, 선택지를 참고하여 문장의 순서를 생각해 보는 것도 시간을 단축하는 좋은 방법이 될 수 있다.

03 | 독해 |
일치 · 불일치

| 유형분석 |

- 글의 전체적인 주제뿐 아니라 세부적인 내용까지도 제대로 이해할 수 있는지 평가하는 유형이다.
- 자신의 주관적인 판단보다는 글의 세부적 내용에 대한 이해를 기반으로 문제를 풀어야 한다.

다음 중 글의 내용으로 적절한 것은?

인류가 남긴 수많은 미술 작품을 살펴보다 보면 다양한 동물들이 등장하고 있음을 알 수 있다. 미술 작품 속에 등장하는 동물에는 일상에서 흔히 접할 수 있는 개나 고양이, 꾀꼬리 등도 있지만 해태나 봉황 등 인간의 상상에서 나온 동물도 적지 않음을 알 수 있다.

미술 작품에 등장하는 동물은 그 성격에 따라 나누어 보면 종교적·주술적인 동물, 신을 위한 동물, 인간을 위한 동물로 구분할 수 있다. 물론 이 구분은 엄격한 것이 아니므로 서로의 개념을 넘나들기도 하며, 여러 뜻을 동시에 갖기도 한다.

종교적·주술적인 성격의 동물은 가장 오랜 연원을 가진 것으로, 사냥 미술가들의 미술에 등장하거나 신앙을 목적으로 형성된 토템 등에서 확인할 수 있다. 여기에 등장하는 동물들은 대개 초자연적인 강대한 힘을 가지고 인간 세계를 지배하거나 수호하는 신적인 존재이다. 인간의 이지가 발달함에 따라 이들의 신적인 기능은 점차 감소하여, 결국 이들은 인간에게 봉사하는 존재로 전락하고 만다.

동물은 절대적인 힘을 가진 신의 위엄을 뒷받침하고 신을 도와 치세(治世)의 일부를 분담하기 위해 이용되기도 한다. 이 동물들 역시 현실 이상의 힘을 가지며 신성시되는 것이 보통이지만, 이는 어디까지나 신의 권위를 강조하기 위한 것에 지나지 않는다. 이들은 신에게 봉사하기 위해서 많은 동물 중에서 특별히 선택된 것들이다. 그리하여 그 신분에 알맞은 모습으로 조형화되었다.

① 미술 작품 속에는 일상에서 흔히 접할 수 있는 개나 고양이, 꾀꼬리 등이 주로 등장하고, 해태나 봉황 등은 찾아보기 어렵다.

② 미술 작품에 등장하는 동물은 성격에 따라 종교적·주술적 동물, 신을 위한 동물, 인간을 위한 동물로 엄격하게 구분한다.

③ 종교적·주술적 성격의 동물은 초자연적인 강대한 힘으로 인간 세계를 지배하거나 수호하는 신적인 존재로 나타난다.

④ 인간의 이지가 발달함에 따라 신적인 기능이 감소한 종교적·주술적 동물은 신에게 봉사하는 존재로 전락한다.

정답 ③

종교적·주술적 성격의 동물은 대개 초자연적인 강대한 힘을 가지고 인간 세계를 지배하거나 수호하는 신적인 존재이다.

오답분석
① 미술 작품 속에 등장하는 동물에는 해태나 봉황 등 인간의 상상에서 나온 동물도 적지 않다.
② 미술 작품에 등장하는 동물은 성격에 따라 구분할 수 있으나, 이 구분은 엄격한 것이 아니다.
④ 인간의 이지가 발달함에 따라 신적인 기능이 감소한 종교적·주술적 동물은 신이 아닌 인간에게 봉사하는 존재로 전락한다.

30초 컷 풀이 Tip

주어진 글의 내용과 일치하는 것 또는 일치하지 않는 것을 고르는 문제의 경우 제시문을 읽기 전에 문제와 선택지를 먼저 읽어보는 것이 좋다. 이를 통해 제시문 속에서 찾아내야 할 정보가 무엇인지를 먼저 인지한 후 글을 읽어야 문제 푸는 시간을 단축할 수 있다.

PART 2

04 | 독해 |
개요수정

| 유형분석 |

- 제시된 글의 개요의 흐름을 파악하여 부족한 부분을 추가하거나 잘못 수정한 부분을 잡아내는 유형이다.
- 글의 맥락을 이해하여 통일성에 위배되는 부분을 찾아낼 수 있도록 한다.

다음과 같이 '의료 서비스 수출의 실태와 대처 방안'에 대한 개요를 작성하였다. 개요의 수정·보완 방안으로 적절하지 않은 것은?

Ⅰ. 서론
    1. 한국을 찾는 외국인 환자 증가 ·························· ㉠
    2. 외국인 환자들이 한국을 찾는 이유 ················· ㉡

Ⅱ. 본론
    1. 실태 분석 및 진단
        (1) 지속적인 유치의 어려움
        (2) 의료 수출국으로의 전환 기회
    2. 외국인 환자 유치 장애의 요인
        (1) 관련 정보의 제공 부족
        (2) 환자 유치, 광고 등에 대한 제도적 규제 ·············· ㉢
        (3) 정부 차원의 지원 부족
    3. 의료 서비스 수출 전략 방안
        (1) 비자 발급 간소화 ·························· ㉣
        (2) 해외 환자 유치를 위한 광고 규제 완화
        (3) 경쟁력 있는 의료기관 선정, 인증제를 통한 지원

Ⅲ. 결론
    의료 수출에 대비하기 위한 적극적인 노력 촉구

---

① ㉠ : 국내 병원에 입원한 외국인 환자의 연도별 현황 자료를 제시한다.
② ㉡ : 진료비 대비 높은 국내 의료 수준을 선진국과 비교하여 제시한다.
③ ㉢ : 언어 장벽이나 까다로운 국내 병원 이용 절차로 외국인 환자를 유치하지 못한 사례를 활용한다.
④ ㉣ : 'Ⅱ-2-(1)'을 고려하여 '국내 의료기관 종합 사이트 구축 및 운영'으로 수정한다.

③

외국인 환자를 유치하는 데 장애가 되는 제도적 요인의 근거 자료로 언어 장벽이나 까다로운 국내 병원 이용 절차를 활용하는 것은 적절하지 않다.

30초 컷 풀이 Tip

가장 먼저 숙지해야 할 것은 서론·본론·결론의 주제의식으로, 이를 기반으로 하위 주제들과의 호환성이나 결론의 타당성을 확인할 수 있다.

05 | 자료해석 | 자료추론

| 유형분석 |

- 자료를 해석하여 옳고 그른 설명을 분별해 낼 수 있는지를 평가하는 유형이다.
- 증감 추이, 증감률, 증감폭 등의 간단한 계산이 포함되어 있다.

다음은 2015년부터 2021년까지 우리나라의 암 사망자 수를 나타낸 자료이다. 자료를 해석한 것으로 옳지 않은 것은?(단, 소수점 둘째 자리에서 반올림한다)

〈우리나라 암 사망자 수〉

(단위 : 명)

구분	2015년	2016년	2017년	2018년	2019년	2020년	2021년
전체	72,046	71,579	73,759	75,334	76,611	76,855	78,194
위암	10,032	9,719	9,342	9,180	8,917	8,526	8,264
폐암	15,623	15,867	16,654	17,177	17,440	17,399	17,963
간암	11,205	10,946	11,335	11,405	11,566	11,311	11,001
대장암	7,701	7,721	8,198	8,270	8,397	8,380	8,432
유방암	1,868	2,018	2,013	2,244	2,271	2,354	2,472
자궁암	1,272	1,294	1,219	1,232	1,300	1,374	1,300
기타 암	24,345	24,014	24,998	25,826	26,720	27,511	28,762

① 위암 사망자는 매년 모든 암 중에서 10% 이상의 비율을 보여주고 있다.

② 기타 암을 제외하고 2015년 대비 2021년 암 사망자 수의 증감률이 가장 높은 것은 유방암이다.

③ 폐암 사망자는 기타 암을 제외하고 매년 가장 높은 암 사망자 수 비율을 보이고 있다.

④ 대장암 사망자 수는 매년 자궁암 사망자 수보다 6배 이상 많다.

정답 ④

2016년의 경우 1,294×6=7,764>7,721로 대장암 사망자 수가 자궁암 사망자 수의 6배보다 적다.

오답분석

① 위암 사망자는 모든 암에 있어 매년 10% 이상(2015년 13.9%, 2016년 13.6%, 2017년 12.7%, 2018년 12.2%, 2019년 11.6%, 2020년 11.1%, 2021년 10.6%)의 비율을 보여주고 있다.

② 기타 암을 제외하고 2015년 대비 2021년 암 사망자 수가 증가한 암은 폐암, 대장암, 유방암, 자궁암이다.

  • 폐암의 증감률 : $\dfrac{17,963-15,623}{15,623}\times100 ≒ 15\%$

  • 대장암의 증감률 : $\dfrac{8,432-7,701}{7,701}\times100 ≒ 9.5\%$

  • 유방암의 증감률 : $\dfrac{2,472-1,868}{1,868}\times100 ≒ 32.3\%$

  • 자궁암의 증감률 : $\dfrac{1,300-1,272}{1,272}\times100 ≒ 2.2\%$

  따라서 2015년 대비 2021년 암 사망자 수가 가장 크게 증가한 것은 유방암이다.

③ 매년 발생한 암 사망자 수 중에 폐암 사망자 수가 가장 많으므로 폐암 사망자 수가 매년 가장 높은 비율을 보이고 있음을 추론할 수 있다.

30초 컷 풀이 Tip

제시되는 정보의 양이 많기 때문에 질문을 읽은 후 바로 자료 분석에 들어가는 것보다는, 선택지를 먼저 읽고 필요한 정보만 추출하여 답을 찾는 것이 풀이시간을 단축할 수 있다. 또한 계산이 필요 없거나 복잡하게 생각하지 않아도 되는 선택지를 먼저 해결한다.

06 | 자료해석 | 자료계산

| 유형분석 |

- 주어진 자료를 통해 문제에서 주어진 특정한 값을 찾고, 자료의 변동량을 구할 수 있는지를 평가하는 유형이다.
- 각 그래프의 선이 어떤 항목을 의미하는지와 단위를 정확히 확인한다.
- 그림을 통해 계산하지 않고 눈으로 확인할 수 있는 내용(증감 추이)이 있는지 확인한다.

다음은 2016년부터 2021년까지 자원봉사 참여현황에 대한 표이다. 참여율이 4번째로 높은 해의 전년 대비 참여율의 증가율을 구하면?(단, 증가율은 소수점 첫째 자리에서 반올림한다)

〈자원봉사 참여현황〉

(단위 : 명, %)

구분	2016년	2017년	2018년	2019년	2020년	2021년
총 성인 인구수	35,744,497	36,786,161	37,188,043	37,618,582	38,038,526	38,931,267
자원봉사 참여 성인 인구수	1,621,976	2,103,718	2,548,599	3,294,204	3,879,489	4,634,597
참여율	4.5	5.7	6.9	8.7	10.2	11.9

① 17%

② 19%

③ 21%

④ 23%

정답 ③

참여율이 4번째로 높은 해는 2018년이다.

(참여 증가율)$=\dfrac{(\text{해당연도 참여율})-(\text{전년도 참여율})}{(\text{전년도 참여율})}\times 100$이므로 $\dfrac{6.9-5.7}{5.7}\times 100 ≒ 21\%$이다.

30초 컷 풀이 Tip

수치를 일일이 확인하는 것보다 풀이처럼 증감 추이를 먼저 판단해서 선택지를 1차적으로 거르고 나머지 선택지 중 그래프 모양이 크게 차이 나는 곳의 수치를 확인하면 빠르게 풀이할 수 있다.

※ 다음 문장을 논리적 순서대로 나열한 것을 고르시오. **[1~2]**

01

> (가) 역사드라마는 역사적 인물이나 사건 혹은 역사적 시간이나 공간에 대한 작가의 단일한 재해석 또는 상상이 아니라 현재를 살아가는 시청자에 의해 능동적으로 해석되고 상상된다.
> (나) 이는 곧 과거의 시공간을 배경으로 한 TV 역사드라마가 현재를 지향하고 있음을 의미한다.
> (다) 그래서 역사적 시간과 공간적 배경 속에 놓여 있는 등장인물과 지금 현재를 살아가는 시청자들이 대화를 나누기도 하고, 시청자들이 역사드라마를 주제로 삼아 사회적 담론의 장을 열기도 한다.
> (라) 역사드라마는 이처럼 다중적으로 수용된다는 점에서 과거와 현재의 대화라는 역사의 속성을 견지한다.

① (가) - (라) - (나) - (다) ② (가) - (다) - (나) - (라)
③ (라) - (가) - (나) - (다) ④ (라) - (다) - (나) - (가)

02

> (가) 19세기 초 헤겔은 시민사회라는 용어를 국가와 구분하여 정교하게 정의하였다. 그가 활동하던 시기에 유럽의 후진국인 프러시아에는 미성숙한 산업 자본주의로 인해 심각한 빈부 격차나 계급 갈등 등의 사회 문제를 해결해야 하는 시대적 과제가 있었다.
> (나) 따라서 그는 시민사회가 개인들의 사익을 추구하며 살아가는 생활 영역이자 그 욕구를 사회적 의존 관계 속에서 추구하게 하는 공동체 윤리성의 영역이어야 한다고 생각했다. 특히 시민사회 내에서 사익 조정과 공익 실현에 기여하는 직업 단체와 복지 및 치안 문제를 해결하는 복지 행정 조직의 역할을 설정하여 시민사회를 이상적인 국가로 이끌고자 하였다.
> (다) 하지만 이러한 시민사회 내에서도 빈곤과 계급 갈등은 근원적으로 해결될 수 없었다. 결국 그는 국가를 사회 문제 해결과 공적 질서 확립의 최종 주체로 설정하고, 시민사회가 국가에 협력해야 한다고 생각했다.
> (라) 헤겔은 공리주의가 사익의 극대화를 통해 국부(國富)를 증대해 줄 수 있으나, 그것이 시민사회 내에서 개인들의 무한한 사익 추구가 일으키는 빈부 격차나 계급 갈등 등의 사회문제를 해결할 수는 없다고 보았다.

① (가) - (나) - (라) - (다) ② (가) - (라) - (나) - (다)
③ (나) - (다) - (가) - (라) ④ (나) - (다) - (라) - (가)

03 다음 글을 바탕으로 한 추론으로 적절하지 않은 것은?

리플리 증후군이란 허구의 세계를 진실이라 믿고 거짓말과 거짓된 행동을 상습적으로 반복하는 반사회적 인격장애를 뜻한다. 리플리 증후군은 극단적인 감정의 기복을 보이는 등 불안정한 정신 상태를 갖고 있는 사람에게서 잘 나타나는 것으로 알려져 있다. 이러한 사람은 자신의 욕구를 충족시킬 수 없어 열등감과 피해의식에 시달리다가 상습적이고 반복적인 거짓말을 일삼으면서 이를 진실로 믿고 행동하게 된다. 거짓말을 반복하다가 본인이 한 거짓말을 스스로 믿어 버리는 증후군으로서 현재 자신의 상황에 만족하지 못하는 경우에 발생한다. 이는 '만족'이라는 상대적인 개념을 개인이 어떻게 받아들이고 느끼느냐에 따라 달라진다고 할 수 있다.

① 상대적으로 자신에게 만족감을 갖지 못한 사람에게 리플리 증후군이 나타난다.
② 리플리 증후군 환자는 거짓말을 통해 만족감을 얻고자 한다.
③ 열등감과 피해의식은 리플리 증후군의 원인이 된다.
④ 자신의 상황에 불만족하는 모든 사람은 불안정한 정신 상태를 갖게 된다.

04 다음 글의 주제로 가장 적절한 것은?

통계는 다양한 분야에서 사용되며 막강한 위력을 발휘하고 있다. 그러나 모든 도구나 방법이 그렇듯 통계 수치에도 함정이 있다. 함정에 빠지지 않으려면 통계 수치의 의미를 정확히 이해하고, 도구와 방법을 올바르게 사용해야 한다. 친구 5명이 만나서 이야기를 나누다가 연봉이 화제가 되었다고 하자. 2천만 원이 4명, 7천만 원이 1명인데, 평균을 내면 3천만 원이다. 이 숫자에 대해 4명은 "나는 봉급이 왜 이렇게 적을까?"하며 한숨을 내쉬었다. 그러나 이 평균값 3천만 원이 5명의 집단을 대표하는 데에 아무 문제가 없을까? 물론 계산 과정에는 하자가 없지만, 평균을 집단의 대푯값으로 사용하는 데에 어떤 한계가 있을 수 있는지 깊이 생각해 보지 않는다면, 우리는 잘못된 생각에 빠질 수도 있다. 평균은 극단적으로 아웃라이어(Outlier, 비정상적인 수치)에 민감하다. 집단 내에 아웃라이어가 하나만 있어도 평균이 크게 바뀐다는 것이다. 위의 예에서 1명의 연봉이 7천만 원이 아니라 100억 원이었다고 하자. 그러면 평균은 20억 원이 넘게 된다. 나머지 4명은 자신의 연봉이 평균치의 100분의 1밖에 안 된다며 슬퍼해야 할까? 연봉이 100억 원인 사람이나 처음의 예에서 연봉이 7천만 원인 사람은 아웃라이어인 것이다. 두드러진 아웃라이어가 있는 경우에는 평균보다는 최빈값이나 중앙값이 대푯값으로서 더 좋을 수 있다.

① 평균은 집단을 대표하는 수치로서는 매우 부적당하다.
② 통계는 숫자 놀음에 불과하므로 통계 수치에 일희일비할 필요가 없다.
③ 평균보다는 최빈값이나 중앙값이 대푯값으로서 더 적당하다.
④ 통계 수치의 의미를 정확히 인식하고 사용할 필요가 있다.

05 다음 글에 이어질 내용의 핵심어로 적절한 것은?

> 제1차 세계대전의 원인은 산업 혁명 이후, 제국주의 국가들의 패권주의 성향 속에서 발생하였다. 구체적으로 말하면 영국과 독일의 대립(영국의 3C 정책과 독일의 3B 정책), 프랑스와 독일의 전통적 적대 관계, 범슬라브주의와 범게르만주의의 대립, 발칸문제를 둘러싼 세르비아와 오스트리아의 대립 등을 들 수 있을 것이다. 이러한 국가와 종족 간의 대립 속에서, 1914년 6월 28일 보스니아에서 행해지던 육군 대연습에 임석차 사라예보를 방문한 오스트리아 황태자 페르디난드 대공 부처가 세르비아의 반(反)오스트리아 비밀 결사 소속의 한 청년에게 암살당하는 사건이 발생했다. 제1차 세계대전은 제국주의 국가들의 이해관계 속에서 일어날 수밖에 없었다 하더라도, 세르비아 청년에 의해 오스트리아 황태자 부처가 암살되는 돌발적 사건이 발생하지 않았더라면, 아마도 제1차 세계대전의 발생은 또 다른 측면에서 다른 양상으로 전개되었을 가능성을 배제하기 어려울 것이다.

① 전쟁과 민족의 관계
② 역사의 필연성과 우연성
③ 제국주의와 식민지
④ 발칸 반도의 민족 구성

06 다음 글의 내용으로 적절하지 않은 것은?

> 해방 직후 문단에는 일제 강점기 시대 문학의 청산과 새로운 민족 문학의 건설이라는 두 가지 과제가 제기되고 있었다. 문단의 정비를 이루면서 대부분의 문학인들이 일제강점기 시대의 문화적 체험에 대한 반성과 함께 민족 문학으로서의 한국 문학의 새로운 진로를 모색하는 데에 관심을 집중하게 된 것이다. 문학인들은 누구보다도 먼저 일제 강점기 시대 문학의 청산을 강조하면서 일본의 강압적인 통치 아래 이루어진 민족정신의 위축을 벗어나 민족 문학의 방향을 바로잡고자 노력한다. 일본 제국주의 문화의 모든 잔재를 청산하기 위해서는 철저한 자기반성과 비판에 근거하여 민족 주체를 확립하지 않으면 안 된다는 주장도 등장한다. 이 같은 움직임은 일제 강점기 정책에 의해 강요된 민족 문화의 왜곡을 바로잡지 않고는 새로운 민족 문화의 건설을 생각할 수 없다는 인식이 당시 문단에 널리 일반화되고 있음을 말해 주는 것이다.

① 해방 직후 문단의 과제는 식민지 문학의 청산과 새로운 민족 문학의 건설이었다.
② 식민지 문학의 청산은 식민지 시대의 문화적 체험에 대한 자기반성에서 비롯되었다.
③ 새로운 민족 문학 건설은 민중 문학으로서의 특성에 대한 진로 모색에 관심을 집중했다.
④ 민족 문화의 왜곡은 바로잡아야 한다는 것이 당시 문단의 일반적 인식이었다.

07 다음 글의 내용으로 적절하지 않은 것은?

> 현재의 특허법을 보면 생명체나 생명체의 일부분이라도 그것이 인위적으로 분리·확인된 것이라면 발명으로 간주하고 있다. 따라서 유전자도 자연으로부터 분리·정제되어 이용 가능한 상태가 된다면 화학 물질이나 미생물과 마찬가지로 특허의 대상으로 인정된다. 그러나 유전자 특허 반대론자들은 생명체 진화 과정에서 형성된 유전자를 분리하고 그 기능을 확인했다는 이유만으로 독점적 소유권을 인정하는 일은 마치 한마을에서 수십 년 동안 함께 사용해 온 우물물의 독특한 성분을 확인했다는 이유로 특정한 개인에게 독점권을 준다는 논리만큼 부당하다고 주장한다.

① 현재의 특허법은 자연 자체에 대해서도 소유권을 인정한다.
② 유전자 특허 반대론자는 비유를 이용하여 주장을 펼치고 있다.
③ 유전자 특허 반대론자에 따르면 유전자는 특허의 대상이 아니다.
④ 현재의 특허법은 대상보다는 특허권 신청자의 인위적 행위의 결과에 중점을 둔다.

Hard

08 다음 글의 논지를 뒷받침할 수 있는 사례로 적절하지 않은 것은?

> 아마도 영화가 처음 등장하여 그것에 관한 이론화가 시작되었을 때에 대부분의 이론가들에게 아주 현저하게 눈에 띄는 영화의 특징으로 자주 다루어지던 것이 있었다면, 그것은 바로 '시점의 해방'이라고 불린 것이었다. 같은 시각 이미지의 영역에 속하는 것이라 할지라도 회화와 연극 등과는 전혀 다른 특징을 영화는 가지고 있다. 영화는 여러 개의 쇼트(Shot)들로 이루어져 있다. 이 각각의 쇼트들에서 인물이나 사건을 향하는 카메라의 각도와 거리 그리고 방향은 언제나 변화한다. 영화에 대한 초기의 사유는 이러한 시점의 끊임없는 변화에서 의식을 변화시킬 수 있는 잠재력을 보았던 것이다.

① 홍콩 영화 「영웅본색」에서의 격투씬은 그 장면을 보는 사람, 싸우고 있는 사람의 시점에 따라 다르게 촬영된다.
② 공포 영화 「스크림」에서 쫓기고 있는 주인공의 시점은 곧 뒤따르는 살인마의 시점으로 전환된다.
③ 영화 「마운틴」은 에베레스트를 항공 촬영하여 전체를 담은 장면이 압권이라는 평가를 받았다.
④ 4명의 가족을 주인공으로 하는 영화 「패밀리」는 각자의 시점을 분할해 구성한 마지막 장면이 깊은 여운을 남겼다.

09 다음 제시문 바로 뒤에 이어질 내용으로 적절한 것은?

> 나노선과 나노점을 만들기 위해 하향식과 상향식의 두 가지 방법이 시도되고 있다. 하향식 방법은 원료 물질을 전자빔 등을 이용하여 작게 쪼개는 방법인데, 현재 7나노미터 수준까지 제조가 가능하지만 생산성과 경제적 효용성이 문제가 되고 있다. 이러한 문제점을 해결하기 위해 시도되고 있는 상향식 방법에서는 물질을 작게 쪼개는 대신 원자나 분자의 결합력에 따른 자기 조립 현상을 이용하여 나노 입자를 제조하려 한다.

① 상향식 방법은 경제적 측면에서는 하향식에 비해 훨씬 유리하나, 기술적으로 해결해야 할 난점들이 많다는 데 문제가 있다.

② 하향식 방법의 기술적인 문제만 해결된다면 상향식 방법은 효용성이 없다.

③ 나노 기술 구현의 최대 난제는 나노 물질의 인위적 제조이다. 나노 물질은 나노점, 나노선, 나노박막의 형태로 구분된다.

④ 나노 기술은 여러 가지 분야에서 활용되고 있다.

10 어린이 과보호의 문제점에 대해 글을 쓰고자 한다. 다음 개요의 빈칸에 들어가기에 적절한 내용은?

> Ⅰ. 서론
>   어린이 과보호의 문제점
> Ⅱ. 본론
>   (1) 문제의 배경
>   ㉠ 핵가족화 현상으로 인한 가족 우선주의
>   ㉡ 자녀에 대한 소유 의식
>   (2) 문제점의 규명
>   ㉠ 가정 차원의 문제점
>   • 아이의 경우 – 자기중심적이고 비자주적인 태도 형성
>   • 부모의 경우 – 자녀에 대한 기대가 충족되지 않는 것에서 오는 배신감과 소외감
>   ㉡ 사회 차원의 문제점
>   • 공동체 의식의 이완
>   • 시민 의식의 파괴
> Ⅲ. 결론
>   _____

① 과보호 규제를 위한 사회적·법적 장치의 필요성

② 과보호 피해를 줄이기 위한 여성 교육의 강화 방안 촉구

③ 과보호에 대한 인식 전환과 건전한 가족 문화와 사회 의식 형성의 필요성

④ 과보호 문제의 교육적 해결을 위한 학교·사회의 대응 방안 모색

11 다음 글에서 〈보기〉의 문장이 들어갈 가장 적절한 곳은?

> 루트비히 판 베토벤(Ludwig van Beethoven)의 〈교향곡 9번 d 단조 Op. 125〉는 그의 청력이 완전히 상실된 상태에서 작곡한 교향곡으로 유명하다. ___㉠___ 1824년에 완성된 이 작품은 4악장에 합창 및 독창이 포함된 것이 특징이다. 당시 시대적 배경을 볼 때, 이는 처음으로 성악을 기악곡에 도입한 획기적인 작품이었다. ___㉡___ 이 작품은 베토벤의 다른 작품들을 포함해 서양음악 전체에서 가장 뛰어난 작품 가운데 하나로 손꼽으며, ___㉢___ 현재 유네스코의 세계기록유산으로 지정되어 있다. ___㉣___ 또한, 4악장의 전주 부분은 유럽 연합의 공식 상징가로 사용되며, 자필 원본 악보는 2003년 런던 소더비 경매에서 210만 파운드에 낙찰되기도 했다.

보기

이 작품에 '합창교향곡'이라는 명칭이 붙은 것도 바로 4악장에 나오는 합창 때문이다.

① ㉠
② ㉡
③ ㉢
④ ㉣

Hard

12 다음 빈칸에 들어갈 내용으로 가장 적절한 것은?

> 오존 구멍을 비롯해 성층권의 오존이 파괴되면 어떤 문제가 생길까. 지표면에서 오존은 강력한 산화 물질로 호흡기를 자극하는 대기 오염물질로 분류되지만, 성층권에서는 자외선을 막아주기 때문에 두 얼굴을 가진 물질로 불리기도 한다. 오존층은 강렬한 태양 자외선을 막아주는 역할을 하는데, 오존층이 얇아지면 자외선이 지구 표면까지 도달하게 된다.
>
> 사람의 경우 자외선에 노출되면 백내장과 피부암 등에 걸릴 위험이 커진다. 강한 자외선이 각막을 손상시키고 세포 DNA에 이상을 일으키기 때문이다. DNA 염기 중 티민(Thymine, T) 두 개가 나란히 있는 경우 자외선에 의해 티민 두 개가 한데 붙어버리는 이상이 발생하고, 세포 분열 때 DNA가 복제되면서 다른 염기가 들어가고, 이것이 암으로 이어질 수 있다.
>
> 지난 2월 『사이언스』는 극지방 성층권의 오존 구멍은 줄었지만, 많은 인구가 거주하는 중위도 지방에서는 오히려 오존층이 얇아졌다고 지적했다. 중위도 성층권에서도 상층부는 오존층이 회복되고 있지만, 저층부는 얇아졌다는 것이다. 오존층이 얇아지면 더 많은 자외선이 지구 표면에 도달하여 사람들 사이에서 피부암이나 백내장 발생 위험이 커지게 된다. 즉, _____

① 극지방 성층권의 오존 구멍을 줄이는 데 정부는 더 많은 노력을 기울여야 한다.

② 인구가 많이 거주하는 지역일수록 오존층의 파괴가 더욱 심하게 나타난다는 것이다.

③ 극지방의 파괴된 오존층으로 인해 사람들이 더 많은 자외선에 노출되고, 세포 DNA에 이상이 발생한다.

④ 극지방의 오존 구멍보다 중위도 저층부에서 얇아진 오존층이 더 큰 피해를 가져올 수도 있는 셈이다.

13 다음 글을 읽고 인조를 비판할 수 있는 내용으로 적절하지 않은 것은?

> 1636년(인조 14년) 4월 국세를 확장한 후금의 홍타이지(태종)는 스스로 황제라 칭하고, 국호를 청으로, 수도는 심양에 정하였다. 심양으로의 천도는 명나라를 완전히 압박하여 중원 장악의 기틀을 마련하기 위함이었다. 후금은 명 정벌에 앞서 그 배후가 될 수 있는 조선을 확실히 장악하기 위해 조선에 군신관계를 맺을 것도 요구해 왔다. 이러한 청 태종의 요구는 인조와 조선 조정을 격분시켰다.
>
> 결국, 강화회담의 성립으로 전쟁은 종료되었지만, 정묘호란 이후에도 후금에 대한 강경책의 목소리가 높았다. 1627년 정묘호란을 겪으면서 맺은 형제관계조차도 무효로 하고자 하는 상황에서, 청 태종을 황제로 섬길 것을 요구하는 무례에 분노했던 것이다. 이제껏 오랑캐라고 무시했던 후금을 명나라와 동등하게 대우하여야 한다는 조처는 인조와 서인 정권의 생리에 절대 맞지가 않았다. 특히 후금이 통사적인 조건의 10배가 넘는 무역을 요구해 오자 인조의 분노는 폭발하였다.
>
> 전쟁의 여운이 어느 정도 사라진 1634년 인조는 "이기고 짐은 병가의 상사이다. 금나라 사람이 강하긴 하지만 싸울 때마다 반드시 이기지는 못할 것이며, 아군이 약하지만 싸울 때마다 반드시 패하지도 않을 것이다. 옛말에 '의지가 있는 용사는 목이 떨어질 각오를 한다.'고 하였고, 또 '군사가 교만하면 패한다.'고 하였다. 오늘날 무사들이 만약 자신을 잊고 순국한다면 이 교만한 오랑캐를 무찌르기는 어려운 일이 아니다."라는 하교를 내리면서 전쟁을 결코 피하지 않을 것임을 선언하였다. 조선은 또다시 전시 체제에 돌입했다.
>
> 신흥강국 후금에 대한 현실적인 힘을 무시하고 의리와 명분을 고집한 집권층의 닫힌 의식은 스스로 병란을 자초한 꼴이 되었다. 정묘호란 때 그렇게 당했으면서도 내부의 국방력에 대한 철저한 점검이 없이 맞불 작전으로 후금에 맞서는 최악의 길을 택한 것이다.

① 오랑캐의 나라인 후금을 명나라와 동등하게 대우한다는 것은 있을 수 없습니다.
② 감정 따로 현실 따로인 법, 힘과 국력이 문제입니다. 현실을 직시해야 합니다.
③ 그들의 요구를 물리친다면 승산 없는 전쟁으로 결과는 불 보듯 뻔합니다.
④ 명분만 내세워 준비 없이 수행하는 전쟁은 더 큰 피해를 입게 될 것입니다.

14 다음 중 ㉠ ~ ㉢에 들어갈 접속어가 적절하게 연결된 것은?

현존하는 한국 범종 중에서 신라 범종이 으뜸이다. 신라 범종으로는 상원사 동종, 성덕대왕 신종, 용주사 범종이 있으며 모두 국보로 지정되어 있다. 이 가운데 에밀레종이라 알려진 성덕대왕 신종은 세계의 보배라 여겨진다. ___㉠___ 이러한 평가는 미술이나 종교의 차원에 국한될 뿐, 에밀레종이 갖는 음향공학 차원의 가치는 간과되고 있다.

에밀레종을 포함한 한국 범종은 종신(鐘身)이 작고 종구(鐘口)가 벌어져 있는 서양 종보다 종신이 훨씬 크다는 점에서는 중국 범종과 유사하다. 또한 한국 범종은 높은 종탑에 매다는 서양 종과 달리 높지 않은 종각에 매단다는 점에서도 중국 범종과 비슷하다. ___㉡___ 중국 범종은 종신의 중앙 부분에 비해 종구가 나팔처럼 벌어져 있는 반면, 한국 범종은 종구가 항아리처럼 오므라져 있다. ___㉢___ 한국 범종은 중국 범종에 비해 지상에 더 가까이 땅에 닿을 듯이 매단다.

나아가 한국 범종은 종신과 대칭 형태로 바닥에 커다란 반구형의 구덩이를 파두는데, 바로 여기에 에밀레종이나 여타 한국 범종의 숨은 진가가 있다. 한국 범종의 이러한 구조는 종소리의 조음에 영향을 미쳐 독특한 음향을 내게 한다. 이 구덩이는 100헤르츠 미만의 저주파 성분이 땅속으로 스며들게 하고, 커다란 울림통으로 작용하여 소리의 여운을 길게 한다.

	㉠	㉡	㉢
①	그리고	그러므로	또한
②	그러므로	그리고	그러나
③	그러므로	하지만	그러나
④	그러나	하지만	또한

15 다음 빈칸에 들어갈 내용으로 적절한 것은?

만약 어떤 사람에게 다가온 신비적 경험이 그가 살아갈 수 있는 힘으로 밝혀진다면, 그가 다른 방식으로 살아야 한다고 다수인 우리가 주장할 근거는 어디에도 없다. 사실상 신비적 경험은 우리의 모든 노력을 조롱할 뿐 아니라, 논리라는 관점에서 볼 때 우리의 관할 구역을 절대적으로 벗어나 있다. 우리 자신의 더 합리적인 신념은 신비주의자가 자신의 신념을 위해서 제시하는 증거와 그 본성에 있어서 유사한 증거에 기초해 있다. 우리의 감각이 우리의 신념에 강력한 증거가 되는 것과 마찬가지로, 신비적 경험도 그것을 겪은 사람의 신념에 강력한 증거가 된다. 우리가 지닌 합리적 신념의 증거와 유사한 증거에 해당되는 경험은, 그러한 경험을 한 사람에게 살아갈 힘을 제공해줄 것이다. 신비적 경험은 신비주의자들에게는 살아갈 힘이 되는 것이다. 따라서 _____

① 신비주의가 가져다주는 긍정적인 면에 대한 심도 있는 연구가 필요하다.

② 신비주의자들의 삶의 방식이 수정되어야 할 불합리한 것이라고 주장할 수는 없다.

③ 논리적 사고와 신비주의적 사고를 상반된 개념으로 보는 견해는 수정되어야 한다.

④ 신비주의자들은 그렇지 않은 사람들보다 더 나은 삶을 살아간다고 할 수 있다.

※ 다음은 서울특별시의 직종별 구인·구직·취업 현황을 나타내는 자료이다. 이어지는 물음에 답하시오.
[16~17]

〈서울특별시 구인·구직·취업 현황〉

(단위 : 명)

직업 중분류	구인	구직	취업
관리직	993	2,951	614
경영·회계·사무 관련 전문직	6,283	14,350	3,400
금융보험 관련직	637	607	131
교육 및 자연과학·사회과학 연구 관련직	177	1,425	127
법률·경찰·소방·교도 관련직	37	226	59
보건·의료 관련직	688	2,061	497
사회복지 및 종교 관련직	371	1,680	292
문화·예술·디자인·방송 관련직	1,033	3,348	741
운전 및 운송 관련직	793	2,369	634
영업원 및 판매 관련직	2,886	3,083	733
경비 및 청소 관련직	3,574	9,752	1,798
미용·숙박·여행·오락·스포츠 관련직	259	1,283	289
음식서비스 관련직	1,696	2,936	458
건설 관련직	3,659	4,825	656
기계 관련직	742	1,110	345

16 관리직의 구직 대비 구인률과 음식서비스 관련직의 구직 대비 취업률의 차이는?(단, 소수점 첫째 자리에서 반올림한다)

① 약 6%p
② 약 9%p
③ 약 15%p
④ 약 18%p

17 다음 중 제시된 자료에 대한 설명으로 옳지 않은 것은?

① 구직 대비 취업률이 가장 높은 직종은 기계 관련직이다.
② 취업자 수가 구인자 수를 초과한 직종도 있다.
③ 구인자 수가 구직자 수를 초과한 직종은 한 곳이다.
④ 영업원 및 판매 관련직의 구직 대비 취업률은 25% 이상이다.

18 다음은 2020년부터 2022년까지 국내 지역별 지진발생 횟수이다. 다음 자료에 대한 설명으로 옳은 것은?

〈지역별 지진발생 횟수〉

(단위 : 회)

지역별	2020년	2021년	2022년
서울·경기·인천	1	1	1
부산·울산·경남	1	6	5
대구·경북	6	179	121
광주·전남	1	1	6
전북	1	1	2
대전·충남·세종	2	6	3
충북	1	0	2
강원	1	1	1
제주	0	1	0
북한	3	23	25
서해	7	6	19
남해	12	11	18
동해	8	16	20
합계	44	252	223

※ 수도권은 서울·경기·인천 지역을 의미한다.

① 연도별로 전체 지진발생 횟수 중 가장 많은 비중을 차지하는 지역은 2020년부터 2022년까지 매년 동일하다.

② 전체 지진발생 횟수 중 북한의 지진횟수가 차지하는 비중은 2021년에 비해 2022년에 5%p 이상 증가하였다.

③ 2020년 전체 지진발생 횟수 중 대전·충남·세종이 차지하는 비중은 2021년 전체 지진발생 횟수 중 동해가 차지하는 비중보다 크다.

④ 2021년에 지진이 발생하지 않은 지역을 제외하고 2021년 대비 2022년 지진발생 횟수의 증가율이 두 번째로 큰 지역은 서해이다.

19 다음은 A국의 2022년도 연령별 인구수 현황을 나타낸 자료이다. 다음 자료를 볼 때, 각 연령대를 기준으로 남성 인구가 40% 이하인 연령대 ㉠과 여성 인구가 50%를 초과한 연령대 ㉡이 바르게 연결된 것은?

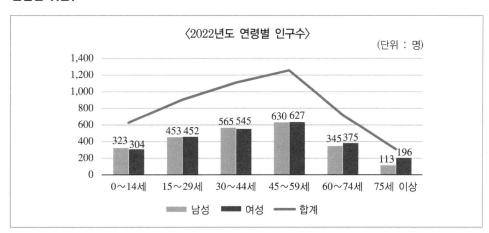

	㉠	㉡
①	0 ~ 14세	15 ~ 29세
②	30 ~ 44세	15 ~ 29세
③	45 ~ 59세	60 ~ 74세
④	75세 이상	60 ~ 74세

20 다음은 연령별 인구에 대한 자료이다. 다음 자료에 대한 해석으로 옳지 않은 것은?

〈연령별 인구〉

(단위 : 천 명, %)

구분		2000	2010	2011	2020	2030	2040	2050
인구수	0 ~ 14세	9,911	7,907	7,643	6,118	5,525	4,777	3,763
	15 ~ 64세	33,702	35,611	35,808	35,506	31,299	26,525	22,424
	65세 이상	3,395	5,357	5,537	7,701	11,811	15,041	16,156
구성비	0 ~ 14세	21.1	16.2	15.6	12.4	11.4	10.3	8.9
	15~64세	71.7	72.9	73.1	72	64.4	57.2	53
	65세 이상	7.2	11	11.3	15.6	24.3	32.5	38.2
	합계	100	100	100	100	100	100	100

① 저출산으로 인해, 14세 이하의 인구는 점점 감소하고 있다.

② 15 ~ 64세 인구는 2000년 이후 계속 감소하고 있다.

③ 65세 이상 인구의 구성비는 2000년과 비교했을 때, 2050년에는 5배 이상이다.

④ 자료상에서 65세 이상 인구의 구성비가 14세 이하 인구의 구성비보다 높아지는 시기는 2020년이다.

교육은 우리 자신의 무지를 점차 발견해 가는 과정이다.

- 윌 듀란트 -

CHAPTER 06

응용수리력

합격 Cheat Key

영역 소개

응용수리력은 주로 수의 관계(약수와 배수, 소수, 합성수, 인수분해, 최대공약수·최소공배수 등) 를 이용하는 기초적인 계산 문제, 방정식과 부등식을 수립(날짜·요일·시간, 시간·거리·속도, 나이·수량, 원가·정가, 일·일률, 농도, 비율 등)하여 미지수를 계산하는 응용계산 문제, 경우의 수와 확률을 구하는 문제 등이 출제되며 10분 내에 20문제를 해결해야 한다.

1 방정식

수의 관계에 대해 알고 그것을 응용하여 계산할 수 있는지, 그리고 미지수를 구하기 위해 필요한 계산식을 세울 수 있는지를 평가하는 유형이다. 난이도가 쉽지만 상대적으로 시간이 부족한 아모레퍼시픽그룹 인적성검사에서는 제한된 시간에 정확히 계산할 수 있는 능력이 변별력이 되므로 특히 중요한 영역이라고 할 수 있다.

┤ 학습 포인트 ├
- 문제풀이 시간 확보가 관건이므로 이 유형에서 점수를 따기 위해서는 다양한 문제를 최대한 많이 풀어보는 수밖에 없다.
- 고등학교 시절을 생각하며 오답노트를 만드는 것도 좋은 방법이 될 수 있다.

2 경우의 수 · 확률

주로 순열(P)과 조합(C)을 이용해 푸는 경우의 수에 관한 문제와 주사위 · 동전 등과 관련된 확률을 구하는 문제가 출제된다. 최근에는 경우의 수 문제와 확률 문제의 비중이 점점 커지고 있고 난이도가 높아지고 있기 때문에 다양한 유형의 문제를 접해보는 것이 좋다.

┤ 학습 포인트 ├
- 경우의 수의 합의 법칙과 곱의 법직 능에 관해 명확히 숙지해야 한다.
- 문제에서 제시된 조건의 순서대로 경우의 수를 구하면 실수하거나 헷갈릴 위험이 적다.

06 | 이론점검

01 방정식

1. 수의 관계

(1) 약수와 배수
a가 b로 나누어떨어질 때, a는 b의 배수, b는 a의 약수

(2) 소수
1과 자기 자신만을 약수로 갖는 수. 즉, 약수의 개수가 2개인 수

(3) 합성수
1과 자신 이외의 수를 약수로 갖는 수. 즉, 소수가 아닌 수 또는 약수의 개수가 3개 이상인 수

(4) 최대공약수
2개 이상의 자연수의 공통된 약수 중에서 가장 큰 수

(5) 최소공배수
2개 이상의 자연수의 공통된 배수 중에서 가장 작은 수

(6) 서로소
1 이외에 공약수를 갖지 않는 두 자연수. 즉, 최대공약수가 1인 두 자연수

(7) 소인수분해
주어진 합성수를 소수의 거듭제곱의 형태로 나타내는 것

(8) 약수의 개수
자연수 $N = a^m \times b^n$에 대하여, N의 약수의 개수는 $(m+1) \times (n+1)$개

(9) 최대공약수와 최소공배수의 관계
두 자연수 A, B에 대하여, 최소공배수와 최대공약수를 각각 L, G라고 하면 $A \times B = L \times G$가 성립한다.

2. 방정식의 활용

(1) 날짜 · 요일 · 시계

    ① 날짜 · 요일

        ㉠ 1일＝24시간＝1,440분＝86,400초

        ㉡ 날짜 · 요일 관련 문제는 대부분 나머지를 이용해 계산한다.

    ② 시계

        ㉠ 시침이 1시간 동안 이동하는 각도 : 30°

        ㉡ 시침이 1분 동안 이동하는 각도 : 0.5°

        ㉢ 분침이 1분 동안 이동하는 각도 : 6°

(2) 시간 · 거리 · 속력

    ① (시간)＝$\dfrac{(거리)}{(속력)}$

    ② (거리)＝(속력)×(시간)

        ㉠ 기차가 터널을 통과하거나 다리를 지나가는 경우

          • (기차가 움직인 거리)＝(기차의 길이)＋(터널 또는 다리의 길이)

        ㉡ 두 사람이 반대 방향 또는 같은 방향으로 움직이는 경우

          • (두 사람 사이의 거리)＝(두 사람이 움직인 거리의 합 또는 차)

    ③ (속력)＝$\dfrac{(거리)}{(시간)}$

        ㉠ 흐르는 물에서 배를 타는 경우

          • (하류로 내려갈 때의 속력)＝(배 자체의 속력)＋(물의 속력)

          • (상류로 올라갈 때의 속력)＝(배 자체의 속력)－(물의 속력)

(3) 나이 · 인원 · 개수

구하고자 하는 것을 미지수로 놓고 식을 세운다. 동물의 경우 다리의 개수에 유의해야 한다.

(4) 원가 · 정가

    ① (정가)＝(원가)＋(이익), (이익)＝(정가)－(원가)

    ② a원에서 $b\%$ 할인한 가격＝$a×\left(1-\dfrac{b}{100}\right)$

(5) 일률·톱니바퀴

① 일률

전체 일의 양을 1로 놓고, 시간 동안 한 일의 양을 미지수로 놓고 식을 세운다.

- $(일률)=\dfrac{(작업량)}{(작업기간)}$

- $(작업기간)=\dfrac{(작업량)}{(일률)}$

- $(작업량)=(일률)\times(작업기간)$

② 톱니바퀴

$(톱니\ 수)\times(회전수)=(총\ 맞물린\ 톱니\ 수)$

즉, A, B 두 톱니에 대하여, $(A의\ 톱니\ 수)\times(A의\ 회전수)=(B의\ 톱니\ 수)\times(B의\ 회전수)$가 성립한다.

(6) 농도

① $(농도)=\dfrac{(용질의\ 양)}{(용액의\ 양)}\times100$

② $(용질의\ 양)=\dfrac{(농도)}{100}\times(용액의\ 양)$

(7) 수 I

① 연속하는 세 자연수 : $x-1,\ x,\ x+1$
② 연속하는 세 짝수(홀수) : $x-2,\ x,\ x+2$

(8) 수 II

① 십의 자릿수가 x, 일의 자릿수가 y인 두 자리 자연수 : $10x+y$
　이 수에 대해, 십의 자리와 일의 자리를 바꾼 수 : $10y+x$
② 백의 자릿수가 x, 십의 자릿수가 y, 일의 자릿수가 z인 세 자리 자연수 :
　$100x+10y+z$

(9) 증가·감소에 관한 문제

① x가 $a\%$ 증가 : $\left(1+\dfrac{a}{100}\right)x$

② y가 $b\%$ 감소 : $\left(1-\dfrac{b}{100}\right)y$

(1) 경우의 수

① 경우의 수 : 어떤 사건이 일어날 수 있는 모든 가짓수

② 합의 법칙

    ㉠ 두 사건 A, B가 동시에 일어나지 않을 때, A가 일어나는 경우의 수를 m, B가 일어나는 경우의 수를 n이라고 하면, 사건 A 또는 B가 일어나는 경우의 수는 $m+n$이다.

    ㉡ '또는', '~이거나'라는 말이 나오면 합의 법칙을 사용한다.

③ 곱의 법칙

    ㉠ A가 일어나는 경우의 수를 m, B가 일어나는 경우의 수를 n이라고 하면, 사건 A와 B가 동시에 일어나는 경우의 수는 $m \times n$이다.

    ㉡ '그리고', '동시에'라는 말이 나오면 곱의 법칙을 사용한다.

④ 여러 가지 경우의 수

    ㉠ 동전 n개를 던졌을 때, 경우의 수 : 2^n

    ㉡ 주사위 m개를 던졌을 때, 경우의 수 : 6^m

    ㉢ 동전 n개와 주사위 m개를 던졌을 때, 경우의 수 : $2^n \times 6^m$

    ㉣ n명을 한 줄로 세우는 경우의 수 : $n! = n \times (n-1) \times (n-2) \times \cdots \times 2 \times 1$

    ㉤ n명 중, m명을 뽑아 한 줄로 세우는 경우의 수 : $_n\mathrm{P}_m = n \times (n-1) \times \cdots \times (n-m+1)$

    ㉥ n명을 한 줄로 세울 때, m명을 이웃하여 세우는 경우의 수 : $(n-m+1)! \times m!$

    ㉦ 0이 아닌 서로 다른 한 자리 숫자가 적힌 n장의 카드에서, m장을 뽑아 만들 수 있는 m자리 정수의 개수 : $_n\mathrm{P}_m$

    ㉧ 0을 포함한 서로 다른 한 자리 숫자가 적힌 n장의 카드에서, m장을 뽑아 만들 수 있는 m자리 정수의 개수 : $(n-1) \times {}_{n-1}\mathrm{P}_{m-1}$

    ㉨ n명 중, 자격이 다른 m명을 뽑는 경우의 수 : $_n\mathrm{P}_m$

    ㉩ n명 중, 자격이 같은 m명을 뽑는 경우의 수 : $_n\mathrm{C}_m = \dfrac{_n\mathrm{P}_m}{m!}$

    ㉪ 원형 모양의 탁자에 n명을 앉히는 경우의 수 : $(n-1)!$

⑤ 최단거리 문제 : A에서 B 사이에 P가 주어져 있다면, A와 P의 최단거리, B와 P의 최단거리를 각각 구하여 곱한다.

(2) 확률

① (사건 A가 일어날 확률)= $\dfrac{(\text{사건 A가 일어나는 경우의 수})}{(\text{모든 경우의 수})}$

② 여사건의 확률

　㉠ 사건 A가 일어날 확률이 p일 때, 사건 A가 일어나지 않을 확률은 $(1-p)$이다.

　㉡ '적어도'라는 말이 나오면 주로 사용한다.

③ 확률의 계산

　㉠ 확률의 덧셈

　　두 사건 A, B가 동시에 일어나지 않을 때, A가 일어날 확률을 p, B가 일어날 확률을 q라고 하면, 사건 A 또는 B가 일어날 확률은 $p+q$이다.

　㉡ 확률의 곱셈

　　A가 일어날 확률을 p, B가 일어날 확률을 q라고 하면, 사건 A와 B가 동시에 일어날 확률은 $p \times q$이다.

④ 여러 가지 확률

　㉠ 연속하여 뽑을 때, 꺼낸 것을 다시 넣고 뽑는 경우 : 처음과 나중의 모든 경우의 수는 같다.

　㉡ 연속하여 뽑을 때, 꺼낸 것을 다시 넣지 않고 뽑는 경우 : 나중의 모든 경우의 수는 처음의 모든 경우의 수보다 1만큼 작다.

　㉢ (도형에서의 확률)= $\dfrac{(\text{해당하는 부분의 넓이})}{(\text{전체 넓이})}$

01 | 방정식

| 유형분석 |

- 문제에 제시된 관계를 이용하여 비례식과 방정식(부등식)을 수립하고 계산할 수 있는지를 평가하는 유형이다.
- 기본적인 공식과 개념을 암기해두어야 풀이가 가능하다.

어느 공장에서 완성품 1개를 만드는 데 걸리는 시간은 A기계가 20일, B기계가 30일이다. A와 B기계를 함께 사용하면 완성품 1개를 며칠 만에 만들 수 있겠는가?

① 5일   ② 9일

③ 12일   ④ 15일

정답 ③

완성품 1개를 만드는 데 필요한 일의 양을 1이라 하고, A와 B기계가 x일 만에 완성품을 1개 만들었다고 하자.

- A기계가 하루에 하는 일의 양 : $\dfrac{1}{20}$

- B기계가 하루에 하는 일의 양 : $\dfrac{1}{30}$

$\left(\dfrac{1}{20}+\dfrac{1}{30}\right)\times x=1 \rightarrow \dfrac{5}{60}\times x=1 \rightarrow \dfrac{1}{12}\times x=1$

$\therefore x=12$

30초 컷 풀이 Tip

- **연립방정식** : 미지수가 두 개 이상인 경우 미지수가 가장 적게 포함되어 있는 식을 활용하거나 연립방정식이 3개 이상 나오는 문제의 경우는 선택지의 값을 대입하여 구하는 것이 빠를 수 있다.
- **거리·속력·시간** : 시간이나 거리의 단위가 통일되어 있지 않은 경우 단위를 먼저 통일시키면 빠르게 문제를 풀 수 있다 (1시간=60분=3,600초, 1km=1,000m=100,000cm).
- **농도** : 숫자의 크기를 최대한 간소화해야 한다. 특히, 농도의 경우 분수와 정수가 같이 제시되고, 비율을 활용한 문제도 출제되고 있으므로 통분이나 약분을 통해 수를 간소화한다.
- **일** : 전체의 값을 모르고 이에 대한 비율을 묻는 문제의 경우 전체를 1이라고 하면 쉽게 풀이할 수 있다.
- **금액** : 전체 금액을 구하는 것이 아니라 할인된 금액을 구하면 수의 크기도 작아지고, 풀이 과정을 단축시킬 수 있다.
- **비례식** : 배수관계를 이용하여 문제를 빠르게 풀 수 있다. $A:B=C:D$의 비례식이 주어진 경우 $BC=AD$을 활용한다.

02 | 경우의 수·확률

| 유형분석 |

- 경우의 수에 관하여 이해하고 있는지, 이를 통해 확률을 구할 수 있는지를 평가하는 유형이다.
- 주로 순열(P)과 조합(C)을 이용해 푸는 경우의 수에 관한 문제와 주사위·동전 등과 관련된 확률을 구하는 문제가 출제된다.

주머니에 빨간색 구슬 3개, 초록색 구슬 4개, 파란색 구슬 5개가 있다. 구슬 2개를 꺼낼 때, 모두 빨간색이거나 모두 초록색이거나 모두 파란색일 확률은?

① $\dfrac{3}{11}$

② $\dfrac{19}{66}$

③ $\dfrac{10}{33}$

④ $\dfrac{7}{22}$

정답 ②

- 전체 구슬의 개수 : 3+4+5=12개

- 빨간색 구슬 2개를 꺼낼 확률 : $\dfrac{_3C_2}{_{12}C_2}=\dfrac{1}{22}$

- 초록색 구슬 2개를 꺼낼 확률 : $\dfrac{_4C_2}{_{12}C_2}=\dfrac{1}{11}$

- 파란색 구슬 2개를 꺼낼 확률 : $\dfrac{_5C_2}{_{12}C_2}=\dfrac{5}{33}$

∴ 구슬 2개를 꺼낼 때, 모두 빨간색이거나 모두 초록색이거나 모두 파란색일 확률 : $\dfrac{1}{22}+\dfrac{1}{11}+\dfrac{5}{33}=\dfrac{19}{66}$

30초 컷 풀이 Tip

전체 조건을 생각했을 때, 전체의 경우의 수를 세는 것과 여사건을 활용하는 경우의 수를 생각해서 상대적으로 계산과정이 복잡하지 않은 것을 선택한다. 또한, '이상'과 같은 표현이 사용됐다면 1에서 나머지를 빼는 방법이 편리하다.

01 영희는 집에서 50km 떨어진 할머니 댁에 가는데, 시속 90km로 버스를 타고 가다가 내려서 시속 5km로 걸어갔더니, 총 1시간 30분이 걸렸다. 영희가 걸어간 거리는?

① 3km
② 5km
③ 13km
④ 15km

02 농도 15% 소금물 800g에서 소금물을 조금 퍼내고, 150g의 물을 다시 부었다. 이때 소금물의 농도가 12%로 되었을 때, 처음에 퍼낸 소금물의 양은?

① 100g
② 140g
③ 180g
④ 200g

Hard

03 흰 공 3개, 검은 공 2개가 들어 있는 상자에서 1개의 공을 꺼냈을 때, 흰 공이면 동전 3번, 검은 공이면 동전 4번을 던진다고 한다. 앞면이 3번 나올 확률은?

① $\dfrac{6}{40}$
② $\dfrac{7}{40}$
③ $\dfrac{8}{40}$
④ $\dfrac{9}{40}$

04 빨간 장미와 노란 장미가 섞인 꽃다발을 만들려고 한다. 빨간 장미는 한 송이에 500원, 노란 장미는 한 송이에 700원이라고 한다. 총 30송이의 꽃으로 꽃다발을 만들었더니 16,000원이 들었다. 빨간 장미의 개수는?

① 18송이   ② 20송이

③ 23송이   ④ 25송이

05 회의실에는 원형으로 된 탁자가 있다. 이 탁자에 10명이 앉는 방법의 수는?

① $\dfrac{9!}{2}$ 가지   ② $9!$ 가지

③ $\dfrac{10!}{2}$ 가지   ④ $10!$ 가지

06 10년 후 아버지의 나이는 형의 나이와 동생의 나이 합의 2배가 된다. 형과 동생의 나이 차이가 4세라면 현재 아버지의 나이를 a세라 할 때, 동생의 나이는?

① $\dfrac{a-20}{40}$ 세   ② $\dfrac{a-36}{40}$ 세

③ $\dfrac{a-38}{4}$ 세   ④ $\dfrac{a-40}{4}$ 세

07 목적지까지 갈 때의 속력은 80km/h, 돌아올 때의 속력은 120km/h이다. 1시간 이내로 출발지에서 목적지까지 왕복하려면 목적지는 출발지에서 최대 몇 km 떨어진 곳에 있어야 하는가?

① 44km   ② 46km

③ 48km   ④ 50km

08 효민이가 오늘 밥을 먹을 확률은 $\frac{4}{5}$이고, 밥을 먹었을 때 설거지를 할 확률은 $\frac{3}{7}$, 밥을 먹지 않았을 때 설거지를 할 확률은 $\frac{2}{7}$이다. 효민이가 오늘 설거지를 할 확률은?

① $\frac{11}{35}$

② $\frac{12}{35}$

③ $\frac{13}{35}$

④ $\frac{14}{35}$

09 물통을 채우는 데 A수도만 틀었을 때 5시간, B수도만 틀었을 때 2시간 소요된다. A수도와 B수도를 모두 틀어서 물통을 채울 때 소요되는 시간은?(단, B수도는 고장으로 1시간 동안 사용하지 않았다)

① $\frac{5}{7}$시간

② $\frac{6}{7}$시간

③ 1시간

④ $\frac{8}{7}$시간

Easy

10 5% 소금물 400g이 있다. 10%의 소금물을 얻기 위해 증발시켜야 하는 물의 양은?

① 100g

② 200g

③ 300g

④ 400g

11 어떤 일을 A가 혼자 하면 15일, B가 혼자 하면 10일, C가 혼자 하면 30일이 걸린다. A ~ C가 함께 일하면 소요되는 기간은?

① 5일

② 6일

③ 7일

④ 8일

12 내일은 축구경기가 있는 날인데 비가 올 확률은 $\dfrac{2}{5}$ 이다. 비가 온다면 이길 확률이 $\dfrac{1}{3}$, 비가 오지 않는다면 이길 확률이 $\dfrac{1}{4}$ 일 때, 이길 확률은?

① $\dfrac{4}{15}$

② $\dfrac{17}{60}$

③ $\dfrac{3}{10}$

④ $\dfrac{19}{60}$

13 빨강, 파랑, 노랑, 검정의 4가지 색을 다음 ㄱ, ㄴ, ㄷ, ㄹ에 칠하려고 한다. 같은 색을 여러 번 사용해도 상관없으나, 같은 색을 이웃하여 칠하면 안 된다. 색칠하는 전체 경우의 수는?

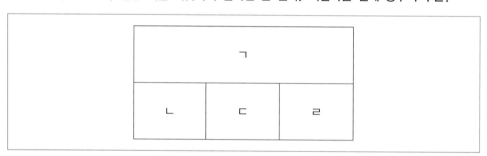

① 24가지

② 48가지

③ 64가지

④ 72가지

Hard

14 어느 중학교의 작년 학생 수는 500명이다. 올해는 남학생이 10% 증가하고, 여학생은 20% 감소하여, 작년보다 총 10명 감소하였다. 올해의 남학생 수는?

① 300명

② 315명

③ 330명

④ 350명

15 연경이와 효진이와 은이가 동시에 회사를 출발하여 식당까지 걸었다. 은이는 시속 3km로 걷고, 연경이는 시속 4km로 걸었다. 연경이가 은이보다 식당에 10분 일찍 도착하였고, 효진이도 은이보다 5분 일찍 식당에 도착했다. 효진이의 속력은?

① $\dfrac{10}{3}\,\text{km/h}$ ② $\dfrac{13}{4}\,\text{km/h}$

③ $\dfrac{18}{5}\,\text{km/h}$ ④ $\dfrac{24}{7}\,\text{km/h}$

16 어떤 시험에서 A, B, C 세 사람이 합격할 확률은 각각 $\dfrac{1}{3}$, $\dfrac{1}{4}$, $\dfrac{1}{5}$ 이다. B만 합격할 확률은?

① $\dfrac{1}{60}$ ② $\dfrac{1}{4}$

③ $\dfrac{2}{15}$ ④ $\dfrac{3}{5}$

17 철수는 아버지와 나이 차이가 25살 난다. 3년 후엔 아버지의 나이가 철수의 2배가 된다고 하면 현재 철수의 나이는?

① 20세   ② 22세

③ 24세   ④ 26세

18 어느 과수원에서 작년에 생산된 사과와 배의 개수를 모두 합하면 500개였다. 올해는 작년보다 사과의 생산량은 절반으로 감소하고 배의 생산량은 두 배로 증가하였다. 올해 사과와 배의 개수를 합하여 모두 700개를 생산했을 때, 올해 생산한 사과의 개수는?

① 100개   ② 200개

③ 300개   ④ 400개

Hard

19 원가가 a원인 물품에 30%의 이익을 붙여 정가를 책정했지만 팔리지 않아 결국 정가의 20%를 할인하여 팔았다고 한다. 이때, 이익은?

① $0.02a$원   ② $0.04a$원

③ $0.06a$원   ④ $0.08a$원

20 톱니 수가 90개인 A톱니바퀴는 B, C톱니바퀴와 서로 맞물려 돌아가고 있다. A톱니바퀴가 8번 도는 동안 B톱니바퀴가 15번, C톱니바퀴가 18번 돌았다면, B톱니바퀴 톱니 수와 C톱니바퀴 톱니 수의 합은?

① 76개   ② 80개

③ 84개   ④ 88개

인생이란 결코 공평하지 않다. 이 사실에 익숙해져라.

- 빌 게이츠 -

CHAPTER 07

수추리력

합격 Cheat Key

영역 소개

수추리력은 일정한 규칙에 따라 나열된 수를 보고 규칙을 찾아 빈칸에 들어가는 수를 찾아내는 유형이다. 기본적인 등차, 등비, 계차수열과 관련하여 이를 응용한 문제와 건너뛰기 수열(홀수 항, 짝수 항에 규칙이 따로 적용되는 수열)이 많이 출제되는 편이며, 군수열이 출제되기도 한다. 또한 나열되는 수는 자연수뿐만 아니라 분수, 소수, 정수 등 다양하게 제시된다. 수가 변화하는 규칙을 빠르게 파악하는 것이 관건이므로, 많은 문제를 풀어보며 유형을 익히는 것이 중요하다. 총 20문제를 8분 내에 해결해야 한다.

수열

대부분의 기업 적성검사에서 흔히 볼 수 있는 수열추리 유형이다. 나열된 수열을 보고 규칙을 찾아서 빈칸에 들어갈 알맞은 숫자를 고르는 유형으로, 간단해 보이지만 실제 수험생들의 후기를 보면 가장 어려운 영역이라고 말한다. 기본적인 수열뿐 아니라 복잡한 형태의 종잡을 수 없는 규칙도 나오는데다가 제한시간도 매우 짧기 때문이다.

┤ 학습 포인트 ├
- 눈으로만 규칙을 찾고자 할 경우 변화된 값을 모두 외우기 어려우므로 나열된 수의 변화된 값을 적어두면 규칙을 발견하기 용이하다.
- 규칙이 발견되지 않는 경우에는 홀수 항과 짝수 항을 분리해서 파악하거나 군수열을 생각해본다.

07 | 이론점검

(1) **등차수열** : 앞의 항에 일정한 수를 더해 이루어지는 수열

예 1 3 5 7 9 11 13 15
　　+2 +2 +2 +2 +2 +2 +2

(2) **등비수열** : 앞의 항에 일정한 수를 곱해 이루어지는 수열

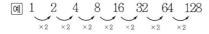

예 1 2 4 8 16 32 64 128
　　×2 ×2 ×2 ×2 ×2 ×2 ×2

(3) **계차수열** : 앞의 항과의 차가 일정하게 증가하는 수열

예 1 2 4 7 11 16 22 29
　　+1 +2 +3 +4 +5 +6 +7
　　　+1　+1　+1　+1　+1　+1

(4) **피보나치 수열** : 앞의 두 항의 합이 그 다음 항의 수가 되는 수열

$$a_n = a_{n-1} + a_{n-2} \ (n \geq 3, \ a_n = 1, \ a_2 = 1)$$

예 1 1 $\frac{2}{1+1}$ $\frac{3}{1+2}$ $\frac{5}{2+3}$ $\frac{8}{3+5}$ $\frac{13}{5+8}$ $\frac{21}{8+13}$

(5) **건너뛰기 수열** : 두 개 이상의 수열이 일정한 간격을 두고 번갈아가며 나타나는 수열

예 1 1 3 7 5 13 7 19
　• 홀수항 : 1 3 5 7
　　　　　　　+2 +2 +2
　• 짝수항 : 1 7 13 19
　　　　　　　+6 +6 +6

(6) 군수열 : 일정한 규칙성으로 몇 항씩 묶어 나눈 수열

예 •1 1 2 1 2 3 1 2 3 4

⇒ <u>1 1 2</u> <u>1 2 3</u> <u>1 2 3 4</u>

•1 3 4 6 5 11 2 6 8 9 3 12

⇒ <u>1 3 4</u> <u>6 5 11</u> <u>2 6 8</u> <u>9 3 12</u>
    1+3=4   6+5=11   2+6=8   9+3=12

•1 3 3 2 4 8 5 6 30 7 2 14

⇒ <u>1 3 3</u> <u>2 4 8</u> <u>5 6 30</u> <u>7 2 14</u>
    1×3=3   2×4=8   5×6=30   7×2=14

01 | 수열

| 유형분석 |

- 나열된 수를 분석하여 그 안의 규칙을 찾고 적용할 수 있는지를 평가하는 유형이다.
- 규칙에 분수나 소수가 나오면 어려운 문제인 것처럼 보이지만 오히려 규칙은 단순한 경우가 많다.

※ 다음은 일정한 규칙으로 나열한 수열이다. 빈칸에 들어갈 알맞은 수를 고르시오. [1~2]

01

| 266 | 250 | ( ) | 251 | 264 | 252 | 263 |

① 210
② 234
③ 265
④ 275

02

| 2 | −1 | 10 | −20 | −3 | −16 | −336 | −63 | 36 | 34 | ( ) | 144 |

① 67
② 78
③ 112
④ 136

01

정답 ③

앞의 항에 -16, $+15$, -14, $+13$, -12 …를 더하는 것을 규칙으로 하는 수열이다

따라서 (　　)$=250+15=265$이다.

02

정답 ④

$\underline{A \quad B \quad C \quad D} \rightarrow A \times C = B \times D$

따라서 (　　)$=34 \times 144 \div 36 = 136$이다.

30초 컷 풀이 Tip

일반적인 방법으로 규칙이 보이지 않는다면 홀수 항과 짝수 항을 분리해서 파악하거나, 군수열을 의심하고 n개의 항을 묶어 생각한다.

PART 2

07 | 유형점검

정답 및 해설 p.063

※ 일정한 규칙으로 수를 나열할 때, 빈칸에 들어갈 알맞은 숫자를 고르시오. [1~20]

01

| 5 | 35 | 24 | 168 | 157 | 1,099 | ( ) | 7,616 |

① 355
② 492
③ 1,190
④ 1,088

02

| 88 | 132 | 176 | 264 | 352 | 528 | ( ) |

① 649
② 704
③ 715
④ 722

Easy
03

| −5 | 5 | 9 | −9 | −1 | ( ) | 13 |

① −1
② 1
③ −2
④ 2

04

| 1 | 3 | 7 | 15 | 31 | ( ) | 127 |

① 42
② 48
③ 56
④ 63

05

2 3 7 16 32 57 ( )

① 88 　　　　　　　　　　② 90
③ 93 　　　　　　　　　　④ 95

Hard
06

−3 −1 −5 3 −13 ( )

① 12 　　　　　　　　　　② −15
③ 19 　　　　　　　　　　④ −21

07

1 2 3 5 8 13 ( )

① 15 　　　　　　　　　　② 17
③ 19 　　　　　　　　　　④ 21

08

12.3 15 7.5 10.2 ( ) 7.8 3.9

① 4.2 　　　　　　　　　　② 5.1
③ 6.3 　　　　　　　　　　④ 7.2

09

| | 1 | 5 | 5 | 9 | ( ) | 21 |

① 10   ② 11
③ 13   ④ 15

10

| | ( ) | 3 | 6 | 18 | 108 | 1,944 |

① 0   ② 1
③ 2   ④ 3

Hard

11

| | 5 | 9 | 21 | 57 | 165 | 489 | ( ) |

① 1,355   ② 1,402
③ 1,438   ④ 1,461

Easy

12

| | 0 | 3 | 8 | ( ) | 24 | 35 | 48 |

① 12   ② 13
③ 14   ④ 15

Easy

13

| 1 6 −4 ( ) −9 16 |

① 5　　　　　　　　　② 9
③ 11　　　　　　　　 ④ 13

Easy

14

| 2 −4 8 −16 32 −64 128 ( ) |

① −192　　　　　　　② 192
③ −256　　　　　　　④ 256

15

| 31 71 27 64 ( ) 57 19 50 |

① 9　　　　　　　　　② 23
③ 41　　　　　　　　 ④ 63

16

| 24 189 34 63 44 ( ) 54 7 |

① 6　　　　　　　　　② 11
③ 16　　　　　　　　 ④ 21

17

5	1	2	3	9	4	8	(	)	6

① 2   ② 7

③ 10   ④ 11

18

3	7	16	−1	3	−8	( )	−4	3

① 5   ② 7

③ 0   ④ −2

19

6	3	45	10	( )	60	8	4	60

① 2   ② 3

③ 4   ④ 5

20

22	4	6	19	7	3	8	( )	2

① 5   ② 7

③ 9   ④ 10

우리는 삶의 모든 측면에서 항상 '내가 가치있는 사람일까?',
'내가 무슨 가치가 있을까?'라는 질문을 끊임없이 던지곤 합니다.
하지만 저는 우리가 날 때부터 가치있다 생각합니다.

– 오프라 윈프리 –

CHAPTER 08

한국사

합격 Cheat Key

영역 소개

총 10문제가 출제되는 한국사 영역은 5분 안에 해결해야 해서 자칫 부담스러울 수 있지만 난이도가 어렵지 않게 출제되고 있기 때문에 큰 사건 위주로 공부하면 도움이 된다. 시험을 보지 않는 계열사도 있으므로 시험을 보기 전에 정확한 공고와 시험과목을 살펴보고 준비하는 것이 좋다.

한국사

한국사의 전체적 난이도는 어렵지 않은 편으로, 지금까지의 출제유형을 살펴보면 시기별 지배세력을 등장 순서에 따라 나열하는 문제나 주어진 나라를 건국 순서대로 나열하는 문제, 국가와 해당 국가의 건국자를 찾는 문제, 시대별 유물 사진을 제시하고 순서대로 나열하는 문제 등이 출제되었다.

┤ 학습 포인트 ├
- 짧은 시간 안에 모든 범위를 공부하기 어렵기 때문에 한국사의 주요한 역사적 사건이나 흐름 위주로 공부하는 것이 좋다.

01 | 한국사

| 유형분석 |

• 한국사의 주요한 사건이나 흐름에 대해 알고 있는지 평가하는 유형이다.

삼국의 항쟁을 시기순으로 바르게 나열한 것은?

> **보기**
>
> ㄱ. 백제가 신라의 대야성을 비롯한 40여 성을 빼앗았다.
> ㄴ. 백제가 고구려의 평양성을 공격하여 고국원왕이 전사하였다.
> ㄷ. 신라가 대가야를 정복하면서 가야 연맹이 완전히 해체되었다.
> ㄹ. 고구려가 평양으로 도읍을 옮기고 백제의 수도 한성을 함락하였다.

① ㄴ → ㄷ → ㄹ → ㄱ
② ㄴ → ㄹ → ㄷ → ㄱ
③ ㄹ → ㄱ → ㄴ → ㄷ
④ ㄹ → ㄴ → ㄱ → ㄷ

정답 ②

ㄴ. 4C 백제 근초고왕 → ㄹ. 5C 고구려 장수왕 → ㄷ. 6C 신라 진흥왕 → ㄱ. 7C 백제 의자왕

08 | 유형점검

정답 및 해설 p.066

Hard

01 밑줄 친 '왕'의 재위 기간에 있었던 일로 옳은 것을 〈보기〉에서 모두 고르면?

> 왕이 백관을 불러 금나라를 섬기는 문제에 대한 가부를 의논했는데 모두 섬길 수 없다고 하였다. 그런데 이자겸과 척준경 둘만이 말하기를, "금나라가 날로 강해질 뿐 아니라 우리 국경과 인접해 있어 섬기지 않을 수 없습니다. 또 작은 나라가 큰 나라를 섬기는 것은 옛날 제왕이 취한 도리니, 마땅히 사신을 먼저 보내 방문해야 합니다."라고 하니 그대로 따랐다.
>
> -『고려사』

보기

ㄱ. 수도를 강화도로 옮겼다.
ㄴ. 노비안검법을 시행하였다.
ㄷ. 묘청이 서경 천도를 주장하였다.
ㄹ. 김부식이 『삼국사기』를 편찬하였다.

① ㄱ, ㄷ
② ㄴ, ㄷ
③ ㄷ, ㄹ
④ ㄴ, ㄹ

02 다음은 어느 산에 있는 비석에 관한 내용이다. 이에 대한 내용으로 옳은 것은?

서쪽으로는 압록강, 동쪽으로는 토문강이
두 나라의 경계선이 된다.
(西爲鴨綠, 東爲土門, 故於分水嶺上)

① 신라 시대에 만들어진 비석이다.
② 토문강의 명칭을 둘러싸고 청과 조선 사이에 영토분쟁이 있었으나, 간도협약에 의해 청의 영토로 인정되었다.
③ 병인양요와 신미양요가 원인이 되었다.
④ 흥선대원군이 서양 제국주의 세력의 침략을 경계하기 위해 만든 비석이다.

03 고려 시대 때 관리가 뇌물을 받았을 경우 이 일을 관리·감찰하던 기관은?

① 중서문하성   ② 중추원

③ 도병마사   ④ 어사대

04 동양에서 가장 오래된 악보로서, 조선의 세종대왕 때 만들어진 것은?

① 『악학궤범』   ② 『석보상절』

③ 『악장가사』   ④ 『정간보』

05 고려 시대 원 간섭기에 대한 설명으로 옳지 않은 것은?

① 문벌귀족이 권력을 장악하였다.

② 왕실의 호칭과 관제가 격하되었다.

③ 원이 정동행성 등을 설치하여 내정에 간섭하였다.

④ 응방, 결혼도감 등을 설치하여 인적·물적 자원을 수탈하였다.

06 조선 시대의 신분 제도에 대한 설명으로 옳지 않은 것은?

① 이분법적인 양천 제도를 따랐다.

② 서얼은 관직 진출에 제한이 있어 무반직에 등용되지 않았다.

③ 신량역천은 신분은 양인이나 천역을 담당하였다.

④ 조선 후기의 양반은 문·무반의 관료와 가족을 의미한다.

07 조선 시대 미술에 대하여 어느 학생이 작성한 보고서의 일부이다. 첨부할 자료로 가장 적절한 것은?

> 조선 후기 사회의 모습을 사실적이고 때로는 풍자적으로 보여주는 이 양식의 그림은 양반 이외에도 중인, 서얼, 서리 등 다양한 출신의 애호가에게 사랑을 받았다. 서울 광통교 아래에서 그림을 팔았는데, 도화서 일급 화원들이 그린 이러한 양식의 작품들이 가장 많았다고 한다.

①

②

③

④

08 대한민국 임시정부에 대한 설명으로 옳지 않은 것은?

① 3·1운동을 주도하여 전개했다.
② 국내외를 연결하는 비밀 행정 조직망을 만들었다.
③ 한국광복군을 창설하였다.
④ 임시정부의 기관지로 독립신문을 간행하였다.

09 다음 중 우리나라 5대 국경일이 아닌 것은?

① 개천절
② 3·1절
③ 한글날
④ 현충일

10 다음과 같은 내용이 발표된 배경으로 가장 적절한 것은?

> 옛날에는 군대를 가지고 나라를 멸망시켰으나 지금은 빚으로 나라를 멸망시킨다. 옛날에 나라를 멸망케 하면 그 명호를 지우고 그 종사와 정부를 폐지하고, 나아가 그 인민으로 하여금 새로운 변화를 받아들여 복종케 할 따름이다. 지금 나라를 멸망케 하면 그 종교를 없애고 그 종족을 끊어버린다. 옛날에 나라를 잃은 백성들은 나라가 없을 뿐이었으나, 지금 나라를 잃은 백성은 아울러 그 집안도 잃게 된다. … 국채는 나라를 멸망케 하는 근원이며, 그 결과 망국에 이르게 되어 모든 사람이 화를 입지 않을 수 없게 된다.

① 일제는 황무지 개간권을 요구하여 막대한 면적의 황무지를 차지하였다.
② 우리나라 최초의 은행인 조선은행이 설립되면서 자금 조달이 어려워졌다.
③ 외국 상인의 활동 범위가 넓어지면서 서울을 비롯한 전국의 상권을 차지하였다.
④ 일제는 화폐 정리와 시설 개선 등의 명목으로 거액의 차관을 대한제국에 제공하였다.

작은 기회로부터 종종 위대한 업적이 시작된다.

– 데모스테네스 –

CHAPTER 09

창의력

합격 Cheat Key

영역 소개

창의력은 남들과 차별화된 아이디어를 주어진 시간 안에 얼마만큼 도출해내는지 평가하는 영역이다.

창의력

제시되는 그림의 용도나 상황을 보고 짧은 시간 안에 자신의 생각 40가지를 쓰는 유형이다. 글 또는 그림은 간단하게 주어지지만 그에 대해 40가지를 쓰는 것은 결코 쉽지 않다. 객관적인 답안이 존재하지 않기 때문에, 얼마나 많은, 남들과 차별화된 아이디어를 빠른 시간 안에 도출해 낼 수 있는지가 중요한데, 실제로 이 파트에 관한 후기를 찾아보면 40가지를 모두 쓰는 사람이 많지 않다.

┤ 학습 포인트 ├

- 임의의 특징을 가진 사물에 고정관념을 갖지 않고 다양한 생각을 표출해 내는 연습을 할 필요가 있다.
- 답이 따로 제시되지 않는 영역이기 때문에 어떠한 생각이든지 답이 될 수 있다.

01 | 그림

| 유형분석 |

- 주어진 그림을 보고 다양한 생각을 할 수 있는지 평가하는 유형이다.

주어진 그림의 용도를 40가지 쓰시오.

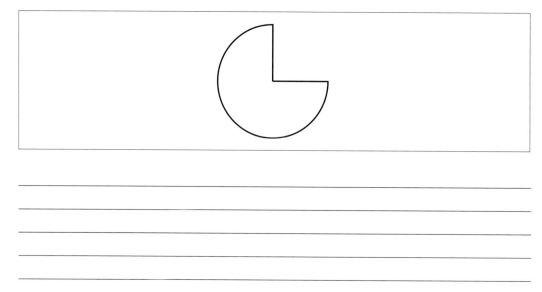

02 | 상황에 대한 생각 쓰기

| 유형분석 |

- 주어진 상황을 보고 다양한 판단을 할 수 있는지 평가하는 유형이다.

다음 질문에 대한 자신의 생각을 40가지 쓰시오.

세상의 모든 돈(화폐)이 사라진다면 무슨 일이 일어나겠는가?

※ 다음 주어진 그림의 용도를 40가지 쓰시오. [1~3]

01

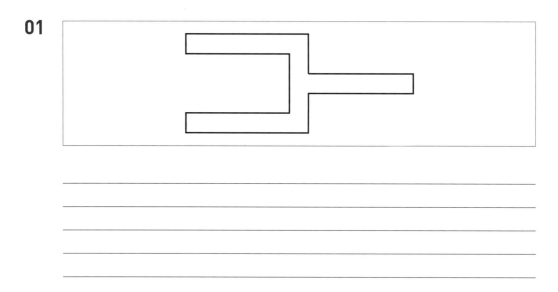

02

_____

_____

_____

_____

_____

03

_____

_____

_____

_____

_____

※ 다음 질문에 대한 자신의 생각을 40가지 쓰시오. [4~6]

04

사람이 죽지 않는다면 무슨 일이 일어나겠는가?

_____

_____

_____

_____

_____

05

모든 사람이 똑같이 생겼다면 무슨 일이 일어날까?

_____

_____

_____

_____

_____

06

하루가 48시간이라면 어떤 일이 생길까?

_____

_____

_____

_____

_____

PART **3**

최종점검 모의고사

아모레퍼시픽그룹 인적성검사		
영역	문항 수	제한시간
지각정확력	30문항	6분
언어유추력	20문항	5분
언어추리력	20문항	7분
공간지각력	20문항	7분
판단력	20문항	12분
응용수리력	20문항	10분
수추리력	20문항	8분
한국사	10문항	5분
창의력	1문항	6분

01 지각정확력

※ 다음 제시된 문자와 같은 것의 개수를 구하시오. [1~15]

01

mg

nm	μF	km	km	μF	cm	μF	a.m.	cm	p.m.	kg	a.m.
a.m.	mg	kg	mA	p.m.	kg	mA	nm	mm²	mA	kg	nm
mA	km	a.m.	nm	mm²	mA	μF	p.m.	cm	mg	cm	mm²
kg	p.m.	cm	a.m.	kg	cm	mm²	nm	a.m.	p.m.	μF	mm²

① 1개   ② 2개
③ 3개   ④ 4개
⑤ 5개

02

정

정	챵	턍	켱	향	펑	턍	챵	팅	향	정	켱
켱	펑	향	펑	켱	챵	켱	펑	턍	켱	펑	팅
챵	펑	정	켱	턍	향	정	켱	챵	향	턍	펑
펑	정	향	챵	켱	펑	턍	향	켱	펑	챵	정

① 2개   ② 3개
③ 4개   ④ 5개
⑤ 6개

03

姿

思	射	寫	姿	似	詐	祠	算	散	珊	商	床
象	裳	牀	喪	參	芝	殺	撒	挿	澁	基	生
甥	施	試	審	姿	芯	失	修	授	穗	狩	森
藪	娑	所	昭	炤	梳	松	術	姿	順	巡	盾

① 1개   ② 2개
③ 3개   ④ 4개
⑤ 5개

04

6p8

6q6	8p8	6q8	696	868	969	696	686	8q6	898	8p8	868
8p6	898	8P8	686	8q6	6p6	6P8	6q8	6P6	6p8	8P8	8p6
696	686	6p8	8p8	898	8P8	6q6	696	8p6	969	6p6	6q6
969	6p6	6P8	696	6p6	6p8	8p6	8q6	868	6q8	696	686

① 2개   ② 3개
③ 4개   ④ 5개
⑤ 6개

05

ㄱㄴㅂ

ㄱㅅㅂ	ㅋㄴㅂ	ㄱㄱㅂ	ㅂㄴㄱ	ㄱㄷㅂ	ㄱㅅㅂ	ㅂㄴㄱ	ㄴㅋㅂ	ㅂㄴㄱ	ㄱㅁㄴ	ㅂㄱㄴ	ㄱㄱㅂ
ㄱㄹㄹ	ㅂㄴㄱ	ㅂㅇㄱ	ㄱㅁㄴ	ㄴㄴㅂ	ㄱㄴㅁ	ㄱㄴㅁ	ㅋㄴㅂ	ㄴㄱㅂ	ㄴㅇㅂ	ㄱㄷㅂ	ㄱㄴㄹ	ㅋㄴㅂ
ㄴㅋㅂ	ㄱㄴㅁ	ㄴㄱㅂ	ㅂㄷㄴ	ㄱㄷㄷ	ㄱㄴㄹ	ㅂㄴㅣ	ㅂㅇㅣ	ㄱㄴㅁ	ㄱㅅㄴ	ㄱㅐㅂ	ㄱㅣㅁ
ㄴㄱㅂ	ㄱㅅㅂ	ㄴㅋㅂ	ㅋㄴㅂ	ㄱㅅㅂ	ㄴㅋㅂ	ㄱㄱㅂ	ㅂㄱㄴ	ㄱㄴㅂ	ㅋㄴㅂ	ㄴㄱㅂ	ㄱㅅㅂ

① 1개   ② 2개
③ 3개   ④ 4개
⑤ 5개

06

					r						

n	m	j	d	u	n	o	l	b	d	e	s
r	a	l	p	q	x	z	w	i	v	a	b
c	u	v	e	k	j	t	f	h	r	x	m
b	y	g	z	t	n	e	k	d	s	j	p

① 1개   ② 2개
③ 3개   ④ 4개
⑤ 5개

Hard
07

					磨					

馬	買	每	昧	枚	磨	美	米	眉	楣	摩	武
貿	茂	汝	蕉	无	刎	物	網	忘	萬	悶	磨
珉	抹	母	冒	磨	魔	密	娩	万	痲	悶	們
茉	埋	梶	渼	某	牡	罔	莽	瘋	孟	盲	萌

① 2개   ② 3개
③ 4개   ④ 5개
⑤ 6개

08

					Đ					

Đ	Ď	Ꝺ	Ħ	Ż	Ā	Ꝺ	Đ	Θ	Ď	Ħ	Ꝺ
Ꝺ	Ħ	Θ	Ÿ	Đ	Ď	Θ	Ÿ	Ꝺ	Ż	Đ	Θ
Θ	Đ	Ā	Ꝺ	Ż	Đ	Ż	Ħ	Ż	Đ	Ż	Đ
Ā	Ÿ	Ż	Ď	Θ	Đ	Ā	Đ	Ÿ	Ż	Ā	Ď

① 10개   ② 11개
③ 12개   ④ 13개
⑤ 14개

09

						VIII					

VII	XII	III	VI	V	VII	VI	I	XII	III	VII	II
I	V	VII	I	II	VIII	V	IX	II	VII	II	XII
IX	VIII	II	XII	XI	II	I	II	VI	I	IX	I
II	XI	VI	IX	III	V	XI	III	XI	V	VIII	VII

① 2개   ② 3개
③ 4개   ④ 5개
⑤ 6개

10

					569						

560	572	578	591	502	589	587	593	521	569	523	507
569	562	520	571	530	572	512	588	572	553	597	569
572	569	589	515	566	596	522	555	569	500	543	568
529	560	542	569	558	587	517	524	584	516	534	569

① 3개   ② 5개
③ 7개   ④ 8개
⑤ 9개

11

					갠						

갠	앤	벤	덴	빤	깬	넨	넨	엔	핸	펜	탠
쟨	센	멘	맨	캔	쟨	쎈	렌	갠	샌	현	진
편	겐	샌	편	엔	닌	펜	헨	짼	갠	얘	째
탠	먼	옌	갠	쩬	멘	샌	젠	펜	텐	랜	갠

① 2개   ② 3개
③ 5개   ④ 6개
⑤ 7개

12

						0.27					

0.41	0.24	0.12	0.21	0.73	0.53	0.42	0.56	0.91	0.98	0.13	0.55
0.27	0.37	0.93	0.01	0.06	0.93	0.33	0.67	0.18	0.29	0.97	0.88
0.75	0.58	0.67	0.28	0.04	0.27	0.12	0.38	0.29	0.27	0.35	0.58
0.08	0.12	0.11	0.79	0.23	0.19	0.89	0.99	0.24	0.27	0.18	0.42

① 1개   ② 2개
③ 4개   ④ 5개
⑤ 6개

13

						ち					

あ	な	へ	や	ん	じ	ゆ	む	め	の	よ	ち
ち	た	が	り	さ	ゐ	き	て	す	ち	ら	な
づ	ば	ま	ち	ひ	う	ぷ	れ	お	る	づ	え
ち	よ	か	わ	ぐ	い	ぜ	ち	ぱ	み	あ	ぬ

① 2개   ② 3개
③ 5개   ④ 6개
⑤ 7개

14

						YOL					

YIA	YHI	YOL	YGG	YKL	YIOL	YGG	YCO	YHI	YIOL	YGG	YHI
YGG	YIOL	YCO	YHI	YHI	YGG	YOL	YIA	YOL	YCO	YIA	YKL
YIOL	YHI	YGG	YKL	YIA	YIOL	YGG	YKL	YHI	YHI	YIOL	YCO
YIA	YKL	YIOL	YHI	YCO	YKL	YIA	YIOL	YGG	YIA	YKL	YGG

① 2개   ② 3개
③ 5개   ④ 6개
⑤ 7개

15

♣	☆	♥	♡	★	♣	☆	♥	♠	♥	☆	♡
★	♡	♧	♣	♠	★	♠	■	■	★	♣	☆
♠	☆	♥	★	■	♡	♣	♧	♠	♡	♧	♠
☆	★	♧	♡	☆	♧	♥	☆	♡	♥	♠	★

① 1개 ② 3개
③ 4개 ④ 5개
⑤ 7개

※ 다음 표에 제시되지 않은 수 또는 문자를 고르시오. [16~30]

16

눔	님	늠	님	눔	님	넴	뇸	늠	뇸	늠	뉴
닌	넴	남	냥	냣	녓	뇨	남	님	눔	뇸	님
닝	냥	뇸	넴	넙	눔	늠	넘	넴	넴	남	넵
늄	눔	냥	냠	님	닝	냥	님	늠	눔	냥	나

① 남 ② 납
③ 넵 ④ 넙
⑤ 넘

17

욜로	울루	울라	알래	욜로	알래	얄라	일리	얄라	얼라	얼로	욜로
알리	얼러	알라	엘레	엘르	얼로	앨래	앨레	욜로	일라	월래	열러
알려	놀녀	율러	울루	엘리	열라	안가	얄라	얄라	일라	욜로	알롸
울려	을르	앨래	앨리	앨레	울루	울라	알래	일롸	울라	을라	을래

① 알라 ② 얼로
③ 얼러 ④ 엘리
⑤ 앨리

18

498	237	853	362	986	682	382	925	683	942	347	375
794	826	569	510	593	483	779	128	753	908	628	261
569	237	347	593	382	908	483	853	794	986	128	942
362	826	261	683	779	498	375	628	753	261	682	925

① 682

② 382

③ 717

④ 510

⑤ 628

19

가도	가나	가고	가라	가주	가치	가마	가호	가정	가세	가리	가수
가이	가용	가진	가누	가루	가추	가하	가준	가무	가서	가로	가인
가시	가창	가회	가니	가우	가양	가신	가오	가노	가산	가포	가조
가다	가부	가타	가요	가중	가미	가소	가두	가뇨	가연	가지	가빈

① 가지

② 가나

③ 가루

④ 가사

⑤ 가주

Easy

20

◎	☎	⇔	△	♀	♨	¶	▶	㊆	♡	☞	♣
♂	■	◈	※	◆	↗	▲	↖	♤	★	§	∀
⦀	Σ	◇	∃	◉	€	▼	▣	‡	▦	♠	♥
☞	♠	↘	◐	¢	⇒	↙	¥	☏	㈜	◑	☆

① ☎

② ㊆

③ ◐

④ ♤

⑤ ◑

21

1217	3091	1013	1932	4489	0518	2240	5019	3213	5843	0917	1824
1001	4265	1009	1203	1012	1545	1430	3018	2359	6532	6932	1220
5017	0518	1235	3018	4407	8742	5641	1532	1013	2355	5326	1920
5019	2345	1235	5836	3210	1220	7843	4132	5332	0227	1029	5329

① 0519 　　　　　　② 1217

③ 0227 　　　　　　④ 0917

⑤ 1009

Hard

22

家	價	可	羅	裸	螺	多	茶	喇	馬	廁	社
事	思	亞	自	兒	車	者	次	借	加	他	波
河	打	字	韓	産	塞	水	需	難	志	只	足
存	培	伯	卞	絢	刻	釜	負	愷	价	芷	裳

① 思 　　　　　　② 泊

③ 塞 　　　　　　④ 培

⑤ 裳

23

easy	echo	eddy	eight	elate	elect	effect	early	elder	erst	elicit	ego
elute	each	ept	edit	ethic	eel	eagle	edit	eject	end	enow	elf
epris	epic	eco	eat	elfin	elite	egypt	clint	odict	elm	enfin	egg
edu	elide	east	edge	earn	era	effort	emic	eye	else	elvan	ear

① each 　　　　　　② edit

③ entry 　　　　　　④ epris

⑤ enfin

24

643	352	637	156	965	135	437	324	275	432	974	235
125	463	374	943	436	324	866	223	525	634	536	453
733	342	215	326	525	256	325	623	743	129	345	743
354	162	743	522	326	437	754	341	275	108	740	262

① 125 ② 215

③ 965 ④ 727

⑤ 943

Hard

25

♪♫	♩♫	♪♩	♩♫	♩♫	♫♪	♫♫	♩♫	♪♫	♪♩	♪♫	♪♫
♫♫	♪♫	♫♫	♪♫	♩♭	♪♩	♪♫	♪♩	♪♫	♫♫	♩♭	♩♫
♪♪	♩♭	♩♫	♪♫	♩♩	♩♫	♪♫	♫♫	♩♭	♩♭	♪♫	♪♩
♫♫	♩♪	♪♩	♫♫	♩♭	♫♫	♪♩	♪♫	♩♫	♪♩	♫♫	♪♫

① ♫♩ ② ♩♪

③ ♫♪ ④ ♪♪

⑤ ♩♩

26

ɕ	ə	ʃ	ə	ʃ	ɕ	ɦ	ɕ	ɯ	ə	ɡ	ʊ
ə	ɦ	ɐ	ɯ	ə	ɡ	ɯ	ə	ɕ	ɡ	ə	ɡ
ɡ	ə	ʃ	ɕ	ɦ	ɕ	ə	ʃ	ɦ	ə	ɯ	ɕ
ɔ	ɯ	ɦ	ɡ	ə	ʃ	ɑ	ʃ	ə	ɯ	ɕ	ɦ

① ɐ ② ɑ

③ ʊ ④ ɓ

⑤ ɔ

27

반쪽	친할	딸과	조밀	납북	혈세	부피	담세	오달	장기	달기	반지
비겁	오달	자결	선언	송병	납세	반탈	속도	팔기	친권	담보	떡국
진밀	주제	비세	오밀	친부	배상	구속	반달	친진	의기	담력	납치
납부	딸기	과밀	유기	오기	제적	윤달	미지	조밀	반팔	비밀	달성

① 반달 ② 딸기
③ 비겁 ④ 납세
⑤ 친밀

28

Ⓕ	Ⓖ	Ⓒ	Ⓕ	Ⓓ	Ⓜ	Ⓔ	Ⓙ	Ⓖ	Ⓔ	Ⓗ	Ⓓ
Ⓠ	Ⓘ	Ⓓ	Ⓔ	Ⓐ	Ⓕ	Ⓒ	Ⓨ	Ⓜ	Ⓛ	Ⓘ	Ⓕ
Ⓓ	Ⓒ	Ⓐ	Ⓖ	Ⓛ	Ⓘ	Ⓖ	Ⓐ	Ⓕ	Ⓐ	Ⓜ	Ⓒ
Ⓐ	Ⓔ	Ⓙ	Ⓚ	Ⓜ	Ⓔ	Ⓛ	Ⓘ	Ⓓ	Ⓙ	Ⓒ	Ⓙ

① Ⓑ ② Ⓚ
③ Ⓨ ④ Ⓗ
⑤ Ⓠ

Hard
29

촸	춞	칥	춞	춢	칭	춢	참	축	칢	춞	축
칥	춢	췗	춰	칭	칰	춲	췗	춢	칭	칥	춞
쥭	쉴	쑦	흊	칥	쳄	칥	친	춞	츄	춰	칢
췿	춢	칯	춞	춢	춢	췗	춢	촸	칢	춢	춢

① 춢 ② 칥
③ 참 ④ 쳄
⑤ 췿

30

Ⓑ	Ⓓ	Ⓔ	Ⓗ	Ⓖ	Ⓜ	Ⓓ	Ⓡ	Ⓚ	Ⓓ	Ⓖ	Ⓕ
Ⓕ	Ⓖ	Ⓠ	Ⓕ	Ⓑ	Ⓠ	Ⓨ	Ⓗ	Ⓡ	Ⓕ	Ⓩ	Ⓗ
Ⓓ	Ⓚ	Ⓕ	Ⓓ	Ⓡ	Ⓝ	Ⓖ	Ⓠ	Ⓓ	Ⓜ	Ⓚ	Ⓓ
Ⓙ	Ⓗ	Ⓜ	Ⓖ	Ⓚ	Ⓨ	Ⓕ	Ⓑ	Ⓡ	Ⓖ	Ⓗ	Ⓑ

① Ⓔ   ② Ⓩ

③ Ⓦ   ④ Ⓝ

⑤ Ⓙ

※ 다음 제시된 단어의 대응 관계로 볼 때, 빈칸에 들어갈 적절한 단어를 고르시오. [1~15]

Hard

01

마부위침 : 절차탁마 = ( ) : 해현경장

① 심기일전
② 다기망양
③ 발분망식
④ 오리무중
⑤ 좌지우지

02

고매하다 : 고결하다 = 곱다 : ( )

① 추하다
② 밉다
③ 거칠다
④ 치밀하다
⑤ 조악하다

03

( ) : 우승 = 흉보 : 사망

① 낭설
② 전보
③ 기쁨
④ 낭보
⑤ 승리

Easy

04

음악 : 힙합 = ( ) : 소서

① 명절
② 절기
③ 풍속
④ 연휴
⑤ 대서

05

( ) : 뿌리 = 연필 : 연필심

① 줄기   ② 토양

③ 공기   ④ 나무

⑤ 가지

06

통지 : 통보 = ( ) : 명령

① 부하   ② 명상

③ 보고   ④ 지시

⑤ 명암

07

고집 : 집념 = ( ) : 가을

① 겨울   ② 낙엽

③ 계절   ④ 추계

⑤ 동지

08

설탕 : 사탕 = 목화 : ( )

① 솜   ② 나무

③ 비단   ④ 곤충

⑤ 꽃

09

후세 : 왕년 = 부족 : (　　)

① 조상　　　　　　　　② 종족
③ 결핍　　　　　　　　④ 십분
⑤ 일반

10

말다 : 그만두다 = 야물다 : (　　)

① 가물다　　　　　　　② 머금다
③ 홰치다　　　　　　　④ 익다
⑤ 성기다

11

짐 : 부치다 = 천자문 : (　　)

① 붙다　　　　　　　　② 지우다
③ 만들다　　　　　　　④ 떼다
⑤ 치다

12

브라만 : 수드라 = 진골 : (　　)

① 전문의　　　　　　　② 계급
③ 상사　　　　　　　　④ 6두품
⑤ 박사

13

곰살맞다 : 퉁명스럽다 = 방자하다 : (　　)

① 방정맞다   ② 무례하다
③ 정중하다   ④ 얄궂다
⑤ 굼뜨다

14

하트 : 사랑 = 네잎클로버 : (　　)

① 운명   ② 까마귀
③ 행운   ④ 불행
⑤ 우연

15

일연 : 삼국유사 = (　　) : 봄봄

① 김시습   ② 김진명
③ 이광수   ④ 황순원
⑤ 김유정

※ 다음 제시된 낱말의 대응 관계로 볼 때 빈칸에 들어가기에 알맞은 것끼리 짝시어진 깃을 고르시오.
[16~20]

16

도자기 : (A) = 두부 : (B)

〈A〉 ① 흙 ② 물레 ③ 그릇 ④ 바퀴 ⑤ 수정
〈B〉 ① 맷돌 ② 가루 ③ 두유 ④ 도토리 ⑤ 눈

17

(A) : 구직 = 피상 : (B)

〈A〉 ① 직업 ② 실직 ③ 회사 ④ 근무 ⑤ 구인
〈B〉 ① 피카소 ② 구체 ③ 그림 ④ 고흐 ⑤ 속성

18

(A) : 수축하다 = 개방하다 : (B)

〈A〉 ① 수련하다 ② 피곤하다 ③ 저축하다 ④ 관리하다 ⑤ 팽창하다
〈B〉 ① 차단하다 ② 시작하다 ③ 봉쇄하다 ④ 개편하다 ⑤ 봉쇄하다

Hard
19

(A) : 훗훗하다 = 꼬리별 : (B)

〈A〉 ① 헛헛하다 ② 진듯하다 ③ 비웃다 ④ 훈훈하다 ⑤ 미소짓다
〈B〉 ① 혜성 ② 목성 ③ 토성 ④ 수성 ⑤ 금성

20

(A) : 제거하다 = 소란하다 : (B)

〈A〉 ① 처신하다 ② 척결하다 ③ 반격하다 ④ 반항하다 ⑤ 감별하다
〈B〉 ① 민감하다 ② 예민하다 ③ 불신하다 ④ 혼잡하다 ⑤ 독촉하다

※ 다음 제시문을 읽고 각 문제가 항상 참이면 ①, 거짓이면 ②, 알 수 없으면 ③을 고르시오. [1~3]

- 지난주 월요일부터 금요일까지의 평균 낮 기온은 20도였다.
- 지난주 화요일의 낮 기온은 수요일보다 3도 낮았다.
- 지난주 수요일의 낮 기온은 22도로 월요일보다 1도 높았다.
- 지난주 목요일의 낮 기온은 지난주 평균 낮 기온과 같았다.

---

01 지난주 낮 기온이 가장 높은 요일은 수요일이다.

① 참   ② 거짓   ③ 알 수 없음

02 지난주 금요일의 낮 기온은 20도 이상이다.

① 참   ② 거짓   ③ 알 수 없음

03 지난주 월~금 중 낮 기온이 평균 기온보다 높은 날은 3일 이상이다.

① 참   ② 거짓   ③ 알 수 없음

※ 다음 제시문을 읽고 각 문제가 항상 참이면 ①, 거짓이면 ②, 알 수 없으면 ③을 고르시오. [4~5]

- 철수와 영희는 남매이다.
- 철수에게는 누나가 한 명 있다.
- 영희는 맏딸이다.
- 철수는 막내가 아니다.

---

04 영희는 남동생이 있다.

① 참   ② 거짓   ③ 알 수 없음

05 영희의 동생은 한 명이다.

① 참   ② 거짓   ③ 알 수 없음

※ 다음 제시문을 읽고 각 문제가 항상 참이면 ①, 거짓이면 ②, 알 수 없으면 ③을 고르시오. **[6~8]**

> • 계획을 세우면 시간을 단축할 수 있다.
> • 야식을 먹지 못했다면 공연을 못 봤다.
> • 일을 빨리 끝마치면 공연을 볼 수 있다.
> • 일을 빨리 마치지 못했다면 시간을 단축하지 못한 것이다.

06 계획을 세웠다면 공연을 볼 수 있다.

① 참   ② 거짓   ③ 알 수 없음

07 계획을 세웠어도 야식을 못 먹을 수 있다.

① 참   ② 거짓   ③ 알 수 없음

08 공연을 보지 못했다면 시간을 단축하지 못했다.

① 참   ② 거짓   ③ 알 수 없음

PART 3

※ 다음 제시문을 읽고 각 문제가 항상 참이면 ①, 거짓이면 ②, 알 수 없으면 ③을 고르시오. **[9~11]**

- 월요일부터 금요일까지 5일간 삼형제가 1박 2일로 당번을 서기로 했다.
- 아무도 당번을 서지 않는 날은 없다.
- 첫째는 월요일부터, 둘째는 목요일부터 당번을 선다.

09 둘째와 셋째는 당번을 서는 날이 겹칠 것이다.

① 참　　　　　　　　② 거짓　　　　　　　　③ 알 수 없음

10 첫째는 이틀 내내 혼자 당번을 선다.

① 참　　　　　　　　② 거짓　　　　　　　　③ 알 수 없음

11 셋째는 이틀 중 하루는 형들과 같이 당번을 선다.

① 참　　　　　　　　② 거짓　　　　　　　　③ 알 수 없음

- A~E가 사과 맛 사탕 2개, 레몬 맛 사탕 2개, 딸기 맛 사탕 2개를 나누어 먹으려고 한다.
- 사탕은 한 사람당 한 개씩만 먹는다.
- A는 사과 맛 사탕을 먹는다.
- C는 딸기 맛 사탕을 먹지 않는다.
- B와 E는 같은 맛 사탕을 먹는다.

12 C가 레몬 맛 사탕을 먹으면 D는 사과 맛 사탕을 먹는다.

① 참   ② 거짓   ③ 알 수 없음

Hard
13 B는 딸기 맛 사탕을 먹을 확률이 가장 높다.

① 참   ② 거짓   ③ 알 수 없음

14 사과 맛 사탕은 항상 2개 다 먹는다.

① 참   ② 거짓   ③ 알 수 없음

- A ~ E가 지역축제 대기표를 받았다.
- A는 B보다 앞선 번호이다.
- B는 E보다 앞선 번호이다.
- C와 D는 이웃한 번호이고, C가 D보다 앞선 번호이다.

15 A가 세 번째 순서일 때, D가 첫 번째 순서이다.

① 참   ② 거짓   ③ 알 수 없음

16 E가 세 번째 순서일 때, D는 마지막 순서이다.

① 참   ② 거짓   ③ 알 수 없음

17 E는 다섯 번째로 들어갈 확률이 가장 높다.

① 참   ② 거짓   ③ 알 수 없음

※ 다음 제시문을 읽고 각 문제가 항상 참이면 ①, 거짓이면 ②, 알 수 없으면 ③을 고르시오. [18~20]

• 갑은 달리기 경주에서 가장 먼저 들어왔다.
• 을은 달리기 경주에서 2등을 했다고 말했다.
• 병은 정보다 빠르게 들어왔다.
• 무는 병보다 늦게 들어왔지만 제일 늦게 들어오지 않았다.
• 을은 거짓말을 했다.

---

18 을은 병보다 늦게 들어왔다.

① 참   ② 거짓   ③ 알 수 없음

19 정은 가장 마지막으로 들어왔다.

① 참   ② 거짓   ③ 알 수 없음

20 3등을 했을 확률이 가장 높은 사람은 을이다.

① 참   ② 거짓   ③ 알 수 없음

※ 다음 제시된 전개도를 접었을 때, 나타나는 입체도형으로 알맞은 것을 고르시오. [1~20]

01

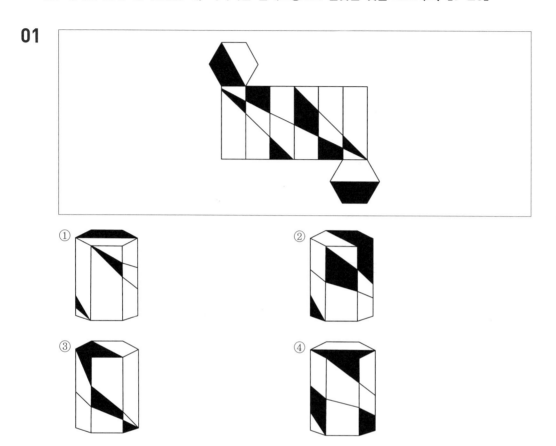

02

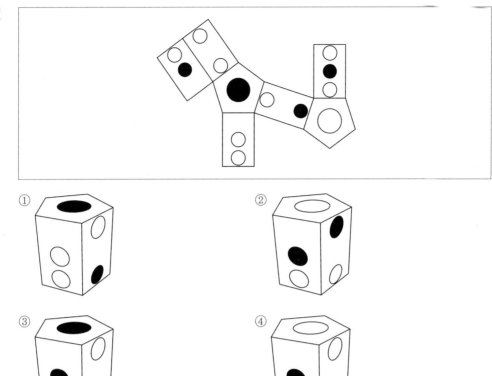

PART 3

03

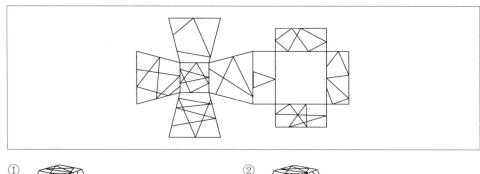

①

②

③

④

04

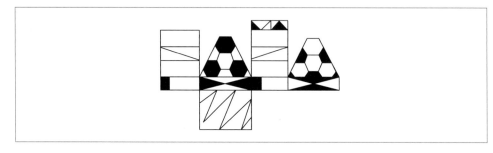

①

②

③

④

05

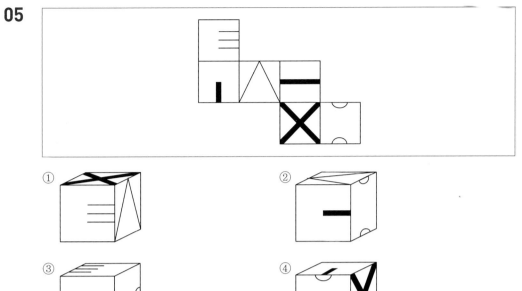

Easy
06

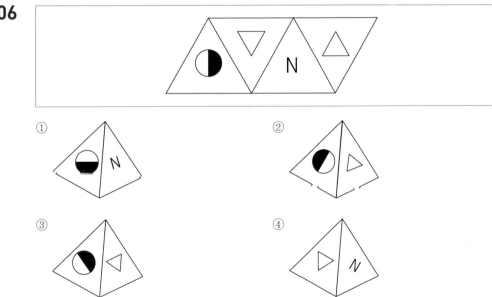

07

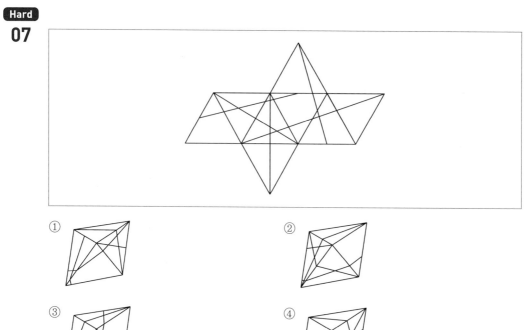

08

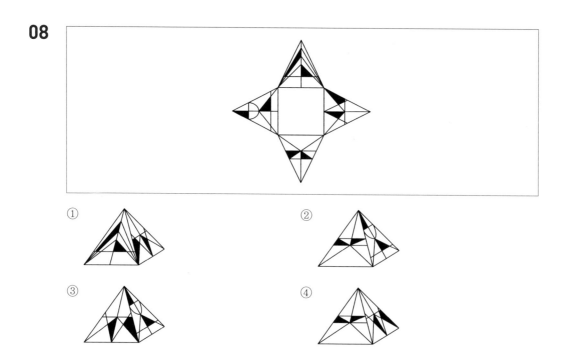

09

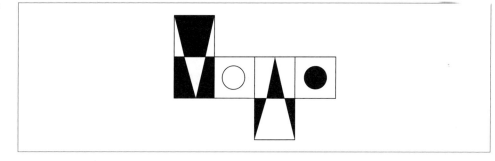

①

②

③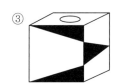

④

10

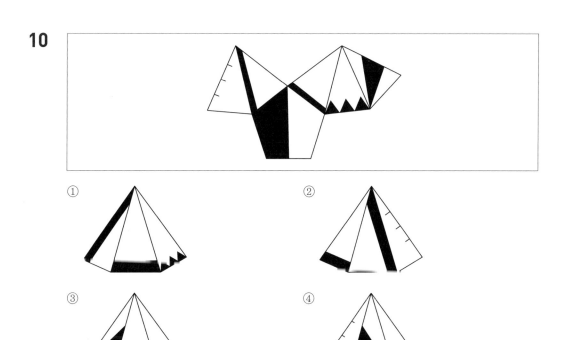

11

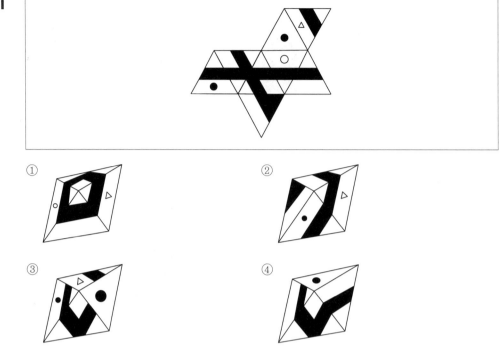

①

②

③

④

12

①

②

③

④

13

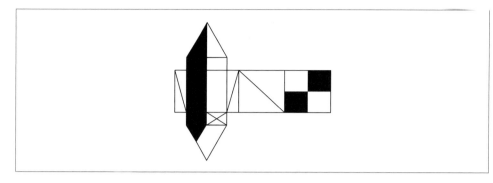

①

②

③

④

14

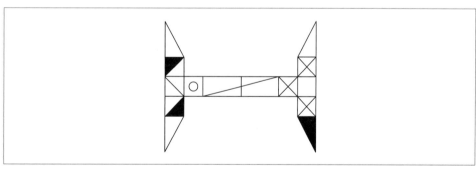

①

②

③

④

15

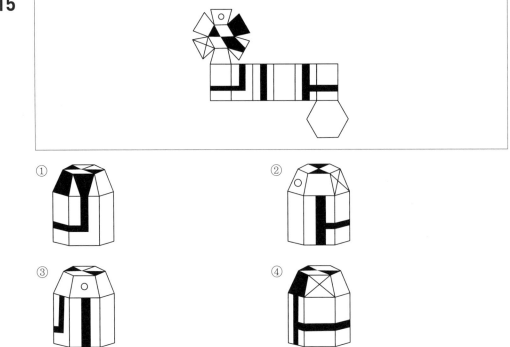

16

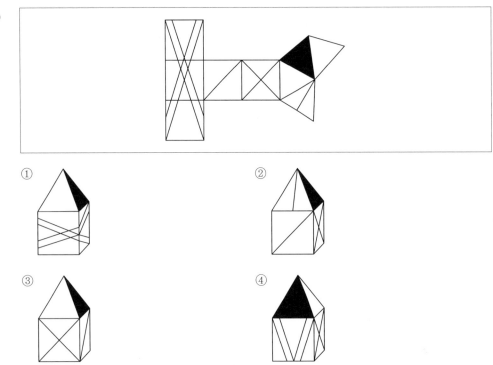

17

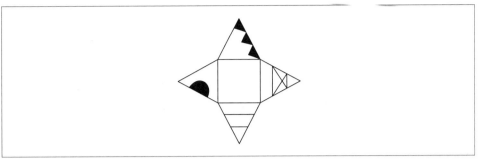

①

②

③

④

18

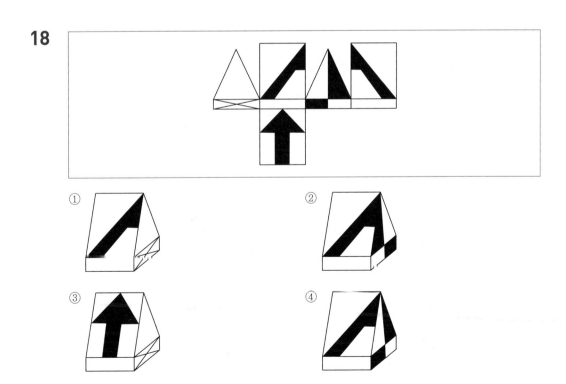

PART 3

19

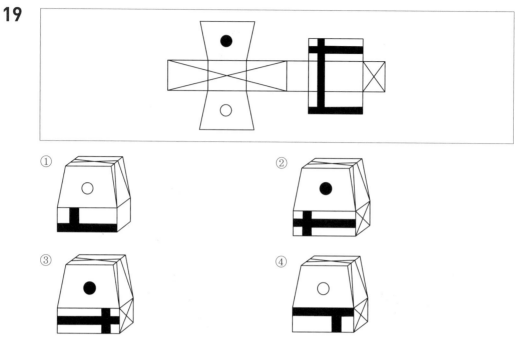

① ② ③ ④

20

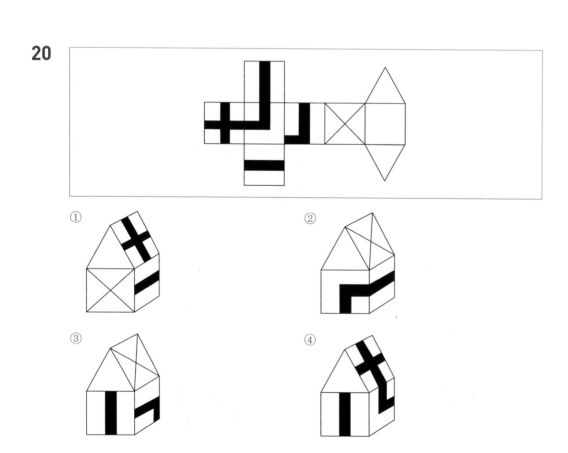

① ② ③ ④

※ 다음 제시된 문단을 논리적 순서대로 나열한 것을 고르시오. [1~3]

01

> (가) 사회서비스에는 서비스를 받을 수 있는 증서를 제공함으로써 수혜자가 공적 기관을 이용하도록 하는 것뿐만 아니라 민간단체가 운영하는 사적 기관의 서비스를 자신의 선호도에 따라 선택할 수 있게 하는 방식이 있다.
>
> (나) 이와 같이 사회서비스는 소득의 재분배보다는 시민들의 삶의 질을 향상시키는 것에 기여하는 제도라고 할 수 있다.
>
> (다) 최근 들어서 많은 나라들은 서비스 증서를 제공하는, 일명 바우처(Voucher) 제도를 도입하여 후자 방식을 강화하는 경향을 보이고 있다.
>
> (라) 사회서비스는 급여의 지급이 현금이 아니라 '돌봄'의 가치를 가진 특정한 서비스를 통해 이루어지는 제도이다.

① (라) – (가) – (다) – (나)   ② (가) – (라) – (다) – (나)
③ (라) – (다) – (나) – (가)   ④ (가) – (다) – (나) – (라)

02

> (가) 많은 전통적 인식론자는 임의의 명제에 대해 세 가지 믿음의 태도 중 하나만을 가질 수 있다고 본다.
>
> (나) 반면 베이즈주의자는 믿음은 정도의 문제라고 본다. 가령 각 인식 주체는 '내일 눈이 온다.'가 참이라는 것에 대하여 가장 강한 믿음의 정도에서 가장 약한 믿음의 정도까지 가질 수 있다.
>
> (다) 이처럼 베이즈주의자는 믿음의 정도를 믿음의 태도에 포함함으로써 많은 전통적 인식론자들과 달리 믿음의 태도를 풍부하게 표현한다.
>
> (라) 가령 '내일 눈이 온다.'는 명제를 참이라고 믿거나, 거짓이라고 믿거나, 참이라 믿지도 않고 거짓이라 믿지도 않을 수 있다.

① (가) – (나) – (라) – (다)   ② (가) – (라) – (다) – (나)
③ (가) – (다) – (나) – (라)   ④ (가) – (라) – (나) – (다)

03

(가) 예후가 좋지 못한 암으로 여겨져 왔던 식도암도 정기적인 내시경검사로 조기에 발견하여 수술 등 적절한 치료를 받을 경우 치료 성공률을 높일 수 있는 것으로 밝혀졌다.

(나) 이처럼 조기에 발견해 수술을 받을수록 치료 효과가 높음에도 불구하고 실제로 A병원에서 식도암 수술을 받은 환자 중 초기에 수술을 받은 환자는 25%에 불과했으며, 어느 정도 식도암이 진행된 경우에는 60%가 수술을 받은 것으로 조사됐다.

(다) 식도암을 치료하기 위해서는 50세 이상의 남자라면 매년 정기적으로 내시경검사, 식도조영술, CT 촬영 등 검사를 통해 식도암을 조기에 발견하는 것이 중요하다.

(라) 서구화된 식습관으로 인해 식도암은 남성 중 6번째로 많이 발생하고 있으며, 전체 인구 10만 명당 3명이 사망하는 것으로 나타났다.

(마) A병원 교수팀이 식도암 진단 후 수술을 받은 808명을 대상으로 추적 조사한 결과, 발견 당시 초기에 치료할 경우 생존율이 높았지만, 반대로 말기에 치료할 경우 치료 성공률과 생존율 모두 크게 떨어지는 것으로 나타났다고 밝혔다.

① (다) – (라) – (나) – (마) – (가) ② (다) – (나) – (라) – (마) – (가)
③ (라) – (가) – (마) – (나) – (다) ④ (라) – (다) – (마) – (나) – (가)

※ 다음 글의 주제로 가장 적절한 것을 고르시오. [4~5]

04

우리는 혈연, 지연, 학연 등에 의거한 생활양식 내지 행위원리를 연고주의라 한다. 특히 이에 대해 지극히 부정적인 의미를 부여하며 대부분의 한국병이 연고주의와 직·간접적인 어떤 관련을 갖는 것으로 진단한다. 그러나 여기서 주목할 만한 한 가지 사실은 연고주의가 그 자체로서는 반드시 역기능적인 어떤 것으로 치부될 이유가 없다는 점이다.

연고주의는 그 자체로서 비판받아야 할 것이라기보다는 나름의 고유한 가치를 갖는 사회적 자산이다. 이미 공동체적 요인이 청산·해체되어 버리고, 공동체에 대한 기억마저 사라진 서구 선진사회의 사람들은 오히려 삭막하고 황량한 사회생활의 긴장으로부터 해방되기 위해 새로운 형태의 공동체를 모색·시도하고 있다. 그에 비하면 우리의 연고주의는 인간적 온기를 지닌 것으로 그 나름의 가치 있는 삶의 원리가 아닐 수 없다.

① 연고주의는 그 자체로서 고유한 가치를 갖는 사회적 자산이다.
② 연고주의는 반드시 역기능적인 면을 가지는 것은 아니다.
③ 연고주의는 인간적 온기를 느끼게 하는 삶의 활력소이다.
④ 오늘날 연고주의에 대해 부정적 의미를 부여하기 쉽다.

05

우리 민족은 처마 끝의 곡선, 버선발의 곡선 등 직선보다는 곡선을 좋아했고, 그러한 곡선의 문화가 곳곳에 배어있다. 이것은 민요의 경우도 마찬가지이다. 서양 음악에서 '도'가 한 박이면 한 박, 두 박이면 두 박, 길든 짧든 같은 음이 곧게 지속되는데 우리 음악은 '시김새'에 의해 음을 곧게 내지 않고 흔들어 낸다. 시김새는 어떤 음높이의 주변에서 맴돌며 가락에 멋을 더하는 역할을 하는 장식 음이다. 시김새란 '삭다'라는 말에서 나왔다. 그렇기 때문에 시김새라는 단어가 김치 담그는 과정에서 생겨났다고 볼 수 있다. 김치를 담글 때 무나 배추를 소금에 절여 숨을 죽이고 갖은 양념을 해서 일정 기간 숙성시켜 맛을 내듯, 시김새 역시 음악가가 손과 마음으로 삭여냈을 때 맛이 드는 것과 비슷하기 때문이다. 이 때문에 시김새가 '삭다'라는 말에서 나온 것으로 본다. 더욱이 같은 재료를 썼는데도 집집마다 김치 맛이 다르고, 지방에 따라 양념을 고르는 법이 달라 다른 맛을 내듯 시김새는 음악 표현의 질감을 달리하는 핵심 요소이다.

① 민요에서 볼 수 있는 우리 민족의 곡선 문화
② 시김새에 의한 민요의 특징
③ 시김새의 정의와 어원
④ 시김새와 김치의 공통점

Easy

06 다음 제시된 개요를 수정·보완하기 위한 방안으로 적절하지 않은 것은?

주제문 : ⊙ 학교 급식 문제의 해법은?
Ⅰ. 서론 : 학교 급식에 대한 문제 제기
  － 급식 재료에 수입 농산물의 비중이 크다.
Ⅱ. 본론
  1. 수입 농산물 사용의 문제점
    가. ⓒ 유전자 조작 농산물의 안전성에 대한 우려
    나. 미래 우리 국민의 입맛과 농업 구조에 미칠 영향
  2. 문제 발생의 원인
    가. ⓒ 비용에 대한 부담으로 저렴한 수입 농산물 구매
    나. 급식 재료의 중요성에 대한 사회적 인식 부족
  3. 문제 해결의 방안
    가. 급식 재료에 우리 농산물 사용 확대
    나. ⓔ 학생들에 대한 올바른 식습관 교육
    다. 급식 운영에 대한 국가적 지원 확대
    라. 급식 재료의 중요성에 대한 사회적 인식 제고
Ⅲ. 결론 : 수입 농산물 사용 ~~자체 속~~

① ⊙ － 주제가 분명히 드러나도록 '학교 급식 재료에 우리 농산물 사용을 늘리자.'로 수정한다.
② ⓒ － 범주가 다르므로 '수입 농산물'로 교체한다.
③ ⓒ － 논지 전개상 어색하므로 '본론 1'의 하위 항목으로 옮긴다.
④ ⓔ － 논지와 무관한 내용의 항목이므로 삭제한다.

07

죄가 언론 보도의 주요 소재가 되고 있다. 그 이유는 언론이 범죄를 취잿감으로 찾아내기가 쉽고 편의에 따라 기사화할 수 있을 뿐만 아니라, 범죄 보도를 통하여 시청자의 관심을 끌 수 있기 때문이다. 이러한 보도는 범죄에 대한 국민의 알 권리를 충족시키는 공적 기능을 수행하기 때문에 사회적으로 용인되는 경향이 있다. 그러나 지나친 범죄 보도는 범죄자나 범죄 피의자의 초상권을 침해하여 법적·윤리적 문제를 일으키기도 한다.

일반적으로 초상권은 얼굴 및 기타 사회 통념상 특정인임을 식별할 수 있는 신체적 특징을 타인이 함부로 촬영하여 공표할 수 없다는 인격권과 이를 광고 등에 영리적으로 이용할 수 없다는 재산권을 포괄한다. 언론에 의한 초상권 침해의 유형으로는 본인의 동의를 구하지 않은 무단 촬영·보도, 승낙의 범위를 벗어난 촬영·보도, 몰래카메라를 동원한 촬영·보도 등을 들 수 있다.

법원의 판결로 이어진 대표적인 사례로는 교내에서 불법으로 개인 지도를 하던 대학 교수를 현행범으로 체포하려는 현장을 방송 기자가 경찰과 동행하여 취재하던 중 초상권을 침해한 경우를 들 수 있다. 법원은 '원고의 동의를 구하지 않고, 연습실을 무단으로 출입하여 취재한 것은 원고의 사생활과 초상권을 침해하는 행위'라고 판시했다. 더불어 취재의 자유를 포함하는 언론의 자유는 다른 법익을 침해하지 않는 범위 내에서 인정되며, 비록 취재 당시 원고가 현행범으로 체포되는 상황이라 하더라도, 원고의 연습실과 같은 사적인 장소는 수사 관계자의 동의 없이는 출입이 금지되고, 이를 무시한 취재는 원칙적으로 불법이라고 판결했다. 이 사례는 법원이 언론의 자유와 초상권 침해의 갈등을 어떤 기준으로 판단하는지 보여 주고 있다.

또한 이 판결은 사적 공간에서의 취재 활동이 어디까지 허용되는가에 대한 법적 근거를 제시하고 있다. 언론 보도에 노출된 범죄 피의자는 경제적·직업적·가정적 불이익을 당할 뿐만 아니라, 인격이 심하게 훼손되거나 심지어는 생명을 버리기까지도 한다. 따라서 사회적 공기(公器)인 언론은 개인의 초상권을 존중하고 언론 윤리에 부합하는 범죄 보도가 될 수 있도록 신중을 기해야 한다. 범죄 보도가 초래하는 법적·윤리적 논란은 언론계 전체의 신뢰도에 치명적인 손상을 가져올 수도 있다. 이는 범죄가 언론에는 매혹적인 보도 소재이지만, 자칫 _____이(가) 될 수도 있음을 의미한다.

① 시금석   ② 부메랑

③ 아킬레스건   ④ 악어의 눈물

08

몰랐지만 넘겨짚어 시험의 정답을 맞힌 경우와 제대로 알고 시험의 정답을 맞힌 경우를 구별할 수 있을까? 또 무작정 외워서 쓴 경우와 제대로 이해하고 쓴 경우는 어떤가? 전자와 후자는 서로 다르게 평가받아야 할까, 아니면 동등한 평가를 받아야 할까?

선택형 시험의 평가는 오로지 답안지에 표기된 선택지가 정답과 일치하는가의 여부에만 달려 있다. 이는 위의 첫 번째 물음이 항상 긍정으로 대답되지는 않으리라는 사실을 말해준다. 그러나 만일 시험관에게 답안지를 놓고 응시자와 면담할 기회가 주어진다면, 시험관은 응시자에게 정답지를 선택한 근거를 물음으로써 그가 문제에 관해 올바른 정보와 추론 능력을 가지고 있는지 검사할 수 있을 것이다.

예를 들어 한 응시자가 '대한민국의 수도가 어디냐?'는 물음에 대해 '서울'이라고 답했다고 하자. 그렇게 답한 이유가 단지 '부모님이 사시는 도시라 이름이 익숙해서'였을 뿐, 정작 대한민국의 지리나 행정에 관해서는 아는 바 없다는 사실이 면접을 통해 드러났다고 하자. 이 경우에 시험관은 이 응시자가 대한민국의 수도에 관한 올바른 정보를 갖고 있다고 인정하기 어려울 것이다. 이 예는 응시자가 올바른 답을 제시하는 데 필요한 정보가 부족한 경우이다.

그렇다면 어떤 사람이 문제의 올바른 답을 추론해내는 데 필요한 모든 정보를 갖고 있었고 실제로도 정답을 제시했다고 해서, 그가 문제에 대한 올바른 추론 능력을 가지고 있다고 할 수 있는가?

어느 도난사건을 함께 조사한 홈즈와 왓슨이 사건의 모든 구체적인 세부사항, 예컨대 범행 현장에서 발견된 흙 발자국의 토양 성분뿐 아니라 올바른 결론을 내리는 데 필요한 모든 일반적 정보, 예컨대 영국의 지역별 토양의 성분에 관한 정보 등을 똑같이 갖고 있었고, 실제로 동일한 용의자를 범인으로 지목했다고 하자. 이 경우 두 사람의 추론을 동등하게 평가해야 하는가? 정답은 그렇지 않다. 예컨대 왓슨은 모든 정보를 완비하고 있었음에도 불구하고, 이름에 모음의 수가 가장 적다는 엉터리 이유로 범인을 지목했다고 하자. 이런 경우에도 우리는 왓슨의 추론에 박수를 보낼 수 있을까? 아니다. 왜냐하면 _____

① 왓슨은 일반적으로 타당한 개인적 경험을 토대로 추론했기 때문이다.

② 왓슨은 올바른 추론의 방법을 알고 있음에도 불구하고 요행을 우선시했기 때문이다.

③ 왓슨은 추론에 필요한 전문적인 훈련을 받지 못해서 범인을 잘못 골랐기 때문이다.

④ 왓슨은 올바른 추론에 필요한 정보를 가지고 있긴 했지만 그 정보와 무관하게 범인을 지목했기 때문이다.

09 다음 중 〈보기〉의 문단이 들어갈 가장 적절한 곳은?

(가) 휴대폰은 어린이들이 자신의 속마음을 고백하기도 하고, 그가 하는 말을 들어주기도 하며, 또 자신의 호주머니나 입속에다 쑤셔 넣기도 하는 곰돌이 인형과 유사하다. 다른 점이 있다면, 곰돌이 인형은 휴대폰과는 달리 말하는 사람에게 주의 깊게 귀를 기울여 준다는 것이다.

(나) 휴대폰이 제기하는 핵심 문제는 바로 이러한 모순 가운데 있다. 곰돌이 인형과 달리 휴대폰을 통해 듣는 목소리는 우리가 듣기를 바라는 것과는 다른 대답을 자주 한다. 그것은 특히 우리가 대화 상대자와 다른 시간과 다른 장소 그리고 다른 정신상태에 처해 있기 때문이다.

(다) 그리 오래 전 일도 아니지만, 우리가 시·공간적으로 떨어져 있는 상대와 대화를 나누고 싶을 때 할 수 있는 일이란 기껏해야 독백을 하거나 글쓰기에 호소하는 것밖에 없었다. 하지만 글을 써본 사람이라면 펜을 가지고 구어(口語)적 사고를 진행시킨다는 것이 얼마나 어려운 일인지 잘 안다.

(라) 반면 우리가 머릿속에 떠오르는 말들에 따라, 그때그때 우리가 취하는 어조와 몸짓들은 얼마나 다양한가! 휴대폰으로 말미암아 우리는 혼자 말하는 행복을 되찾게 되었다. 더 이상 독백의 기쁨을 만끽하기 위해서 혼자 숨어들 필요가 없는 것이다.

(마) 어린이에게 자신이 보호받고 있다는 느낌을 주기 위해 발명된 곰돌이 인형을 어린이는 가장 좋은 대화 상대자로 이용한다. 마찬가지로 통신 수단으로 발명된 휴대폰은 고독 속에서 우리를 안도시키는 절대적 수단이 될 것이다.

> **보기**
>
> 곰돌이 인형에게 이야기하는 어린이가 곰돌이 인형이 자기 말을 듣고 있다고 믿는 이유는 곰돌이 인형이 결코 대답하는 법이 없기 때문이다. 만일 곰돌이 인형이 대답을 한다면 그것은 어린이가 자신의 마음속에서 듣는 말일 것이다.

① (가) 문단의 뒤 　　　　　　　② (나) 문단의 뒤
③ (다) 문단의 뒤 　　　　　　　④ (라) 문단의 뒤

10 다음 글의 내용으로 적절하지 않은 것은?

'갑'이라는 사람이 있다고 하자. 이때 사회가 갑에게 강제적 힘을 행사하는 것이 정당화되는 근거는 무엇일까? 그것은 갑이 다른 사람에게 미치는 해악을 방지하려는 데 있다. 특정 행위가 갑에게 도움이 될 것이라든가, 이 행위가 갑을 더욱 행복하게 할 것이라든가 또는 이 행위가 현명하다든가 혹은 옳은 것이라든가 하는 이유를 들면서 갑에게 이 행위를 강제하는 것은 정당하지 않다. 이러한 이유는 갑에게 권고하거나 이치를 이해시키거나 무엇인가를 간청하거나 할 때는 충분한 이유가 된다. 그러나 갑에게 강제를 가하는 이유 혹은 어떤 처벌을 가할 이유는 되지 않는다. 이와 같은 사회적 간섭이 정당화되기 위해서는 갑이 행하려는 행위가 다른 어떤 이에게 해악을 끼칠 것이라는 점이 충분히 예측되어야 한다. 한 사람이 행하고자 하는 행위 중에서 그가 사회에 대해서 책임을 져야 할 유일한 부분은 다른 사람에게 관계되는 부분이다.

① 개인에 대한 사회의 간섭은 어떤 조건이 필요하다.
② 행위 수행 혹은 행위 금지의 도덕적 이유와 법적 이유는 구분된다.
③ 한 사람의 행위는 타인에 대한 행위와 자신에 대한 행위로 구분된다.
④ 사회는 개인의 해악에 관해서는 관심이 있지만, 그 해악을 방지할 강제성의 근거는 가지고 있지 않다.

Easy

11 다음 중 '빌렌도르프의 비너스'에 대한 설명으로 적절한 것은?

1909년 오스트리아 다뉴브 강가의 빌렌도르프 근교에서 철도 공사를 하던 중 구석기 유물이 출토되었다. 이 중 눈여겨볼 만한 것이 '빌렌도르프의 비너스'라 불리는 여성 모습의 석상이다. 대략 기원전 2만 년의 작품으로 추정되나 구체적인 제작연대나 용도 등에 대해 알려진 바가 거의 없다. 높이 11.1cm의 이 작은 석상은 굵은 허리와 둥근 엉덩이에 커다란 유방을 늘어뜨리는 등 여성 신체가 과장되게 묘사되어 있다. 가슴 위에 올려놓은 팔은 눈에 띄지 않을 만큼 작으며, 땋은 머리에 가려 얼굴이 보이지 않는다. 출산, 다산의 상징으로 주술적 숭배의 대상이 되었던 것이라는 의견이 지배적이다. 태고의 이상적인 여성을 나타내는 것이라고 보는 의견이나, 선사시대 유럽의 풍요와 안녕의 상징이었다고 보는 의견도 있다.

① 팔은 떨어져 나가고 없다.
② 빌렌도르프라는 사람에 의해 발견되었다.
③ 부족장의 부인을 모델로 만들어졌다.
④ 구석기 시대의 유물이다.

12 다음 글의 흐름상 적절하지 않은 문장은?

17세기에서 20세기 초에 이르는 시간 동안 모더니티에 대한 학문이 어느 정도 완결된 양상을 보이게 되었다. (가) 서양, 백인, 남성, 이성(과학, 기술, 의학), 기독교는 중심부에, 유색인종, 흑인, 광기, 아동, 여성 등은 주변부에 위치하는 도식을 생각해보면 이 시기에 확립된 모더니티의 기초에 대해 대략적으로 파악할 수 있을 것이다. (나) 일단 중심부를 체계화시키고 공고히 한 후, 모더니티는 점점 주변에 관심을 기울이면서 그것을 포괄해간다. (다) 유색인종, 광기, 아동 등 수많은 주변부의 지식을 포함하더라도 결국은 지극히 중심부의 시각(서양인의 시각)으로 다양한 학문을 연구하였다. (라) 유색인종을 연구하는 '인류학'이나 광기를 다루는 '정신의학' 등이 주변부의 시각에서 연구한 예로 볼 수 있다. 이런 맥락에서 모더니티를 타자에 대한 지식, 타자를 발견하는 지식으로 부를 수도 있겠다.

① (가) ② (나)
③ (다) ④ (라)

Hard

13 다음 글의 내용으로부터 추론할 수 없는 것은?

1994년 미국의 한 과학자는 흥미로운 실험 결과를 발표하였다. 정상 유전자를 가진 쥐에게 콜레라 독소를 주입하자 심한 설사로 죽었다. 그러나 낭포성 섬유증 유전자를 한 개 가진 쥐에게 독소를 주입하자 설사 증상은 보였지만 그 정도는 반감했다. 그리고 낭포성 섬유증 유전자를 두 개 가진 쥐는 독소를 주입해도 전혀 증상을 보이지 않았다.
낭포성 섬유증 유전자를 가진 사람은 장과 폐로부터 염소 이온을 밖으로 퍼내는 작용을 정상적으로 하지 못한다. 그 과학자는 이에 따라 1800년대 유럽을 강타했던 콜레라의 대유행에서 살아남은 사람은 낭포성 섬유증 유전자를 가졌을 것이라고 추측하였다. 반면 콜레라 독소는 장에서 염소 이온을 비롯한 염분을 과다하게 분비하게 하고, 이로 인해 물을 과다하게 배출시켜 설사를 일으킨다.

① 장과 폐에서 염소 이온을 밖으로 퍼내는 작용을 하지 못하면 생명이 위험하다.
② 콜레라 독소는 장으로부터 염소 이온을 비롯한 염분을 과다하게 분비하게 한다.
③ 염소 이온을 과다하게 분비하게 하면 설사를 일으킨다.
④ 낭포성 섬유증 유전자는 콜레라 독소가 과도한 설사를 일으키는 것을 방지한다.

Easy

14 다음 글의 중심내용으로 적절한 것은?

> 진(秦)나라 재상인 상앙에게는 유명한 일화가 있지요. 진나라 재상으로 부임한 상앙은 나라의 기강이 서지 않았음을 걱정했습니다. 그는 대궐 남문 앞에 나무를 세우고 방문(榜文)을 붙였지요. '이 나무를 옮기는 사람에게는 백금(百金)을 하사한다.' 그러나 나무를 옮기는 사람이 아무도 없었습니다. 그래서 다시 상금을 만금(萬金)으로 인상했습니다. 어떤 사람이 상금을 기대하지도 않고 믿질 것도 없다 하며 장난삼아 옮겼습니다. 그랬더니 방문에 적힌 대로 만금을 하사하였습니다. 그 이후 백성들이 나라의 정책을 잘 따르게 되고 진나라는 부국강병을 이루었습니다.

① 신뢰의 중요성   ② 부국강병의 가치
③ 우민화 정책의 폐해   ④ 명분을 내세운 정치의 효과

15 다음 중 제시문의 마지막 단락에서 경고하는 바와 가장 부합하는 것은?

> 영화는 신화를 만든다. 혹은 벗기기도 한다. 그러나 그 벗겨진 생살 위에 다시 또 다른 신화가 입혀진다. 결국 영화는 기존의 신화를 벗기고, 다른 신화를 덧씌우고, 다시 벗기고, 입히는 과정을 되풀이하고 있는 것이다. 여기 사랑에 관한 영화가 한 편 있다고 가정하자. 이 영화는 사랑에 대한 고전 명제를 되풀이하고 있다. 대중매체가 우리에게 선사한 낭만적 사랑의 환상을 매혹적으로 그려내고 있는 것이다. 그렇다면 이 영화는 사랑의 신화를 복제하고 고착시킨다는 점에서 대중매체의 신화 만들기에 동참한 것이다. 한편 낭만적 사랑을 허구라고 외치면서 사랑의 부재 혹은 소통 자체의 부재를 지속적으로 환기시키는 영화도 있다. 이런 영화는 신화를 벗기는 영화라고 할 수 있을 것이다. 특히 이런 종류의 영화는 특유의 실험 정신을 발동시켜 더욱 강력한 방식으로 영화적 코드들을 활용하여 관객에게 호소한다. 관객들은 이 영화에 전염되고 영화의 주술에 빠져서 영화의 전언을 믿게 된다. 신화가 태어나는 것이다. 많은 관객은 영화의 신화를 읽어내지 못한다. 영화란 단지 즐기기 위한 현대 과학기술이 만든 유흥거리에 불과할 뿐이라고 말한다.
> 그러나 여기에는 무시무시한 함정이 있다. 영화를 단순 오락물로 취급할 때 우리도 모르는 사이에 영화의 전언을 진실로 믿어버리게 된다. 특히 스크린은 환상적인 거울과도 같아서 관객을 환영에 몰아넣고, 관객이 영화의 매력적인 캐릭터에 열심히 동일시하고 있을 때, 게릴라 전술로 관객의 정신에 강력한 바이러스를 주입한다.

① 다큐멘터리 영화 「워낭소리」를 본 관객들이 영화의 주인공이 사는 집을 관광 삼아 무리 지어 찾아가는 바람에 주인공 할아버지의 건강이 급속하게 악화되었다.
② 초등학생 달수는 일본 애니메이션 「원령공주」를 본 후 일본 애니메이션만 찾아보므로, 앞으로 우리 전통문화의 가치를 존중하지 않을 것이다.
③ 거리의 여인이 부자의 사랑을 받게 되는 내용을 담은 영화 「귀여운 여인」은 여성 관객들로 하여금 사랑이 현실 문제를 해결해 줄 것이란 환상에 빠지게 한다.
④ 영화 「괴물」은 한편으로는 생태계의 파괴가 우리에게 주는 악영향을 우회적으로 말하면서, 다른 한편으로는 반미의식을 고취시키게 해서, 현실의 당면 과제를 혼동하게 한다.

16 다음 글의 내용으로 적절하지 않은 것은?

> 최근 민간부문에 이어 공공부문의 인사관리 분야에 '역량(Competency)'의 개념이 핵심 주제로 등장하고 있다. 역량이라는 개념은 1973년 사회심리학자인 맥클레랜드에 의하여 '전통적 학업 적성 검사 혹은 성취도 검사의 문제점 지적'이라는 연구에서 본격적으로 논의된 이후 다양하게 정의되어 왔으나, 여기서 역량의 개념은 직무에서 탁월한 성과를 나타내는 고성과자(High Performer)에게서 일관되게 관찰되는 행동적 특성을 의미한다. 즉 지식, 기술, 태도 등 내적 특성들이 상호작용하여 높은 성과로 이어지는 행동적 특성을 말한다. 따라서 역량은 관찰과 측정할 수 있는 구체적인 행위의 관점에서 설명된다. 조직이 필요로 하는 역량 모델이 개발된다면 이는 채용이나 선발, 경력관리, 평가와 보상, 교육훈련 등 다양한 인사관리 분야에 적용될 수 있다.

① 역량의 개념 정의는 역사적으로 다양하였다.
② 역량은 개인의 내재적 특성을 포함하는 개념이다.
③ 역량은 직무에서 높은 성과로 이어지는 행동적 특성을 말한다.
④ 역량 모델은 공공부문보다 민간부문에서 더욱 효과적으로 작용한다.

17 다음은 6,000가구를 대상으로 가구별 보험가입 동기 및 보험가입 목적에 대해 조사한 자료이다. 이에 대한 〈보기〉의 설명 중 옳은 것을 모두 고르면?

〈가구별 보험가입 동기〉

(단위 : %)

구분	항목	비율
보험가입 동기	설계사 권유	34.2
	주변 환경 / 특정사건에 자극	29.1
	평소 필요성 인식	15.9
	신문 / TV / 인터넷 광고를 보고	11.4
	전화 / 우편을 통한 권유	4.9
	기타 / 모름	4.5

〈가구별 보험가입 목적〉

(단위 : %)

구분	항목	비율
보험가입 목적	만일의 경우에 대비한 가족의 생활보장	70.1
	사고나 질병 시 본인의 의료비 보장	59.3
	재해 교통사고 시 일시적인 소득상실에 대비	45.1
	노후의 생활자금	17.0
	자녀의 교육 결혼자금	6.7
	재산상속의 편의를 위하여	4.1
	세금혜택을 받기 위하여	5.0
	목돈마련	2.7

※ 조사대상인 가구는 가구별 보험가입 목적에 대하여 최대 3개까지 복수응답이 가능하다.

보기

ㄱ. 조사대상 가구 중 보험가입 목적에 대하여 3개의 항목에 복수 응답한 가구 수는 적어도 600가구이다.

ㄴ. 설계사의 권유로 보험에 가입한 가구 수 대비 평소 필요성을 인식하여 보험에 가입한 가구의 수의 비율은 40% 미만이다.

ㄷ. 노후의 생활자금 혹은 자녀의 교육 결혼자금을 목적으로 보험에 가입한 가구는 조사대상 가구 중 10.8%를 차지한다.

ㄹ. 사고나 질병 시 본인의 의료비 보장을 위해 보험에 가입한 가구의 수는 세금혜택을 받기 위해 보험에 가입한 가구의 수의 11배 이상이다.

① ㄱ, ㄴ   ② ㄱ, ㄹ

③ ㄴ, ㄷ   ④ ㄴ, ㄹ

18 다음은 만 3세부터 초등학교 취학 전까지 유아를 교육하는 방법에 대한 자료이다. 이를 바탕으로 작성한 그래프로 옳지 않은 것은?(단, 교육방법에 중복은 없다)

〈유치원 유아 수 현황〉

(단위 : 명, %)

구분	합계		만 3세		만 4세		만 5세 이상	
	유아 수	비율	유아 수	비율	유아 수	비율	유아 수	비율
합계	704,138	100.0	174,907	24.8	253,076	35.9	276,155	39.2
국립	258	100.0	49	19.0	88	34.1	121	46.9
공립	170,091	100.0	27,813	16.4	57,532	33.8	84,746	49.8
사립	533,789	100.0	147,045	27.5	195,456	36.6	191,288	35.8

※ 모든 비율은 소수점 둘째 자리에서 반올림한다.
※ 비율의 합은 ±0.1 오차가 있을 수 있다.

〈어린이집 유아 수 현황〉

(단위 : 명, %)

구분	합계	만 3세	만 4세	만 5세 이상
합계	605,231	263,652	180,255	161,324
비율	100.0	43.6	29.8	26.7
국·공립	108,032	39,560	35,265	33,207
사회복지법인	59,423	23,824	17,897	17,702
법인·단체 등	29,210	10,766	8,993	9,451
민간	374,720	173,991	107,757	92,972
가정	3,410	2,356	630	424
부모협동	2,527	1,017	768	742
직장	27,909	12,138	8,945	6,826

〈가정양육 유아 수 현황〉

(단위 : 명, %)

구분	합계		만 3세		만 4세		만 5세 이상	
	유아 수	비율	유아 수	비율	유아 수	비율	유아 수	비율
유아 수	146,762	100.0	47,840	32.6	34,711	23.7	64,211	43.8

① 국립, 공립, 사립 유치원에서 교육받는 유아의 비율

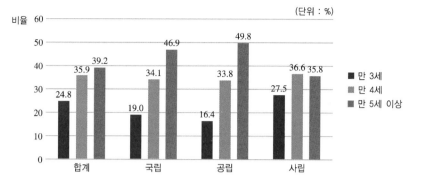

② 어린이집 중 나이별 국·공립, 사회복지법인, 법인·단체 등의 교육기관 원생 수 현황

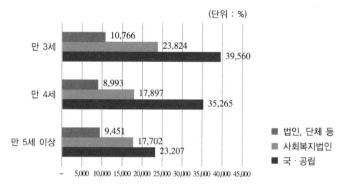

③ 교육기관별 유아 수의 비율

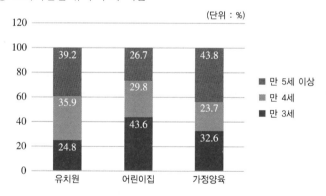

④ 민간 어린이집 유아 나이별 현황

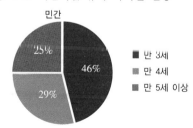

19 다음은 2021년과 2022년 디지털 콘텐츠에서 제작 분야의 영역별 매출 현황에 대한 자료이다. 이에 대한 설명으로 옳지 않은 것은?

〈제작 분야의 영역별 매출 현황〉

(단위 : 억 원, %)

구분	정보	출판	영상	음악	캐릭터	애니메이션	게임	기타	계
2021년	208 (10.8)	130 (6.8)	98 (5.2)	91 (4.8)	54 (2.9)	240 (12.6)	1,069 (56.1)	13 (0.7)	1,907 (100.0)
2022년	331 (13.0)	193 (7.6)	245 (9.6)	117 (4.6)	86 (3.4)	247 (9.7)	1,309 (51.4)	16 (0.7)	2,548 (100.0)

※ ( )는 총 매출액에 대한 비율

① 2022년 총 매출액은 2021년 총 매출액보다 641억 원 더 많다.

② 2021년과 2022년 총 매출액에 대한 비율의 차이가 가장 작은 것은 음악 영역이다.

③ 애니메이션 영역과 게임 영역은 2021년에 비해 2022년에 매출액 비중이 감소하였다.

④ 2021년과 2022년 모두 게임 영역이 차지하는 비율이 50% 이상이다.

20 다음은 세계 각국의 경제성장과 1차 에너지소비 간의 인과관계를 분석한 자료이다. 이에 대한 설명으로 옳은 것을 〈보기〉에서 모두 고르면?

〈경제성장과 1차 에너지소비 간의 인과관계〉

구분	한국	일본	영국	미국	캐나다	프랑스	이탈리아	독일
경제성장 → 에너지소비	○	○	×	×	○	○	×	×
경제성장 ← 에너지소비	×	×	×	×	×	×	×	×
경제성장 ↔ 에너지소비	×	×	×	×	×	×	×	×

보기

ㄱ. 미국, 영국, 독일 및 이탈리아에서 경제성장과 1차 에너지소비 사이에는 아무런 인과관계가 존재하지 않음이 발견되었다.

ㄴ. 캐나다, 프랑스, 일본에서는 에너지소비절약 정책이 경제구조를 왜곡시키지 않고 추진할 수 있는 유용한 정책임을 알 수 있다.

ㄷ. 한국에서는 범국민 차원에서 '에너지소비절감 10%' 정책이 추진되고 있는데, 이는 경제성장에 장애를 유발할 가능성이 있음을 알 수 있다.

ㄹ. 모든 G7 국가에서는 경제성장과 1차 에너지소비간의 관계가 상호독립적임을 알 수 있다.

① ㄱ, ㄴ

② ㄷ, ㄹ

③ ㄱ, ㄷ

④ ㄴ, ㄹ

01 유진이네 반 학생 50명이 4문제로 된 수학시험을 보았다. 1, 2번 문제를 각 3점, 3, 4번 문제를 각 2점으로 채점하니 평균이 7.2점이었고, 2번 문제를 2점, 3번 문제를 3점으로 배점을 바꾸어서 채점하니 평균이 6.8점이었다. 또한 각 문제의 배점을 문제 번호와 같게 하여 채점하니 평균이 6점이었다. 1번 문제를 맞힌 학생이 48명일 때, 2, 3, 4번 문제를 맞힌 학생 수의 총합은?

① 82

② 84

③ 86

④ 88

02 T사원은 퇴근 후 취미생활로 목재공방에서 직육면체 모양의 정리함을 만드는 수업을 수강한다. 완성될 정리함의 크기는 가로 28cm이고, 세로 길이와 높이의 합은 27cm라고 한다. 부피가 5,040cm^{3}일 때, 정리함의 세로 길이는?(단, 높이가 세로 길이보다 길다)

① 12cm

② 13cm

③ 14cm

④ 15cm

03 K씨가 근무하는 주차장에는 자동차가 3분에 1대 나가고, 5분에 3대가 들어온다. 오전 10시 12분에 주차장에서 차가 1대 나가고 3대가 들어와서 총 156대가 주차되어 있을 때, 주차장에 200대의 차가 주차되는 시간은?

① 오전 11시 57분

② 오전 11시 59분

③ 오후 12시 57분

④ 오후 12시 59분

04 효인이가 속한 부서는 단합대회로 등산을 하러 가기로 하였다. A산 등산 코스를 알아보기 위해 산악 관련 책자를 살펴보니 입구에서 각 지점까지의 거리를 다음과 같았다. 오를 때 시속 3km, 내려올 때 시속 4km로 이동한다고 할 때, 2 ~ 3시간 사이에 왕복할 수 있는 코스를 모두 고르면?

구분	P지점	Q지점	R지점
거리	3.2km	4.1km	5.0km

① P지점

② Q지점

③ Q, R지점

④ P, Q지점

05 6장의 서로 다른 쿠폰이 있는데 처음 방문한 손님에게 1장, 두 번째 방문한 손님에게 2장, 세 번째 방문한 손님에게 3장을 주는 경우의 수는 몇 가지인가?

① 32가지　　　　　　　　　　　　② 60가지

③ 84가지　　　　　　　　　　　　④ 110가지

06 민사원과 안사원이 함께 보고 자료를 만들고 있다. 민사원은 30장의 보고 자료를 만드는 데 2시간, 안사원은 50장을 만드는 데 3시간이 걸린다. 둘이 함께 일을 하면 평소보다 10% 느리게 자료를 만들게 된다. 이들이 자료 120장을 만드는 데 걸리는 최소 시간은 얼마인가?

① $\dfrac{79}{19}$ 시간　　　　　　　　　② $\dfrac{80}{19}$ 시간

③ $\dfrac{81}{20}$ 시간　　　　　　　　　④ $\dfrac{82}{21}$ 시간

Easy

07 용민이와 효린이가 호수를 같은 방향으로 도는데 용민이는 7km/h, 효린이는 3km/h로 걷는다고 한다. 두 사람이 다시 만났을 때, 7시간이 지나있었다면 호수의 둘레는 몇 km인가?

① 24km　　　　　　　　　　　　② 26km

③ 28km　　　　　　　　　　　　④ 30km

08 한 학교의 올해 남학생과 여학생 수는 작년에 비해 남학생은 8% 증가, 여학생은 10% 감소했다. 작년의 전체 학생 수는 820명이고, 올해는 작년에 비해 10명이 감소하였다고 할 때, 작년의 여학생 수는?

① 400명　　　　　　　　　　　　② 410명

③ 420명　　　　　　　　　　　　④ 430명

09 A ~ G의 7명의 사람이 일렬로 설 때, A와 G는 서로 맨 끝에 서고, C, D, E는 서로 이웃하여 서는 경우의 수는?

① 24가지

② 36가지

③ 48가지

④ 72가지

Hard

10 길이가 400m인 다리를 완전히 지나는 데 20초가 걸리는 여객열차가 있다. 이 열차가 초속 16m의 속력으로 달리는 60m 길이의 화물열차와 서로 마주보고 달려서 완전히 지나치는 데 4초가 걸린다고 한다. 여객열차의 길이는?

① 95m

② 100m

③ 105m

④ 110m

Easy

11 강아지와 닭이 총 20마리가 있는데 다리 수를 더해보니 총 46개였다. 이중에서 강아지의 수는?

① 3마리

② 4마리

③ 5마리

④ 6마리

12 원가 600원의 물품에 20%의 이익을 붙여서 정가를 정했지만, 물품이 팔리지 않아서 정가에 20%를 할인하여 판매를 했다. 이때 손실액은?(단, 손실액은 원가에서 판매가를 뺀 금액이다)

① 15원

② 18원

③ 21원

④ 24원

13 물탱크에 A, B 두 수도관으로 물을 채우는 데 각각 128분, 64분이 걸린다. B수도관으로 32분 동안 물을 채운 후 두 수도관을 모두 열어서 나머지를 채웠다. 두 수도관을 동시에 사용하여 물을 채운 시간은?

① 16분

② $\dfrac{64}{3}$ 분

③ 24분

④ $\dfrac{74}{3}$ 분

14 내일 비가 올 확률은 $\dfrac{1}{3}$ 이다. 비가 온 다음 날 비가 올 확률은 $\dfrac{1}{4}$, 비가 안 온 다음 날 비가 올 확률은 $\dfrac{1}{5}$ 일 때, 내일 모레 비가 올 확률은?

① $\dfrac{13}{60}$

② $\dfrac{9}{20}$

③ $\dfrac{11}{20}$

④ $\dfrac{29}{60}$

15 C사원은 퇴근하면서 딸기를 사기 위해 마트에 들렀다. 마침 마트에서 싱싱한 딸기를 팔고 있어 근처에 사시는 부모님 것까지 사기로 하였다. 딸기는 한 박스에 7,600원이었으며, 3박스 묶음으로 구매 시 한 박스당 5% 할인해주고, 6박스 묶음 구매 시 두 박스만 30% 할인을 해준다. C사원이 딸기 6박스 묶음으로 하나 구입한다고 할 때, 3박스 묶음 두 개 구입가격과 금액 차이는?

① 2,280원 덜 낸다.

② 2,280원 더 낸다.

③ 2,490원 덜 낸다.

④ 2,490원 더 낸다.

16 A사의 마케팅부, 영업부, 영업지원부에서 2명씩 대표로 회의에 참석하기로 하였다. 자리배치는 원탁 테이블에 같은 부서 사람이 옆자리로 앉는다고 할 때, 6명이 앉을 수 있는 경우의 수는?

① 15가지

② 16가지

③ 17가지

④ 18가지

17 A사는 대표 화장품인 T제품의 병 디자인을 새로 만들어 홍보하려 한다. 새로 만든 화장품 병은 1.8L에 80%를 채울 예정이며, 예전의 화장품 병은 2.0L에 75%를 채워 판매하였다. 예전 2.0L 병에 48병을 채울 수 있는 양을 새로운 병에 넣으려고 할 때, 필요한 1.8L 병의 개수는?

① 50병　　　　　　　　　　　② 52병
③ 54병　　　　　　　　　　　④ 56병

18 K씨는 보리차를 끓이기 위해 주전자에 물을 담으려고 한다. 개수대의 수돗물은 1초에 34mL가 나오며, 주전자의 용량은 1.7L이다. 주전자의 $\frac{1}{5}$ 을 덜 채운다고 할 때, 물을 담는 데 걸리는 시간은?

① 10초　　　　　　　　　　　② 20초
③ 30초　　　　　　　　　　　④ 40초

Hard
19 A사에서는 컴퓨터 모니터를 생산한다. 저번 달에 주문받아 생산한 모니터의 불량률은 10%였고, 모니터 한 대당 원가 17만 원에 판매하였다. 이번 달도 저번 달과 같은 주문량을 받고 생산을 하였지만, 불량률이 15%로 올랐다고 한다. 불량률이 10% 때와 매출액을 같게 하려면 모니터 원가로 책정해야 하는 금액은?(단, 주문받아 생산한 제품의 불량품은 매출액에서 제외한다)

① 18만 원　　　　　　　　　　② 19만 원
③ 20만 원　　　　　　　　　　④ 21만 원

Hard
20 A사원이 프로젝트를 맡아 혼자하면 4시간이 걸린다고 한다. 하지만 B사원이 도와주기로 하여 A, B사원이 함께 2시간 일한 후, B사원에게 급한 업무가 생겨 A사원 혼자 40분을 일하여 마무리 지었다. B사원이 A사원 대신 프로젝트를 맡았다고 할 때, B사원이 혼자 프로젝트를 마무리 할 때까지 걸리는 시간은?

① 4시간　　　　　　　　　　　② 5시간
③ 6시간　　　　　　　　　　　④ 7시간

01

1	8	22	50	106	218	( )	

① 430　　　　　　　　　　　　② 436
③ 442　　　　　　　　　　　　④ 448

02

1	( )	-5	44	25	22	-125	11

① 64　　　　　　　　　　　　② 66
③ 88　　　　　　　　　　　　④ 122

03

61	729	120	243	238	81	( )	27

① 54　　　　　　　　　　　　② 81
③ 210　　　　　　　　　　　　④ 474

04

4	17	70	283	1,136	4,549	( )

① 18,000　　　　　　　　　　　② 18,102
③ 18,162　　　　　　　　　　　④ 18,202

05

-2	-18	-16.3	-146.7	-145	( )

① -1,305　　　　　　　　　　② -1,194
③ -694　　　　　　　　　　　④ -572

06

$$\frac{1}{3} \quad \frac{2}{3} \quad \frac{2}{6} \quad \frac{5}{12} \quad \frac{11}{60} \quad (\quad)$$

① $\dfrac{59}{360}$ ② $\dfrac{34}{480}$

③ $\dfrac{59}{660}$ ④ $\dfrac{62}{720}$

07

$$-7 \quad -4.5 \quad -1 \quad (\quad) \quad 9$$

① 1.5   ② 3.5

③ 4   ④ 6.5

08

$$6.3 \quad 5.6 \quad 7.2 \quad 6.5 \quad (\quad) \quad 7.4 \quad 9 \quad 8.3$$

① 8.0   ② 8.1

③ 8.2   ④ 8.3

09

$$-8 \quad -10 \quad -14 \quad -22 \quad -38 \quad -70 \quad (\quad)$$

① 64   ② -128

③ 256   ④ -134

10

$$68 \quad 71 \quad (\quad) \quad 70 \quad 73 \quad 68 \quad 82 \quad 65$$

① 6   ② 7

③ 69   ④ 34

11

| 3 | 4 | 0 | 16 | −5 | 36 | −12 | ( ) |

① −36

② 64

③ 72

④ 121

12

| ( ) | 125 | 3 | 25 | −9 | 5 | 27 | 1 |

① −3

② −1

③ 5

④ 17

13

| −7 | 3 | −2 | 4 | ( ) | 8 | 8 | 15 |

① 3

② −5

③ 9

④ −12

14

| 0 | 6 | 3 | 3 | 8 | −1 | 15 | ( ) |

① −3

② −6

③ 30

④ 72

Hard

15

| 4 | −1 | 8 | 16 | −256 | ( ) |

① 8,192

② −8,192

③ 4,096

④ −4,096

16

$$3 \quad -4 \quad 10 \quad -18 \quad 38 \quad -74 \quad 150 \quad (\quad)$$

① -298　　　　　　② -300

③ -302　　　　　　④ 304

17

$$\frac{7}{11} \quad \frac{2}{22} \quad -\frac{4}{44} \quad -\frac{11}{77} \quad -\frac{19}{121} \quad (\quad)$$

① $-\dfrac{20}{150}$　　　　　　② $-\dfrac{26}{176}$

③ $-\dfrac{22}{154}$　　　　　　④ $-\dfrac{28}{176}$

18

$$\underline{11 \quad 21 \quad 10} \quad \underline{10 \quad 36 \quad 8} \quad \underline{8 \quad (\quad) \quad 5}$$

① 12　　　　　　② 13

③ 36　　　　　　④ 39

19

$$\underline{\frac{1}{2} \quad 2 \quad \frac{3}{2} \quad 2} \quad \underline{4 \quad 5 \quad \frac{7}{2} \quad (\quad)} \quad \underline{6 \quad 7 \quad 2 \quad 9} \quad \underline{4 \quad \frac{1}{2} \quad \frac{1}{4} \quad 8}$$

① 4　　　　　　② 6

③ 8　　　　　　④ 10

20

$$\underline{2 \quad 5 \quad 7} \quad \underline{3 \quad 6 \quad 9} \quad \underline{4 \quad 7 \quad (\quad)}$$

① 13　　　　　　② 28

③ 11　　　　　　④ 24

01 다음은 시기별 농업기술의 변화에 대한 자료이다. 내용 중 옳지 않은 것은?

고려	조선 전기	조선 후기
2년 3작 윤작법 시작	시비법 발달 – 휴경지 소멸	견종법 발달 – 노동력 절감
이앙법 일부 지역 실시	이모작 일부 시행	이앙법·이모작 전국 시행
『농상집요』	『농사직설』	『금양잡록』

① 2년 3작 윤작법 시작   ② 시비법 발달 – 휴경지 소멸
③ 이모작 일부 시행   ④ 『금양잡록』

02 다음 중 밑줄 친 이것이 처음으로 투입된 해전은?

> 신이 일찍이 왜적들의 침입이 있을 것을 염려하여 별도로 이것을 만들었는데, 앞에는 용머리를 붙여 그 입으로 대포를 쏘게 하고, 등에는 쇠못을 꽂았으며 안에서는 능히 밖을 내다볼 수 있어도 밖에서는 안을 들여다볼 수 없게 하여 비록 적선 수백 척 속에라도 쉽게 돌입하여 포를 쏘게 되어 있으므로 이번 출전 때에 돌격장이 이것을 타고 나왔습니다.
>
> 「당포파왜병장(唐浦破倭兵狀)」

① 옥포해전   ② 명량해전
③ 한산도해전   ④ 사천해전

03 (가) ~ (다)는 고려시대 대외관계와 관련된 자료에서 발췌한 글이다. 이를 시기 순으로 바르게 나열한 것은?

> (가) 윤관이 "신이 여진에게 패한 이유는 여진군은 기병인데 우리는 보병이라 대적할 수 없기 때문입니다."라고 아뢰었다.
> (나) 서희가 소손녕에게 "우리나라는 고구려의 옛 땅이오. 그러므로 국호를 고려라 하고 평양에 도읍하였으니, 만일 영토의 경계로 따진다면, 그대 나라의 동경이 모두 우리 경내에 있거늘 어찌 침식이라 하리오."라고 주장하였다.
> (다) 유승단이 "성곽을 버리며 종사를 버리고, 바다 가운데 있는 섬에 숨어 엎드려 구차히 세월을 보내면서, 변두리의 백성으로 하여금 장정은 칼날과 화살 끝에 다 없어지게 하고, 노약자들은 노예가 되게 함은 국가를 위한 좋은 계책이 아닙니다."라고 반대하였다.

① (가) – (나) – (다) ② (나) – (가) – (다)
③ (나) – (다) – (가) ④ (다) – (나) – (가)

04 다음은 일본의 이소노카미 신궁에 보관된 유물이다. 이 유물과 관련된 당시 한반도 국가에 대한 설명으로 옳은 것은?

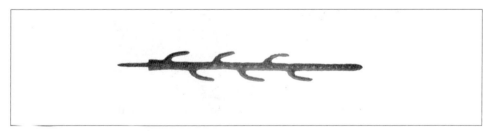

① 삼국 중 가장 먼저 불교를 받아들여 공인하였다.
② 출신 성분에 따라 골과 품으로 등급을 나누는 신분제도가 있었다.
③ 왕권 강화를 위해 지방세력의 자제들을 중앙에 머물게 하였다.
④ 전성기에 요서와 산둥, 일본의 큐슈 지방까지 진출하였다.

05 다음 단체에 대한 설명으로 옳은 것은?

> 이 단체는 한국에서 처음으로 창립된 근대적인 사회정치단체로 외세의존에 반대하는 개화 지식인들이 주축이다. 우리나라 최초의 민간 신문인 독립신문을 발간하였으며, 만민공동회를 개최하기도 하였다. 정부의 해산 명령으로 해산되었으며, 이후 대한자강회, 대한협회 등으로 이어졌다.

① 조선 황무지 개간권 요구를 반대하였다.
② 러시아의 절영도 조차를 저지하였다.
③ 상권 수호 운동을 전개하였다.
④ 물산장려운동을 전개하였다.

06 다음 중 제시된 사료가 발표된 때의 모습으로 옳은 것은?

> 제1조 대한국은 자주독립한 제국이다.
> 제5조 대한국 대황제께서는 국내 육군, 해군을 통솔하시고, 계엄과 해엄을 할 수 있다.
> 제6조 대한국 대황제께서는 법률을 제정하고 반포, 집행을 명할 수 있다.
> 제8조 대한국 대황제께서는 문관과 무관을 등용하거나 파직하실 수 있다.

① 처음으로 전등이 설치되었다.
② 경인선이 설치되었다.
③ 보빙사를 처음으로 파견하였다.
④ 육영공원이 설립되었다.

07 다음 중 (가) 왕의 무덤에서 출토된 유물은?

> 1971년 송산리 고분군의 배수로 공사 중에 우연히 발견되었다. 중국 남조의 영향을 크게 받아 연꽃 등 우아하고 화려한 무늬를 새긴 벽돌로 무덤 내부를 쌓았다. 무덤의 주인공이 (가) 과(와) 왕비 임을 알리는 지석이 발견되어 연대를 확실히 알 수 있는 무덤이기도 하다. (가) 과(와) 왕비의 부장품 등을 통해 이 나라의 귀족적 특성을 알 수 있다.

①

②

③

④

08 다음과 같은 상황에 대한 설명으로 옳지 않은 것은?

> 특산물을 바치는 공납의 폐단이 나날이 심해집니다. 각 고을에서 특산물을 바치려 할 때에 관리들이 여러 가지로 트집을 잡아 좋은 것도 불합격 처리하기 때문에 바칠 수가 없습니다.

① 공납은 집집마다 내는 것으로 농민의 부담이 컸다.
② 군포의 납부량을 절반으로 줄이는 균역법이 시행되었다.
③ 공물 납부 과정의 폐단이 많아 농민 부담이 증가하였다.
④ 광해군 때는 공납의 부담을 줄이고자 대동법을 실시하였다.

09 다음 제시된 자료와 관련된 인물에 대한 설명으로 옳은 것을 〈보기〉에서 모두 고르면?

> 우리 조선의 역사적 발전의 전 과정은 가령 지리적 조건, 인종학적 골상, 문화 형태의 외형적 특징 등 다소의 차이는 인정되더라도, 외관적이니 소위 특수성은 다른 문화 민족의 역사적 발전 법칙과 구별되어야 하는 독자적인 것이 아니며, 세계사적인 일원론적 역사 법칙에 의해 다른 민족과 거의 같은 궤도로 발전 과정을 거쳐 온 것이다. 그 발전 과정의 완만한 템포, 문화의 특수적인 농담(濃淡)은 결코 본질적인 특수성이 아니다.
>
> — 『조선 사회 경제사』

> **보기**
>
> ㄱ. 유물사관에 입각하여 세계사적 발전 법칙을 한국사에 적용하였다.
> ㄴ. 『조선상고사』를 저술하여 한국사를 주체적으로 정리하였다.
> ㄷ. 식민 사학자들이 내세운 정체성론을 극복하고자 하였다.
> ㄹ. '국혼'을 강조한 역사서를 저술하였다.

① ㄱ, ㄴ ② ㄱ, ㄷ
③ ㄴ, ㄷ ④ ㄴ, ㄹ

10 일제의 식민 통치 방식이 다음과 같이 전환된 계기가 되었던 사건으로 옳은 것은?

> • 헌병 경찰제도 → 보통 경찰제도
> • 군인 출신 총독 → 문관 총독 임명 가능
> • 기본권 박탈 → 기본권의 형식적 허용

① 3·1운동 ② 만주 사변
③ 6·10 만세 운동 ④ 중·일 전쟁

01 다음 주어진 그림의 용도를 40가지 쓰시오.

지식에 대한 투자가 가장 이윤이 많이 남는 법이다.

- 벤자민 프랭클린 -

PART 4

면접

01 | 면접 유형 및 실전 대책

01 면접 주요사항

면접의 사전적 정의는 면접관이 지원자를 직접 만나보고 인품(人品)이나 언행(言行) 따위를 시험하는 일로, 흔히 필기시험 후에 최종적으로 심사하는 방법이다.

최근 주요 기업의 인사담당자들을 대상으로 채용 시 면접이 차지하는 비중을 설문조사했을 때, 50 ~ 80% 이상이라고 답한 사람이 전체 응답자의 80%를 넘었다. 이와 대조적으로 지원자들을 대상으로 취업 시험에서 면접을 준비하는 기간을 물었을 때, 대부분의 응답자가 2 ~ 3일 정도라고 대답했다.

지원자가 일정 수준의 스펙을 갖추기 위해 자격증 시험과 토익을 치르고 이력서와 자기소개서까지 쓰다 보면 면접까지 챙길 여유가 없는 것이 사실이다. 그리고 서류전형과 인적성검사를 통과해야만 면접을 볼 수 있기 때문에 자연스럽게 면접은 취업시험 과정에서 그 비중이 작아질 수밖에 없다. 하지만 아이러니하게도 실제 채용 과정에서 면접이 차지하는 비중은 절대적이라고 해도 과언이 아니다.

기업들은 채용 과정에서 토론 면접, 인성 면접, 프레젠테이션 면접, 역량 면접 등의 다양한 면접을 실시한다. 1차 커트라인이라고 할 수 있는 서류전형을 통과한 지원자들의 스펙이나 능력은 서로 엇비슷하다고 판단되기 때문에 서류상 보이는 자격증이나 토익 성적보다는 지원자의 인성을 파악하기 위해 면접을 더욱 강화하는 것이다. 일부 기업은 의도적으로 압박 면접을 실시하기도 한다. 지원자가 당황할 수 있는 질문을 던져서 그것에 대한 지원자의 반응을 살펴보는 것이다.

면접은 다르게 생각한다면 '나는 누구인가'에 대한 물음에 해답을 줄 수 있는 가장 현실적이고 미래적인 경험이 될 수 있다. 취업난 속에서 자격증을 취득하고 토익 성적을 올리기 위해 앞만 보고 달려온 지원자들은 자신에 대해서 고민하고 탐구할 수 있는 시간을 평소 쉽게 가질 수 없었을 것이다. 자신을 잘 알고 있어야 자신에 대해서 자신감 있게 말할 수 있다. 대체로 사람들은 자신에게 관대한 편이기 때문에 자신에 대해서 어떤 기대와 환상을 가지고 있는 경우가 많다. 하지만 면접은 제삼자에 의해 개인의 능력을 객관적으로 평가받는 시험이다. 어떤 지원자들은 다른 사람에게 자신을 표현하는 것을 어려워한다. 평소에 잘 사용하지 않는 용어를 내뱉으면서 거창하게 자신을 포장하는 지원자도 많다. 면접에서 가장 기본은 자기 자신을 면접관에게 알기 쉽게 표현하는 것이다.

이러한 표현을 바탕으로 자신이 앞으로 하고자 하는 것과 그에 대한 이유를 설명해야 한다. 최근에는 자신감을 향상시키거나 말하는 능력을 높이는 학원도 많기 때문에 얼마든지 자신의 단점을 극복할 수 있다.

1. 자기소개의 기술

자기소개를 시키는 이유는 면접자가 지원자의 자기소개서를 압축해서 듣고, 지원자의 첫인상을 평가할 시간을 가질 수 있기 때문이다. 면접을 위한 워밍업이라고 할 수 있으며, 첫인상을 결정하는 과정이므로 매우 중요한 순간이다.

(1) 정해진 시간에 자기소개를 마쳐야 한다.

쉬워 보이지만 의외로 지원자들이 정해진 시간을 넘기거나 혹은 빨리 끝내서 면접관에게 지적을 받는 경우가 많다. 본인이 면접을 받는 마지막 지원자가 아닌 이상, 정해진 시간을 지키지 않는 것은 수많은 지원자를 상대하기에 바쁜 면접관과 대기 시간에 지친 다른 지원자들에게 불쾌감을 줄 수 있다.
또한 회사에서 시간관념은 절대적인 것이므로 반드시 자기소개 시간을 지켜야 한다. 말하기는 1분에 200자 원고지 2장 분량의 글을 읽는 만큼의 속도가 가장 적당하다. 이를 A4 용지에 10point 글자 크기로 작성하면 반 장 분량이 된다.

(2) 간단하지만 신선한 문구로 자기소개를 시작하자.

요즈음 많은 지원자가 이 방법을 사용하고 있기 때문에 웬만한 소재의 문구가 아니면 면접관의 관심을 받을 수 없다. 이러한 문구는 시대적으로 유행하는 광고 카피를 패러디하는 경우와 격언 등을 인용하는 경우, 그리고 지원한 회사의 CI나 경영이념, 인재상 등을 사용하는 경우 등이 있다. 지원자는 이러한 여러 문구 중에 자신의 첫인상을 북돋아 줄 수 있는 것을 선택해서 말해야 한다. 자신의 이름을 문구속에 적절하게 넣어서 말한다면 좀 더 효과적인 자기소개가 될 것이다.

(3) 무엇을 먼저 말할 것인지 고민하자.

면접관이 많이 던지는 질문 중 하나가 지원동기이다. 그래서 성장기를 바로 건너뛰고, 지원한 회사에 들어오기 위해 대학에서 어떻게 준비했는지를 설명하는 자기소개가 대세이다.

(4) 면접관의 호기심을 자극해 관심을 불러일으킬 수 있게 말하라.

면접관에게 질문을 많이 받는 지원자의 합격률이 반드시 높은 것은 아니지만, 질문을 전혀 안 받는 것보다는 좋은 평가를 기대할 수 있다. 질문을 받기 위해 면접관의 호기심을 자극할 수 있는 가장 좋은 방법은 대학생활을 이야기하면서 자신의 장기를 잠깐 넣는 것이다.
지원한 분야와 관련된 수상 경력이나 프로젝트 등을 말하는 것도 좋다. 이는 지원자의 업무 능력과 직접 연결되는 것이므로 효과적인 자기 홍보가 될 수 있다. 일부 지원자들은 자신만의 특별한 경험을 이야기 하는데, 이때는 그 경험이 보편적으로 사람들의 공감대를 얻을 수 있는 것인지 다시 생각해봐야 한다.

(5) 마지막 고개를 넘기가 가장 힘들다.

첫 단추도 중요하지만, 마지막 단추도 중요하다. 하지만 왠지 격식을 따지는 인사말은 지나가는 인사일 같고, 다르게 하자니 예의에 어긋나는 것 같은 기분이 든다. 이때는 처음에 했던 자신만의 문구를 다시 한 번 말하는 것도 좋은 방법이다. 자연스러운 끝맺음이 될 수 있도록 적절한 연습이 필요하다.

2. 1분 자기소개 시 주의사항

(1) 자기소개서와 자기소개가 똑같다면 감점일까?

아무리 자기소개서를 외워서 말한다 해도 자기소개가 자기소개서와 완전히 똑같을 수는 없다. 자기소개서의 분량이 더 많고 회사마다 요구하는 필수 항목들이 있기 때문에 굳이 고민할 필요는 없다. 오히려 자기소개서의 내용을 잘 정리한 자기소개가 더 좋은 결과를 만들 수 있다. 하지만 자기소개서와 상반된 내용을 말하는 것은 적절하지 않다. 지원자의 신뢰성이 떨어진다는 것은 곧 불합격을 의미하기 때문이다.

(2) 말하는 자세를 바르게 익혀라.

지원자가 자기소개를 하는 동안 면접관은 지원자의 동작 하나하나를 관찰한다. 그렇기 때문에 바른 자세가 중요하다는 것은 우리가 익히 알고 있다. 하지만 문제는 무의식적으로 나오는 습관 때문에 자세가 흐트러져 나쁜 인상을 줄 수 있다는 것이다. 이러한 습관을 고칠 수 있는 가장 좋은 방법은 캠코더 등으로 자신의 모습을 담는 것이다. 거울을 사용할 경우에는 시선이 자꾸 자기 눈과 마주치기 때문에 집중하기 힘들다. 하지만 촬영된 동영상은 제삼자의 입장에서 자신을 볼 수 있기 때문에 많은 도움이 된다.

(3) 정확한 발음과 억양으로 자신 있게 말하라.

지원자의 모양새가 아무리 뛰어나도, 목소리가 작고 발음이 부정확하면 큰 감점을 받는다. 이러한 모습은 지원자의 좋은 점까지 악영향을 끼칠 수 있다. 직장을 흔히 사회생활의 시작이라고 말하는 시대적 정서에서 사람들과 의사소통을 하는 데 문제가 있다고 판단되는 지원자는 부적절한 인재로 평가될 수밖에 없다.

3. 대화법

전문가들이 말하는 대화법의 핵심은 '상대방을 배려하면서 이야기하라.'는 것이다. 대화는 나와 다른 사람의 소통이다. 내용에 대한 공감이나 이해가 없다면 대화는 더 진전되지 않는다.

『카네기 인간관계론』이라는 베스트셀러의 작가인 철학자 카네기가 말하는 최상의 대화법은 자신의 경험을 토대로 이야기하는 것이다. 즉, 살아오면서 직접 겪은 경험이 상대방의 관심을 끌 수 있는 가장 좋은 이야깃거리인 것이다. 특히, 어떤 일을 이루기 위해 노력하는 과정에서 겪은 실패나 희망에 대해 진술하게 얘기한다면 상대방은 어느새 당신의 편에 서서 그 이야기에 동조할 것이다.

독일의 사업가이자, 동기부여 트레이너인 위르겐 힐러의 연설법 중 가장 유명한 것은 '시즐(Sizzle)'을 잡는 것이다. 시즐이란, 새우튀김이나 돈가스가 기름에서 지글지글 튀겨질 때 나는 소리이다. 즉, 자신의 말을 듣고 시즐처럼 반응하는 상대방의 감정에 적절하게 대응하라는 것이다.

말을 시작한 지 10 ~ 15초 안에 상대방의 '시즐'을 알아차려야 한다. 자신의 이야기에 대한 상대방의 첫 반응에 따라 말하기 전략도 달라져야 한다. 첫 이야기의 반응이 미지근하다면 가능한 한 그 이야기를 빨리 마무리하고 새로운 이야깃거리를 생각해내야 한다. 길지 않은 면접 시간 내에 몇 번 오지 않는 대답의 기회를 살리기 위해서 보다 전략적이고 냉철해야 하는 것이다.

4. 차림새

(1) 구두

면접에 어떤 옷을 입어야 할지를 며칠 동안 고민하면서 정작 구두는 면접 보는 날 현관을 나서면서 즉흥적으로 신고 가는 지원자들이 많다. 특히, 남자 지원자들이 이러한 실수를 많이 한다. 구두를 보면 그 사람의 됨됨이를 알 수 있다고 한다. 면접관 역시 이러한 것을 놓치지 않기 때문에 지원자는 자신의 구두에 더욱 신경을 써야 한다. 스타일의 마무리는 발끝에서 이루어지는 것이다. 아무리 멋진 옷을 입고 있어도 구두가 어울리지 않는다면 전체 스타일이 흐트러지기 때문이다.

정장용 구두는 디자인이 깔끔하고, 에나멜 가공처리를 하여 광택이 도는 페이턴트 가죽 소재 제품이 무난하다. 검정 계열 구두는 회색과 감색 정장에, 브라운 계열의 구두는 베이지나 갈색 정장에 어울린다. 참고로 구두는 오전에 사는 것보다 발이 충분히 부은 상태인 저녁에 사는 것이 좋다. 마지막으로 당연한 일이지만 반드시 면접을 보는 전날 구두 뒤축이 닳지는 않았는지 확인하고 구두에 광을 내 둔다.

(2) 양말

양말은 정장과 구두의 색상을 비교해서 골라야 한다. 특히 검정이나 감색의 진한 색상의 바지에 흰 양말을 신는 것은 시대에 뒤처지는 일이다. 일반적으로 양말의 색깔은 바지의 색깔과 같아야 한다. 또한 양말의 길이도 신경 써야 한다. 남성의 경우에 의자에 바르게 앉거나 다리를 꼬아서 앉을 때 다리털이 보여서는 안 된다. 반드시 긴 정장 양말을 신어야 한다.

(3) 정장

지원자는 평소에 정장을 입을 기회가 많지 않기 때문에 면접을 볼 때 본인 스스로도 옷을 어색하게 느끼는 경우가 많다. 옷을 불편하게 느끼기 때문에 자세마저 불안정한 지원자도 볼 수 있다. 그러므로 면접 전에 정장을 입고 생활해 보는 것도 나쁘지는 않다.

일반적으로 면접을 볼 때는 상대방에게 신뢰감을 줄 수 있는 남색 계열의 옷이나 어떤 계절이든 무난하고 깔끔해 보이는 회색 계열의 정장을 많이 입는다. 정장은 유행에 따라서 재킷의 디자인이나 버튼의 개수가 바뀌기 때문에 특히 남성 지원자의 경우, 너무 오래된 옷을 입어서 아버지 옷을 빌려 입고 나온 듯한 인상을 주어서는 안 된다.

(4) 헤어스타일과 메이크업

헤어스타일에 자신이 없다면 미용실에 다녀오는 것도 좋은 방법이다. 지나치게 화려한 메이크업이 아니라면 보다 준비된 지원자처럼 보일 수 있다.

5. 첫인상

취업을 위해 성형수술을 받는 사람들에 대한 이야기는 더 이상 뉴스거리가 되지 않는다. 그만큼 많은 사람이 좁은 취업문을 뚫기 위해 이미지 향상에 신경을 쓰고 있다. 이는 면접관에게 좋은 첫인상을 주기 위한 것으로, 지원서에 올리는 증명사진을 이미지 프로그램을 통해 수정하는 이른바 '사이버 성형'이 유행하는 것과 같은 맥락이다. 실제로 외모가 채용 과정에서 영향을 끼치는가에 대한 설문조사에서도 60% 이상의 인사담당자들이 그렇다고 답변했다.

하지만 외모와 첫인상을 절대적인 관계로 이해하는 것은 잘못된 판단이다. 외모가 첫인상에서 많은 부분을 차지하지만, 외모 외에 다른 결점이 발견된다면 그로 인해 장점들이 가려질 수도 있다. 이러한 현상은 아래에서 다시 논하겠다.

첫인상은 말 그대로 한 번밖에 기회가 주어지지 않으며 몇 초 안에 결정된다. 첫인상을 결정짓는 요소 중 시각적인 요소가 80% 이상을 차지한다. 첫눈에 들어오는 생김새나 복장, 표정 등에 의해서 결정되는 것이다. 면접을 시작할 때 자기소개를 시키는 것도 지원자별로 첫인상을 평가하기 위해서이다. 첫인상이 중요한 이유는 만약 첫인상이 부정적으로 인지될 경우, 지원자의 다른 좋은 면까지 거부당하기 때문이다. 이러한 현상을 심리학에서는 초두효과(Primacy Effect)라고 한다.

한 번 형성된 첫인상은 여간해서 바꾸기 힘들다. 이는 첫인상이 나중에 들어오는 정보까지 영향을 주기 때문이다. 첫인상의 정보가 나중에 들어오는 정보 처리의 지침이 되는 것을 심리학에서는 맥락효과 (Context Effect)라고 한다. 따라서 평소에 첫인상을 좋게 만들기 위한 노력을 꾸준히 해야만 하는 것이다. 좋은 첫인상이 반드시 외모에만 집중되는 것은 아니다. 오히려 깔끔한 옷차림과 부드러운 표정 그리고 말과 행동 등에 의해 전반적인 이미지가 만들어진다. 누구나 이러한 것 중에 한두 가지 단점을 가지고 있다. 요즈음은 이미지 컨설팅을 통해서 자신의 단점들을 보완하는 지원자도 있다. 특히, 표정이 밝지 않은 지원자는 평소 웃는 연습을 의식적으로 하여 면접을 받는 동안 계속해서 여유 있는 표정을 짓는 것이 중요하다. 성공한 사람들은 인상이 좋다는 것을 명심하자.

02 면접의 유형 및 실전 대책

1. 면접의 유형

과거 천편일률적인 일대일 면접과 달리 면접에는 다양한 유형이 도입되어 현재는 "면접은 이렇게 보는 것이다."라고 말할 수 있는 정해진 유형이 없어졌다. 따라서 면접별로 어느 정도 유형을 파악하면 사전에 대비가 가능하다. 면접의 기본인 단독 면접부터, 다대일 면접, 집단 면접의 유형과 그 대책에 대해 알아보자.

(1) 단독 면접

단독 면접이란 응시자와 면접관이 1대1로 마주하는 형식을 말한다. 면접 위원 한 사람과 응시자 한 사람이 마주 앉아 자유로운 화제를 가지고 질의응답을 되풀이하는 방식이다. 이 방식은 면접의 가장 기본적인 방법으로 소요시간은 10 ~ 20분 정도가 일반적이다.

① 장점

필기시험 등으로 판단할 수 없는 성품이나 능력을 알아내는 데 가장 적합하다고 평가받아 온 면접방식으로 응시자 한 사람 한 사람에 대해 여러 면에서 비교적 폭넓게 파악할 수 있다. 응시자의 입장에서는 한 사람의 면접관만을 대하는 것이므로 상대방에게 집중할 수 있으며, 긴장감도 다른 면접방식에 비해서는 적은 편이다.

② 단점

면접관의 주관이 강하게 작용해 객관성을 저해할 소지가 있으며, 면접 평가표를 활용한다 하더라도 일면적인 평가에 그칠 가능성을 배제할 수 없다. 또한 시간이 많이 소요되는 것도 단점이다.

단독 면접에 대비하기 위해서는 평소 1대1로 논리 정연하게 대화를 나눌 수 있는 능력을 기르는 것이 중요하다. 그리고 면접장에서는 면접관을 선배나 선생님 혹은 아버지를 대하는 기분으로 면접에 임하는 것이 부담도 훨씬 적고 실력을 발휘할 수 있는 방법이 될 것이다.

(2) 다대일 면접

다대일 면접은 일반적으로 가장 많이 사용되는 면접방법으로 보통 2~5명의 면접관이 1명의 응시자에게 질문하는 형태의 면접방법이다. 면접관이 여러 명이므로 다각도에서 질문을 하여 응시자에 대한 정보를 많이 알아낼 수 있다는 점 때문에 선호하는 면접방법이다.

하지만 응시자의 입장에서는 질문도 면접관에 따라 각양각색이고 동료 응시자가 없으므로 숨 돌릴 틈도 없게 느껴진다. 또한 관찰하는 눈도 많아서 조그만 실수라도 지나치는 법이 없기 때문에 정신적 압박과 긴장감이 높은 면접방법이다. 따라서 응시자는 긴장을 풀고 한 시험관이 묻더라도 면접관 전원을 향해 대답한다는 느낌으로 또박또박 대답하는 자세가 필요하다.

① 장점

면접관이 집중적인 질문과 다양한 관찰을 통해 응시자가 과연 조직에 필요한 인물인가를 완벽히 검증할 수 있다.

② 단점

면접 시간이 보통 10~30분 정도로 좀 긴 편이고 응시자에게 지나친 긴장감을 조성하는 면접방법이다.

질문을 들을 때 시선은 면접 위원을 향하고 다른 데로 돌리지 말아야 하며, 대답할 때에도 고개를 숙이거나 입속에서 우물거리는 소극적인 태도는 피하도록 한다. 면접 위원과 대등하다는 마음가짐으로 편안한 태도를 유지하면 대답도 자연스러운 상태에서 좀 더 충실히 할 수 있고, 이에 따라 면접 위원이 받는 인상도 달라진다.

(3) 집단 면접

집단 면접은 다수의 면접관이 여러 명의 응시자를 한꺼번에 평가하는 방식으로 짧은 시간에 능률적으로 면접을 진행할 수 있다. 각 응시자에 대한 질문내용, 질문횟수, 시간배분이 똑같지는 않으며, 모두에게 같은 질문이 주어지기도 하고, 각각 다른 질문을 받기도 한다.

또한 어떤 응시자가 한 대답에 대한 의견을 묻는 등 그때그때의 분위기나 면접관의 의향에 따라 변수가 많다. 집단 면접은 응시자의 입장에서는 개별 면접에 비해 긴장감은 다소 덜한 반면에 다른 응시자들과의 비교가 확실하게 나타나므로 응시자는 몸가짐이나 표현력·논리성 등이 결여되지 않도록 자신의 생각이나 의견을 솔직하게 발표하여 십난 속에 묻히거나 밀려나기 않도록 주의해야 한다.

① 장점

집단 면접의 장점은 면접관이 응시자 한 사람에 대한 관찰시간이 상대적으로 길고, 비교 평가가 가능하기 때문에 결과적으로 평가의 객관성과 신뢰성을 높일 수 있다는 점이며, 응시자는 동료들과 함께 면접을 받기 때문에 긴장감이 다소 덜하다는 것을 들 수 있다. 또한 동료가 답변하는 것을 들으며, 자신의 답변 방식이나 자세를 조정할 수 있다는 것도 큰 이점이다.

② 단점

응답하는 순서에 따라 응시자마다 유리하고 불리한 점이 있고, 면접 위원의 입장에서는 각각의 개인적인 문제를 깊게 다루기가 곤란하다는 것이 단점이다.

> **집단 면접 준비 Point**
>
> 너무 자기 과시를 하지 않는 것이 좋다. 대답은 자신이 말하고 싶은 내용을 간단명료하게 말해야 한다. 내용이 없는 발언을 한다거나 대답을 질질 끄는 태도는 좋지 않다. 또 말하는 중에 내용이 주제에서 벗어나거나 자기중심적으로만 말하는 것도 피해야 한다. 집단 면접에 대비하기 위해서는 평소에 설득력을 지닌 자신의 논리력을 계발하는 데 힘써야 하며, 다른 사람 앞에서 자신의 의견을 조리 있게 개진할 수 있는 발표력을 갖추는 데에도 많은 노력을 기울여야 한다.
> • 실력에는 큰 차이가 없다는 것을 기억하라.
> • 동료 응시자들과 서로 협조하라.
> • 답변하지 않을 때의 자세가 중요하다.
> • 개성 표현은 좋지만 튀는 것은 위험하다.

(4) 집단 토론식 면접

집단 토론식 면접은 집단 면접과 형태는 유사하지만 질의응답이 아니라 응시자들끼리의 토론이 중심이 되는 면접방법으로 최근 들어 급증세를 보이고 있다. 이는 공통의 주제에 대해 다양한 견해들이 개진되고 결론을 도출하는 과정, 즉 토론을 통해 응시자의 다양한 면에 대한 평가가 가능하다는 집단 토론식 면접의 장점이 널리 확산된 데 따른 것으로 보인다. 사실 집단 토론식 면접을 활용하면 주제와 관련된 지식 정도와 이해력, 판단력, 설득력, 협동성은 물론 리더십, 조직 적응력, 적극성과 대인관계 능력 등을 쉽게 파악할 수 있다.

토론식 면접에서는 자신의 의견을 명확히 제시하면서도 상대방의 의견을 경청하는 토론의 기본자세가 필수적이며, 지나친 경쟁심이나 자기 과시욕은 접어두는 것이 좋다. 또한 집단 토론의 목적이 결론을 도출해 나가는 과정에 있다는 것을 감안하여 무리하게 자신의 주장을 관철시키기보다 오히려 토론의 질을 높이는 데 기여하는 것이 좋은 인상을 줄 수 있다는 점을 알아야 한다. 취업 희망자들은 토론식 면접이 급속도로 확산되는 추세임을 감안해 특히 철저한 준비를 해야 한다. 평소에 신문의 사설이나 매스컴 등의 토론 프로그램을 주의 깊게 보면서 논리 전개방식을 비롯한 토론 과정을 익히도록 하고, 친구들과 함께 간단한 주제를 놓고 토론을 진행해 볼 필요가 있다. 또한 사회·시사문제에 대해 자기 나름대로의 관점을 정립해두는 것도 꼭 필요하다.

(5) PT 면접

PT 면접, 즉 프레젠테이션 면접은 최근 들어 집단 토론 면접과 더불어 그 활용도가 점차 커지고 있다. PT 면접은 기업마다 특성이 다르고 인재상이 다른 만큼 인성 면접만으로는 알 수 없는 지원자의 문제해결 능력, 전문성, 창의성, 기본 실무능력, 논리성 등을 관찰하는 데 중점을 두는 면접으로, 지원자 간의 변별력이 높아 대부분의 기업에서 적용하고 있으며, 확산되는 추세이다.

면접 시간은 기업별로 차이가 있지만, 전문지식, 시사성 관련 주제를 제시한 다음, 보통 20 ~ 50분 정도 준비하여 5분가량 발표할 시간을 준다. 면접관과 지원자의 단순한 질의응답식이 아닌, 주제에 대해 일정 시간 동안 지원자의 발언과 발표하는 모습 등을 관찰하게 된다. 정확한 답이나 시식보다는 논리적 사고와 의사표현력이 더 중시되기 때문에 자신의 생각을 어떻게 설명하느냐가 매우 중요하다.

PT 면접에서 같은 주제라도 직무별로 평가요소가 달리 나타난다. 예를 들어, 영업직은 설득력과 의사소통 능력에 중점을 둘 수 있겠고, 관리직은 신뢰성과 창의성 등을 더 중요하게 평가한다.

> **PT 면접 준비 Point**
>
> • 면접관의 관심과 주의를 집중시키고, 발표 태도에 유의한다.
> • 모의 면접이나 거울 면접으로 미리 점검한다.
> • PT 내용은 세 가지 정도로 정리해서 말한다.
> • PT 내용에는 자신의 생각이 담겨 있어야 한다.
> • PT 중간에 자문자답 방식을 활용한다.
> • 평소 지원하는 업계의 동향이나 직무에 대한 전문지식을 쌓아둔다.
> • 부적절한 용어 사용이나 무리한 주장 등은 하지 않는다.

(6) 합숙 면접

합숙 면접은 대체로 1박 2일이나 2박 3일 동안 해당 기업의 연수원이나 수련원 등에서 이루어지는 면접으로, 평가 항목으로는 PT 면접, 토론 면접, 인성 면접 등을 기본으로 새벽등산, 레크리에이션, 게임 등 다양한 형태로 진행된다. 경쟁자들과 함께 생활하고 협동해야 하는 만큼 스트레스도 많이 받는 경우가 허다하다.

모든 지원자를 하루 동안 평가하게 되므로 지원자 1명을 평가하는 데 걸리는 시간은 짧게는 5분에서 길게는 1시간 이상 정도인데, 이 시간으로는 지원자를 제대로 평가하기에는 한계가 있다. 합숙 면접은 24시간 이상을 지원자와 면접관이 함께 생활하면서 다양한 프로그램을 통해 지원자의 역량을 폭넓게 평가할 수 있기 때문에 기업에서는 합숙 면접을 선호한다. 대체로 은행, 증권 등 금융권에서 합숙 면접을 통해 지원자의 의도되고 꾸며진 모습 외에 창의력, 의사소통 능력, 협동심, 책임감, 리더십 등 다양한 모습을 평가하였지만, 최근에는 기업에서도 많이 실시되고 있다.

합숙 면접에서 좋은 점수를 얻기 위해서는 무엇보다 팀워크를 중시하는 모습을 보여야 한다. 합숙 면접은 일반 면접과는 달리 개인보다는 그룹별로 과제가 주어지고 해결해야 하므로 조원 또는 동료와 얼마나 잘 어울리느냐가 중요한 평가기준이 된다. 장시간에 걸쳐 평가하기 때문에 힘든 부분도 있지만, 지원자들이 지쳐 있거나 당황하고 있는 사이에도 면접관들은 지원자들의 조직 적응력, 적극성, 사회성, 친화력 등을 꼼꼼하게 체크하기 때문에 잠시도 긴장을 늦춰서는 안 된다.

2. 면접의 실전 대책

(1) 면접 대비사항

① 지원 회사에 대한 사전지식을 충분히 준비한다.

필기시험에서 합격 또는 서류전형에서의 합격통지가 온 후 면접시험 날짜가 정해지는 것이 보통이다. 이때 수험자는 면접시험을 대비해 사전에 자기가 지원한 계열사 또는 부서에 대해 폭넓은 지식을 준비할 필요가 있다.

② 충분한 수면을 취한다.

충분한 수면으로 안정감을 유지하고 첫 출발의 상쾌한 마음가짐을 갖는다.

③ 얼굴을 생기 있게 한다.

첫인상은 면접에 있어서 가장 결정적인 당락요인이다. 면접관에게 좋은 인상을 줄 수 있도록 화장하는 것도 필요하다. 면접관들이 가장 좋아하는 인상은 얼굴에 생기가 있고 눈동자가 살아 있는 사람, 즉 기가 살아 있는 사람이다.

④ 아침에 인터넷 뉴스를 읽고 간다.

그날의 뉴스가 질문 대상에 오를 수가 있다. 특히 경제면, 정치면, 문화면 등을 유의해서 볼 필요가 있다.

(2) 면접 시 옷차림

면접에서 옷차림은 간결하고 단정한 느낌을 주는 것이 가장 중요하다. 색상과 디자인 면에서 지나치게 화려한 색상이나, 노출이 심한 디자인은 자칫 면접관의 눈살을 찌푸리게 할 수 있다. 단정한 차림을 유지하면서 자신만의 독특한 멋을 연출하는 것, 지원하는 회사의 분위기를 파악했다는 센스를 보여주는 것 또한 코디네이션의 포인트이다.

(3) 면접 요령

① **첫인상을 중요시한다.**

상대에게 인상을 좋게 주지 않으면 어떠한 얘기를 해도 이쪽의 기분이 충분히 전달되지 않을 수 있다. 예를 들어, '저 친구는 표정이 없고 무엇을 생각하고 있는지 전혀 알 길이 없다.'처럼 생각되면 최악의 상태이다. 우선 청결한 복장, 바른 자세로 침착하게 들어가야 한다. 건강하고 신선한 이미지를 주어야 하기 때문이다.

② **좋은 표정을 짓는다.**

얘기를 할 때의 표정은 중요한 사항의 하나다. 거울 앞에서 웃는 연습을 해본다. 웃는 얼굴은 상대를 편안하게 하고, 특히 면접 등 긴박한 분위기에서는 천금의 값이 있다 할 것이다. 그렇다고 하여 항상 웃고만 있어서는 안 된다. 자기의 할 얘기를 진정으로 전하고 싶을 때는 진지한 얼굴로 상대의 눈을 바라보며 얘기한다. 면접을 볼 때 눈을 감고 있으면 마이너스 이미지를 주게 된다.

③ **결론부터 이야기한다.**

자기의 의사나 생각을 상대에게 정확하게 전달하기 위해서 먼저 무엇을 말하고자 하는가를 명확히 결정해 두어야 한다. 대답을 할 경우에는 결론을 먼저 이야기하고 나서 그에 따른 설명과 이유를 덧붙이면 논지(論旨)가 명확해지고 이야기가 깔끔하게 정리된다.

한 가지 사실을 이야기하거나 설명하는 데는 3분이면 충분하다. 복잡한 이야기라도 어느 정도의 길이로 요약해서 이야기하면 상대도 이해하기 쉽고 자기도 정리할 수 있다. 긴 이야기는 오히려 상대를 불쾌하게 할 수가 있다.

④ **질문의 요지를 파악한다.**

면접 때의 이야기는 간결성만으로는 부족하다. 상대의 질문이나 이야기에 대해 적절하고 필요한 대답을 하지 않으면 대화는 끊어지고 자기의 생각도 제대로 표현하지 못하여 면접자로 하여금 수험생의 인품이나 사고방식 등을 명확히 파악할 수 없게 한다. 무엇을 묻고 있는지, 무슨 이야기를 하고 있는지 그 요점을 정확히 알아내야 한다.

면접에서 고득점을 받을 수 있는 성공요령

1. 자기 자신을 겸허하게 판단하라.
2. 지원한 회사에 대해 100% 이해하라.
3. 실전과 같은 연습으로 감각을 익히라.
4. 단답형 답변보다는 구체적으로 이야기를 풀어나가라.
5. 거짓말을 하지 말라.
6. 면접하는 동안 대화의 흐름을 유지하라.
7. 친밀감과 신뢰를 구축하라.
8. 상대방의 말을 성실하게 들으라.
9. 근로조건에 대한 이야기를 풀어나갈 준비를 하라.
10. 끝까지 긴장을 풀지 말라.

02 | 아모레퍼시픽그룹 실제 면접

1. 아모레퍼시픽그룹 면접 기출

(1) 1차 면접(역량 면접)

실무진이 진행하는 면접으로 PT 면접과 다대다 면접으로 구성된다.

- PT 면접 : 다대일 면접으로 제시된 주제에 맞춰 약 50분 동안 PPT를 제작해, 5분간 발표 후 15분간 PT 내용과 자기소개서 기반 질의 · 응답 형식으로 진행
- 다대다 심층 면접 : 5 : 3면접으로 공통질문을 통해 직무 역량과 인성 평가

(2) AI 역량검사

간단한 게임과 인성검사를 수행하고 상황질문에 답하면 AI가 평가하는 형식으로, 응시 내내 침착하고 일관된 모습을 보여주는 것이 중요하다.

(3) 2차 면접

- culture fit 면접 : 인사팀 직원과 1 : 1로 면접을 진행해 아모레퍼시픽과 성향이 맞는 인재인지 파악
- 다대다 면접 : 임원 면접으로 아모레퍼시픽에 관해 1차보다 심층적인 질문과 인성에 관한 질문으로 진행

(4) 면접 기출 문제

① 1차 면접(역량 면접)

[PT 면접]
- IT 인재를 확보하려면 연봉 테이블을 다르게 가져갈 수밖에 없는데 기존 근로자들의 처우 문제를 어떻게 해결하겠는가?
- 인건비 절약을 위해 오프라인 매장을 철수해야만 한다면 직원들의 반발에 어떻게 대응하겠는가?
- 아이디어를 현실화 하려면 우선적으로 무엇이 필요하겠는가?
- 신입사원의 퇴사율을 줄일 방안을 말해 보시오.
- 아모레퍼시픽 제품의 온라인 및 오프라인 전략을 제시해 보시오.
- 이니스프리 제품에 대한 홍보방안을 제시해 보시오.
- 이니스프리 인스타그램 활용방안을 제시해 보시오.
- 아모레퍼시픽 설록차의 BRAND STORY를 만들어 보시오.
- 아모레퍼시픽이 기업광고를 해야 하는지에 대해 말해 보시오.
- 남성들의 화장품에 대한 관심이 증가하고 있는데, 이를 공략할 방안에 대해 말해 보시오.
- 아모레퍼시픽이 ASIAN BEAUTY CREATOR가 되기 위한 블루오션을 창출해 보시오.

- 아리따움에서 고객들에게 새로운 가치제안을 하기 위한 방안에 대해 말해 보시오.
- 온라인쇼핑몰의 비중이 커짐에 따라 아모레 물류 SCM(Supply Chain Management)이 어떻게 변화해야 하는지 말해 보시오.
- 선크림은 여름에 매출이 높고, 봄, 가을, 겨울에는 낮다. 반대로 로션, 스킨, 에센스, 크림은 여름에 매출이 낮고, 봄, 가을, 겨울에는 높다. 이에 따른 전체 제품에 대한 계절별 판매 전략을 도출해 보시오.

[다대다 면접]
- 1분 동안 자기소개를 해보시오.
- 이니스프리에 대해 아는 대로 말해 보시오.
- 아모레퍼시픽에 대해 아는 것을 말해 보시오.
- 지원한 직무에 대해 아는 대로 말해 보시오.
- 당신은 행동가인가? 전략가인가?
- 자사에 대한 당신의 인식은 어떠한가?
- 자신의 화장품 소비 패턴은 어떤가?
- 아모레퍼시픽의 추천하고 싶은 제품과 비추천제품은?
- 주변에서 가장 인기가 좋은 제품은 무엇인가?
- 한 달에 화장품을 위해 얼마의 소비를 하는가?
- 좋아하는 향은?
- 아모레퍼시픽에 바라는 점은?
- 현재 이니스프리의 모델이 상품과 잘 어울린다고 생각하는가?
- 화장품을 구입하는 주 경로는?
- 기초와 색조 메이크업 중 무엇이 더 중요하다고 생각하는가?
- 자사의 제품이 아닌 제품 중 좋았던 기초 제품은?
- 올리브영에서 반드시 구매하는 제품은?
- 입사해서 만들어보고 싶은 제품은?
- 코스메틱 영업이 다른 회사의 영업과 무엇이 다르다고 생각하는가?
- 콜센터에서 일했다고 했는데, 우리 회사 콜센터 직원이 너무 힘들다고 호소하면 어떻게 하겠는가?
- 공백기가 있는데 그동안 무엇을 했는가?
- 중국에서 오랫동안 유학생활을 했는데, 중국에서 아모레퍼시픽이 자리 잡기 위한 방안은 무엇이 있는가?
- 만약에 상사가 A라는 안을 선택했는데, 자신은 C라는 안을 선택했다. 그런데 실제로 C가 더 적합한 안이라는 것을 알았을 때 이 문제를 어떻게 해결할 것인가?
- 직장에서 가장 중요한 3가지 요소는 무엇이라고 생각하는가?
- 가장 힘들었던 일은 무엇인가?
- 가장 하기 싫었던 일은 무엇인가?
- 가장 최근에 본 영화는?
- 최근 코스메틱 시장과 제품의 PP 트렌드에 대해 말해 보시오.
- 아모레퍼시픽에 대해 아는 대로 말해 보시오.
- 학창시절 리더십을 발휘한 경험을 말해 보시오.
- 다른 지원자들과 차별화되는 능력을 말해 보시오.
- 기억에 남는 마케팅 전략 사례를 말해 보시오.
- 자신의 가치관은 무엇인가?

- 창의적인 아이디어로 조직 성과를 낸 경험을 말해 보시오.
- 방문판매에 대한 생각을 말해 보시오.
- 이니스프리 제품 중에서 본인을 가장 잘 표현할 수 있는 제품과 그 이유를 말해 보시오.
- 이니스프리다움이 무엇이라고 생각하는가?
- 이니스프리 광고에서 느껴지는 이니스프리의 이미지는 무엇인가?
- 살면서 가장 싫었던 유형의 사람에 대해 말해 보시오.
- 코스메틱 회사에서 가져야 할 역량은 무엇인가?
- 지금 에뛰드 매장의 장점 및 단점, 그리고 프로모션 방안에 대해 이야기해 보시오.
- MD 중 어떤 일을 하고 싶은가?
- 오늘 에뛰드 면접에 오면서 특별히 한 것이 있다면 무엇인가?
- 에뛰드에서 내가 잘할 수 있는 것은 무엇인가?
- 왜 아모레퍼시픽에 입사하고 싶은가?
- 아시아인의 미(美)에 대해 어떻게 생각하는가?
- 아모레퍼시픽의 제품 및 브랜드 열 가지를 말해 보시오.
- 아모레퍼시픽의 브랜드 중 보완해야 할 브랜드와 이를 극복하기 위한 마케팅 방안에 대해 말해 보시오.
- 회사를 선택할 때 가장 중요하게 생각하는 것은 무엇인가?
- 지원한 직무와 관련된 책을 읽은 적이 있다면 말해 보시오.
- 학점이 낮은 편인데 이유가 무엇인가?
- 화장품 업계의 최근 이슈에 대해 말해 보시오.
- 내년 화장품 업계의 트렌드에 대한 본인의 생각을 말해 보시오.
- 영업 관리에서 가장 중요하게 생각하는 덕목은 무엇인가?
- 본인이 화장품 마케터로 적합한 이유를 말해 보시오.
- 영업소의 직원이 매출 기록과 수금한 현금과의 차이로 인해 개인적으로 돈을 빌려달라고 하면 어떻게 할 것인가?
- 스트레스는 어떻게 푸는가?
- 주량은 얼마나 되는가?
- 휴학 기간 동안 무엇을 하였는가?
- 입사하게 된다면 구체적으로 어떤 일을 어떻게 하고 싶은지 말해 보시오.
- 싫어하는 사람에 대해서 말해 보시오.
- 입사 후, 관리하게 될 뷰티 카운슬러 또는 담당 거래처를 어떻게 할 것인가?
- 에뛰드를 처음 봤을 때의 느낌과 지금과의 느낌의 차이에 대해 말해 보시오.
- 왜 에뛰드를 선택했는가?
- 에뛰드에 들어오기 위해 갖춘 본인의 능력은 무엇인가?
- 에뛰드 온라인 판매에 대해 어떻게 생각하는가?
- 에뛰드 매장의 개수와 매장당 평균 매출액은 얼마인가?
- 오늘 에뛰드 자사몰 첫 페이지에 뜬 상품에 대해서 아는 대로 말해 보시오.
- 녹차와 설록차의 차이는 무엇인가?

② 최종 면접

- 전공과 다른 직무 선택의 이유는?
- 공백기간에 대해 설명해 보시오.
- 살면서 가장 크게 성취한 경험에 대해 말해 보시오.
- 이전 회사를 그만둔 이유는 무엇인가?
- 아모레퍼시픽의 문제점은 무엇인가? 있다면 해결 방안과 함께 말해 보시오.
- 아모레퍼시픽을 제외하고 어떤 회사에 지원했는가?
- 본인이 뽑혀야 하는 이유를 말해 보시오.
- 아모레퍼시픽의 5대 가치 중 가장 중요하게 생각하는 덕목은 무엇이며, 왜 그렇게 생각하는가?
- 본인이 리더십이 있다고 생각하는가?
- 최근 뉴스에서 가장 인상 깊었던 것은 무엇인가?
- 입사 후 포부를 말해 보시오.
- 본인의 특기는 무엇인가?
- 마지막으로 하고 싶은 말을 해 보시오.
- 아모레퍼시픽 글로벌 진출에 어떻게 기여할 것인가?
- 특정 경험에서 어떻게 그런 결과를 도출할 수 있었는지 구체적으로 말해 보시오.
- 회사에서 본인이 원하는 대로 해주지 않을 경우 어떻게 할 것인가?
- 갈등을 조정한 사례를 말해 보시오.
- 아모레퍼시픽 브랜드 홍보가 필요한가?
- 배정 받은 직무가 본인이 원하지 않는 것일 땐 어떻게 할 것인가?
- 영업 관련한 경험이 있다면 말해 보시오.
- 여기 있는 사람들 중에 가장 아모레퍼시픽에 적합한 인재는?
- 인사(HR)는 여러 가지 부분으로 구성되어 있는데, 각 구성요소를 설명하고 어떤 분야를 맡아서 하고 싶은지 말해 보시오.
- 새롭게 리뉴얼 된 홈페이지를 보고 든 생각은 무엇인가?

불가능한 일을 해보는 것은 신나는 일이다.

- 월트 디즈니 -

앞선 정보 제공! 도서 업데이트

언제, 왜 업데이트될까?

도서의 학습 효율을 높이기 위해 자료를 추가로 제공할 때!
공기업 · 대기업 필기시험에 변동사항 발생 시 정보 공유를 위해!
공기업 · 대기업 채용 및 시험 관련 중요 이슈가 생겼을 때!

01 SD에듀 도서
www.sdedu.co.kr/book
홈페이지 접속

02 상단 카테고리
「도서업데이트」
클릭

03 해당
기업명으로
검색

참고자료, 시험 개정사항 등 정보 제공으로 학습효율을 높여 드립니다.

SD에듀

대기업 인적성검사 시리즈

신뢰와 책임의 마음으로 수험생 여러분에게 다가갑니다.

대기업 인적성 "단기완성" 시리즈

대기업 취업 기초부터 합격까지! 취업의 문을 여는
Master Key!

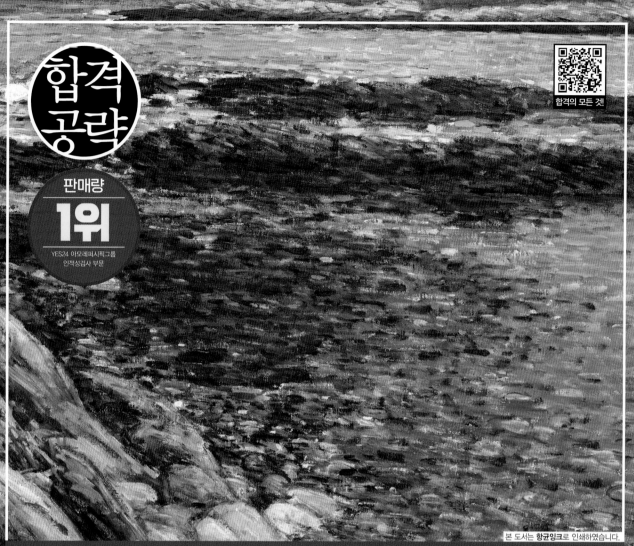

합격공략

본 도서는 **항균잉크**로 인쇄하였습니다.

합격의 모든 것!

2023 최신판

아모레퍼시픽그룹

편저 | SD적성검사연구소

최신기출유형 + 모의고사 3회 + 무료아모레퍼시픽특강

정답 및 해설

모바일 OMR 답안채점/성적분석 서비스	[합격시대] 온라인 모의고사 무료쿠폰	[WIN시대로] AI면접 무료쿠폰	10대기업 면접기출 질문 자료집

SD에듀
(주)시대고시기획

PART 1

기출복원문제

 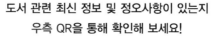 도서 관련 최신 정보 및 정오사항이 있는지
우측 QR을 통해 확인해 보세요!

01 | 2019 ~ 2018년 기출복원문제

01 지각정확력

01	02	03	04	05	06				
②	③	⑤	③	④	①				

01 정답 ②

辰	在	辰	無	長	防	丹	失	堂	亞	丹	防
江	無	在	丹	辰	京	代	長	辰	失	史	江
卞	手	辰	京	史	卞	江	手	史	代	卞	手
防	長	堂	失	辰	在	堂	亞	京	長	辰	無

02 정답 ③

ㄶ	ㄹㄴ	ㄶ	ㅃ	ㅃ	ㄸ	ㄶ	ㅍ	ㄹㄴ	ㄹ	ㅃ
ㄹ	ㅃ	ㅃ	ㅍ	ㅅㄴ	ㄹㄴ	ㅃ	ㅃ	ㄸㅅ	ㅃ	ㄶ
ㄹㄴ	ㅅㄴ	ㄶ	ㄸ	ㅃ	ㅍ	ㄹ	ㄸㅅ	ㅅㄴ	ㅍ	ㅃ
ㅃ	ㅍ	ㄹ	ㄹㄴ	ㄶ	ㅃ	ㄸ	ㄶ	ㄴ	ㄶ	ㄹㄴ

03 정답 ⑤

☺	☺	☺	☹	☺	☹	☹	☹	☹	☺	☺	☺
☹	☺	☹	☺	☹	☹	☺	☹	☹	☹	☹	☹
☹	☺	☺	☹	☹	☺	☹	☹	☹	☹	☹	☹
☺	☹	☹	☹	☺	☺	☹	☹	☺	☺	☺	☺

04 정답 ③

II	I	VII	X	III	VIII	VIII	IV	VIII	IV	III	IV
X	II	VIII	VIII	IX	II	III	IX	V	I	VII	V
III	IV	V	X	II	III	VII	III	X	II	III	VIII
IV	VII	III	IV	VII	I	VIII	IV	VII	IX	II	I

05

(n)	(f)	(e)	(h)	(g)	(v)	(i)	(q)	(a)	(g)	(d)	(n)
(v)	(g)	(i)	(w)	(d)	(k)	(e)	(h)	(k)	(f)	(q)	(h)
(d)	(b)	(v)	(f)	(q)	(g)	(f)	(n)	(i)	(h)	(k)	(f)
(e)	(h)	(n)	(g)	(i)	(e)	(h)	(g)	(d)	(z)	(v)	(e)

06

정답 ①

←	↔	↔	→	↱	↕	↦	↔	↱	↣	→	↴
↕	↵	↦	↗	∼	→	↗	↵	↕	∼	↦	↣
↣	↙	↔	↱	↵	↙	↔	↑	↗	↣	↱	↕
↔	→	∼	↕	↗	↣	∼	↙	↦	↱	→	↵	↔

---

02 언어유추력

01	02	03	04	05					
⑤	②	④	③, ④	⑤, ⑤					

01

정답 ⑤

제시된 관계는 전체와 부분의 관계이다.
'자전거'의 부분은 '페달'이고, '손'의 부분은 '손톱'이다.

02

정답 ②

제시된 관계는 유의 관계이다.
남을 시기하고 샘을 잘 내는 마음이나 행동을 의미하는 '암상'의 유의어는 '시기심'이고, 예로부터 해 오던 방식이나 수법을 좇아 그대로 행함을 의미하는 '답습'의 유의어는 '흉내'이다.

03

정답 ④

제시된 관계는 물건과 단위 관계이다.
'섬'은 '쌀'과 같은 곡식, 가루, 액체 따위의 부피를 잴 때 쓰는 단위를 의미하고, '쌈'은 '바늘' 24개를 일컫는 말이다.

04

정답 ③, ④

제시된 관계는 유의 관계이다.
'낱말'과 '단어'는 분리하여 자립적으로 쓸 수 있는 말이나 이에 준하는 것으로 서로 유의 관계이고, '구속'과 '속박'은 행동이나 의사의 자유를 속박하거나 권리 행사의 자유를 제한하는 것으로 서로 유의 관계이다.

CHAPTER 01 2019 ~ 2018년 기출복원문제 • **3**

05

제시된 관계는 반의 관계이다.
아랫사람의 잘못을 꾸짖는 말을 의미하는 '지청구'의 반의어는 '칭찬'이고, 남을 존중하고 자기를 내세우지 않는 태도가 있음을 의미하는 '겸손'의 반의어는 '거드름'이다.

03   언어추리력

01	02	03	04	05	06				
③	①	③	①	②	③				

01

A를 주문한 손님 중에서 일부는 C를 주문했지만, B를 주문한 손님 중에서는 C를 주문하는 손님이 있었는지 아닌지 주어진 조건만으로는 알 수 없다.

02

B를 주문한 손님들만 D를 추가로 주문할 수 있으므로, A를 주문한 사람은 D를 주문할 수 없다. 즉, D를 주문한 손님은 A를 주문하지 않았다.

03

A를 주문하는 손님 중 일부가 C를 주문했을 뿐, C를 주문한 손님이 모두 A를 주문했는지 아닌지는 주어진 조건만으로는 알 수 없다.

04

A=스트레스를 받음, B=매운 음식을 먹음, C=아이스크림을 먹음, D=운동을 함, E=야근을 함, F=친구를 만남이라고 할 때, 주어진 조건을 정리하면 A → B → C → D → ~E → F가 성립한다. 따라서 A → C가 성립하고 이것의 대우 명제도 참이다.

05

B → F가 성립하므로 이것의 대우 명제인 ~F → ~B가 참이다. 따라서 거짓이다.

06

C → ~E가 성립한다고 해서 이것의 역 명제도 참인지는 알 수 없다.

01	02								
②	②								

01

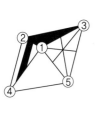 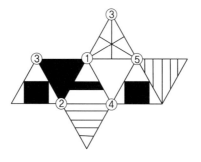

02

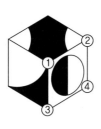 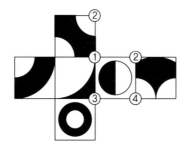

01	02	03	04	05					
②	②	①	②	③					

01

정답 ②

마지막 문장의 '표준화된 언어와 방언 둘 다의 가치를 인정'하고, '잘 가려서 사용할 줄 아는 능력을 길러야 한다.'는 내용을 바탕으로 할 때 제시문의 주제로 적절한 것은 '표준화된 언어와 방언에는 각각 독자적인 가치와 역할이 있다.'이다.

02

정답 ②

두 번째 문단에서 각 나라와 회사별로 표준화된 미세먼지 차단지수가 없다고 설명하고 있다.

오답분석

① 초미세먼지 농도가 짙은 지역의 거주하는 사람 중 고령일수록 피부에 문제가 생길 확률이 증가했다.
③ 미세먼지가 가장 많이 침투하는 부위는 피부가 얇거나 자주 갈라지는 눈 근처, 코 옆, 입술 등이다.
④ 메이크업을 즐겨하는 사람들은 색조 제품의 특성상 노폐물이 더 잘 붙을 수밖에 없으므로 주의해야 한다.

03

정답 ①

제시문은 세종대왕이 한글을 창제하고 반포하는 과정을 설명하고 있다. 따라서 (가) 세종대왕이 글을 읽고 쓰지 못하는 백성들을 안타깝게 여김 → (라) 훈민정음을 만들었지만 신하들의 반대에 부딪힘 → (다) 훈민정음을 세상에 알림 → (나) 훈민정음의 해설서인 『훈민정음 해례본』과 『용비어천가』를 펴냄 순서로 연결되어야 한다.

04

정답 ②

$(17+15+12+7+4) \div 5 = 11$개소

오답분석

① 2018년 전통사찰 지정등록 수는 2017년보다 증가했다.
③ 2012년 전년 대비 지정등록 감소폭은 3개소, 2016년은 2개소이다.
④ 전통사찰 지정등록 수가 가장 낮은 연도는 2017년이다.

05

정답 ③

ㄱ. 초등학생의 경우 남자의 스마트폰 중독비율이 33.35%로 29.58%인 여자보다 높지만, 중고생의 경우 남자의 스마트폰 중독비율이 32.71%로 32.72%인 여자보다 0.01%p가 낮다.
ㄷ. 대도시에 사는 초등학생 수를 a명, 중고생 수를 b명, 전체 인원은 $(a+b)$명이라고 할 때 대도시에 사는 학생 중 스마트폰 중독 인원은 다음과 같다.
$0.308 \times a + 0.324 \times b = 0.3195 \times (a+b) \rightarrow 0.0115 \times a = 0.0045 \times b \rightarrow b \fallingdotseq 2.6a$
대도시에 사는 중고생 수 b가 초등학생 수 a보다 2.6배 많으므로, 스마트폰에 중독된 중고생 수를 a명으로 나타내면 $0.324 \times b = 0.324 \times 2.6 \times a = 0.8424 \times a$명이다. 따라서 $0.308 \times a$명인 스마트폰에 중독된 초등학생 수보다 많다.
ㄹ. 초등학생의 경우 기초수급 가구의 경우 스마트폰 중독비율이 30.35%로, 31.56%인 일반 가구의 경우보다 스마트폰 중독 비율이 낮다. 중고생의 경우에도 기초수급 가구의 경우 스마트폰 중독비율이 31.05%로, 32.81%인 일반 가구보다 스마트폰 중독 비율이 낮다.

오답분석

ㄴ. 한 부모·조손 가족의 스마트폰 중독 비율은 초등학생의 경우가 28.83%로, 중고생의 70%인 $31.79 \times 0.7 \fallingdotseq 22.3\%$ 이상이다. 따라서 적절한 설명이다.

01	02	03	04						
③	②	③	①						

01

전체 작업량을 1이라 하면 A의 1일 작업량은 $\dfrac{1}{40}$, B의 1일 작업량은 $\dfrac{1}{20}$ 이다. A로만 작업한 날을 x일, B로만 작업한 날을 y일이라고 하자.

$\dfrac{1}{40}x + \dfrac{1}{20}y = 1 \cdots$ ㉠

$x + y = 21 \cdots$ ㉡

㉠과 ㉡을 연립하여 풀면

$x = 2,\ y = 19$

따라서 B로 19일 동안 작업하였다.

02

퍼낸 소금물의 양을 xg, 2% 소금물의 양을 yg이라고 하자.

$200 - x + x + y = 320 \rightarrow y = 120$

$\dfrac{8}{100}(200 - x) + \dfrac{2}{100} \times 120 = \dfrac{3}{100} \times 320 \rightarrow 1{,}600 - 8x + 240 = 960 \rightarrow 8x = 880$

$\therefore\ x = 110$

03

집에서 학원까지의 거리는 1.5km=1,500m이고, 걸어간 거리를 xm라고 하자. 달린 거리는 $(1{,}500 - x)$m이다.

$\dfrac{x}{40} + \dfrac{1{,}500 - x}{160} = 15 \rightarrow 4x + 1{,}500 - x = 2{,}400 \rightarrow 3x = 900$

$\therefore\ x = 300$

04

• 두 개의 주사위를 던지는 경우의 수 : $6 \times 6 = 36$가지

• 나온 눈의 곱이 홀수인 경우(홀수×홀수)의 수 : $3 \times 3 = 9$가지

$\therefore$ 주사위의 눈의 곱이 홀수일 확률 : $\dfrac{9}{36} = \dfrac{1}{4}$

01	02	03	04						
④	②	③	③						

01

정답 ④

앞의 항에 $\times \frac{1}{2}$, $\times \frac{1}{3}$, $\times \frac{1}{4}$, $\times \frac{1}{5}$, …인 수열이다.

따라서 ( )$= \frac{1}{3} \times \frac{1}{5} = \frac{1}{15}$이다.

02

정답 ②

홀수 항은 -1, -11, -111, …이고, 짝수 항은 $+1^2$, $+2^2$, $+3^2$, …인 수열이다.

따라서 ( )$= 12 + 3^2 = 21$이다.

03

정답 ③

$\div 2$와 $\times(-4)$가 반복되는 수열이다.

따라서 ( )$= 164 \times (-4) = -656$이다.

04

정답 ③

$$\underline{A \ B \ C} \to \frac{A+C}{2} + 2 = B$$

따라서 ( )$= 2(12-2) - 7 = 13$이다.

01 지각정확력

01	02	03	04						
②	③	④	③						

01　　정답 ②

mm	nm	mm	nn	nn	mn	mm	mn	Mn	mn	mm	mn
Nn	nn	mn	nm	mm	mn	Nn	mm	nn	Nn	mm	nn
nn	mm	nn	Mn	nn	nm	mm	Nn	mm	Mn	nm	Mn
mm	nn	mn	mn	Mn	NN	Nn	mm	Mn	NN	mm	mm
mn	mn	nm	mm	mm	mm	NN	Nn	mm	Nn	mm	nn
mn	mm	nn	mn	Mn	mm	NN	Nn	Mn	nm	mm	nn

02　　정답 ③

88	83	88	33	68	88	88	33	88	68	88	68
86	83	86	88	33	88	33	83	68	33	33	83
88	33	33	68	83	33	89	33	88	68	88	68
33	88	88	33	89	68	88	68	86	88	68	86
88	83	86	88	88	88	83	33	88	68	33	88
89	88	33	88	89	86	89	88	86	33	88	88

03　　정답 ④

기	리	히	니	리	지	비	티	리	시	니	히
리	히	비	시	니	비	니	리	니	비	히	리
지	키	니	티	히	디	시	디	지	리	디	티
피	티	히	리	피	시	피	디	니	시	리	디
지	이	키	디	리	이	이	히	키	디	피	키
비	리	디	이	비	지	디	리	지	비	히	디

02   언어유추력

01	02	03	04						
②	①	⑤, ④	⑤, ②						

01

정답 ②

제시문은 유의 관계이다.
'개선'의 유의어는 '수정'이고, '긴요'의 유의어는 '중요'이다.
• 개선(改善) : 잘못된 것이나 부족한 것을 고쳐 더 좋게 만듦
• 수정(修正) : 바로잡아 고침
• 긴요(緊要) : 꼭 필요하고 중요함
• 중요(重要) : 귀중하고 요긴함

오답분석
① 긴밀(緊密) : 서로 관계가 매우 가까워 빈틈이 없음
③ 경중(輕重) : 가벼움과 무거움. 중요함과 중요하지 않음
④ 사소(些少) : 보잘것없이 작거나 적음
⑤ 친밀(親密) : 지내는 사이가 매우 친하고 가까움

02

정답 ①

제시문은 유의 관계이다.
'괄목상대(刮目相對)'의 유의어는 '일취월장(日就月將)'이고, '관포지교(管鮑之交)'의 유의어는 '막역지우(莫逆之友)'이다.
• 괄목상대(刮目相對) : 상대방의 학식이나 재주가 갑자기 놀랄 만큼 나아졌음을 의미
• 일취월장(日就月將) : 나날이 발전해 나간다는 의미
• 관포지교(管鮑之交) : 변하지 않는 친구 사이의 우정을 의미
• 막역지우(莫逆之友) : 허물없이 친한 친구를 의미

오답분석
② 전전반측(輾轉反側) : 근심과 걱정으로 잠을 이루지 못함을 의미
③ 낙화유수(落花流水) : 힘과 세력이 약해져 쇠퇴해간다는 의미
④ 망운지정(望雲之情) : 멀리 떨어져 있는 부모님을 그리워한다는 의미
⑤ 혼정신성(昏定晨省) : 부모님께 효도하는 도리를 의미

03

정답 ⑤, ④

제시문은 포함 관계이다.
'송편'은 '떡'의 종류 중 하나이고, '꽈배기'는 '빵'의 종류 중 하나이다.

04

정답 ⑤, ②

제시문은 반의 관계이다.
'의무'의 반의어는 '권리'이고, '용기'의 반의어는 '비겁'이다.

PART 1

03 언어추리력

01	02	03							
①	③	①							

01

정답 ①

D가 A와 C가 이용한 두 길 모두 가도 된다면 D는 일대로나 삼대로로 갈 수 있는 아웃렛이 목적지일 것이다. D가 아웃렛을 가게 되면 아웃렛과 편의점에 갈 수 있는 일대로를 이용한 A의 목적지는 편의점이다. C의 목적지도 학교가 되므로 B의 목적지는 도서관 이다.

구분	A	B	C	D
학교	×	×	○	×
도서관	×	○	×	×
편의점	○	×	×	×
아웃렛	×	×	×	○

02

정답 ③

B가 일대로를 이용하면 B는 편의점과 아웃렛을 갈 수 있고, 이에 따라 주어진 조건을 정리하면 다음과 같다.

구분	A	B	C	D
학교	×	×	○	×
도서관	×	×	×	○
편의점	△	△	×	×
아웃렛	△	△	×	×

따라서 편의점을 갈 수 있는 사람은 A와 B이므로 알 수 없다.

03

D가 일대로를 이용했을 때, 주어진 조건을 정리하면 다음과 같다.

구분	A	B	C	D
학교	×	×	○	×
도서관	×	○	×	×
편의점	△	×	×	△
아웃렛	△	×	×	△

A와 D가 어느 대로를 이용했을지는 모르지만, 같은 곳을 갈 수 없으므로 A가 편의점을 갔을 확률은 50%이다.

04 공간지각력

01	02								
④	④								

01

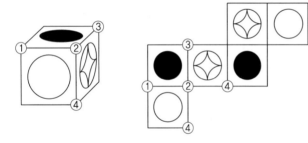

02

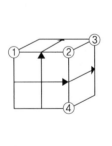
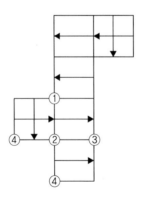

05 판단력

01	02	03							
①	②	②							

01

정답 ①

첫 번째 문단에서는 기업에서 사용하는 인성검사의 종류를 소개하며 인성검사를 채용에 이용하는 것이 바람직한지 묻고 있고, 두 번째 문단부터 그에 대한 내용을 다루고 있으므로 제시문의 주제는 '인성검사는 실시해야 하는가?'가 적절하다.

02

정답 ②

명반응에서 빛에 의해 만들어진 물질이 암반응에서 이산화탄소와 결합하여 포도당이 만들어지는 것을 광합성 작용이라 하고, 빛과 이산화탄소가 동시에 필요하지 않다.

03

정답 ②

2012년에 업체 수의 증감률이 78.5%로 가장 크다.

오답분석

① 업체 수는 제조업체 중 생산실적을 보고한 업체만 포함한 것이므로 적절한 설명이다.
③ 전년 대비 생산실적의 증가 여부는 표의 전년 대비 성장률 항목에서 확인할 수 있다. 주어진 기간 동안 성장률이 양수이므로 항상 증가했음을 알 수 있다.
④ 품목 수의 증감률을 보면 2013년에 음수였으므로 품목 수가 감소한 해가 있었음을 알 수 있다.

06 응용수리력

01	02	03	04						
④	③	①	④						

01

정답 ④

5% 설탕물에 들어있는 설탕의 양은 $100 \times \frac{5}{100} = 5$g이다. xg의 물을 증발시켜 10%의 농도가 되게 하려면 $\frac{5}{100-x} \times 100 = 10\%$ 이므로, 50g만큼 증발시켜야 한다. 따라서 한 시간에 2g씩 증발된다고 했으므로 $50 \div 2 = 25$시간이 소요된다.

02

정답 ③

A씨가 걸어갈 속력을 $x$km/h라고 하면 $\frac{50 - \left(\frac{1}{2} \times 80\right)}{x} \leq \frac{1}{2}$ 이므로, 최소 20km/h로 가야 면접 장소에 늦지 않게 도착한다.

03

정답 ①

25와 30의 최소공배수는 150이다. 따라서 $150 \div 7 = 21 \cdots 3$이므로 일요일이다.

04

정답 ④

$4! \times \dfrac{4}{20} \times \dfrac{4}{19} \times \dfrac{4}{18} \times \dfrac{3}{17} = \dfrac{64}{1,615}$

$\therefore \dfrac{64}{1,615}$

07 수추리력

01	02	03							
③	④	①							

01

정답 ③

앞의 항에 $+(-2)^1$, $+(-2)^2$, $+(-2)^3$, $+(-2)^4$, $+(-2)^5$, …인 수열이다.
따라서 ( ) $= 11 + (-2)^5 = 11 - 32 = -21$이다.

02

정답 ④

홀수 항은 $+\dfrac{1}{4}$, 짝수 항은 $-\dfrac{1}{6}$인 수열이다.

따라서 ( ) $= \dfrac{5}{4} + \dfrac{1}{4} = \dfrac{6}{4} = \dfrac{3}{2}$이다.

03

정답 ①

$\underline{A\ B\ C} \ \rightarrow \ A \times C = B$
따라서 ( ) $= \dfrac{12}{3} = 4$이다.

01	02	03	04						
①	④	④	④						

01

정답 ①

② 갑오의병(1894) → © 을미의병(1895) → ⊙ 을사의병(1905) → © 정미의병(1907)

02

정답 ④

동학농민운동은 전봉준 등을 지도자로 하여 동학교도와 농민들이 일으킨 농민운동이다. 대외적으로는 열강의 침탈에 적극적으로 대응하지 못한 것과 대내적으로는 농민 수탈, 일본의 경제적 침투 등이 원인이 되었다. 1차 봉기에서는 정읍 황토현 전투에서 승리하여 전주를 점령하고 정부와 전주화약을 맺었지만, 2차 봉기에서는 공주 우금치 전투에서 패배하였고 결국 실패하였다.

03

정답 ④

군국기무처는 갑오개혁(1894) 때 설치된 관청이다.

[오답분석]

①·②·③ 독립협회(1896 ~ 1898)는 아관파천으로 인한 국가 위신의 추락이 배경이 되어 조직되었고, 국권·이권수호 운동, 민중계몽운동 등의 활동을 하였으며, 입헌군주제를 주장하였다.

04

정답 ④

간도 참변은 국외 항일운동이다.

[오답분석]

①·②·③ 신간회, 6·10 만세 운동, 광주학생 항일운동은 국내 항일운동이다.

PART 1

03 | 2017년 상반기 기출복원문제

01 지각정확력

01	02	03	04						
③	⑤	②	③						

01

ttp	tto	tpp	tto	ttr	tto	ttr	tpp	tta	tip	tta	tto
tlp	tto	tip	tta	ttp	tip	ttp	tlp	ttr	tpp	tto	tpp
tto	tta	tpp	tlp	tto	tta	ttr	ttr	tto	tip	tta	tip
tip	ttp	tip	tto	tta	tpp	tto	ttr	tip	tpp	tlp	tta
ttr	tlp	ttr	tto	tip	ttr	tlp	tto	tta	tlp	ttp	ttp
tto	tlp	tpp	tlp	tta	ttp	tta	ttr	tto	tlp	tto	ttr

02

66	36	38	39	38	86	39	96	86	39	66	30
30	26	33	38	26	66	26	66	30	30	96	86
66	36	86	30	96	33	96	30	36	39	86	30
33	30	66	39	36	39	30	33	39	33	26	66
86	38	96	66	33	26	33	86	33	39	33	96
39	96	86	33	26	39	38	26	96	38	36	66

03 정답 ②

ㅁㅂ	ㄷㄹ	ㅍㅂ	ㅊㅊ	ㅎㄱ	ㅍㅂ	ㅎㄱ	ㅊㅊ	ㅊㅊ	ㅌㅋ	ㄱㅂ	ㄷㄹ
ㅂㅂ	ㄱㅂ	ㄹㅎ	ㄷㄹ	ㅂㅂ	ㅍㅂ	ㄹㅎ	ㄷㄹ	ㄱㅂ	ㅍㅂ	ㅎㅅ	ㅎㄱ
ㅌㅋ	ㅎㄱ	ㅍㅂ	ㄱㅂ	ㄷㄹ	ㅌㅋ	ㅊㅊ	ㄱㅂ	ㅎㄱ	ㅌㅋ	ㅊㅊ	ㅌㅋ
ㅊㅊ	ㄱㅂ	ㅂㅂ	ㅎㄱ	ㅌㅋ	ㅍㅂ	ㄱㅂ	ㄱㅍ	ㅌㅋ	ㅎㄱ	ㅂㅂ	ㅍㅂ
ㄹㅎ	ㅌㅈ	ㅍㅂ	ㄹㅎ	ㅊㅊ	ㄱㅂ	ㄷㄹ	ㄹㅎ	ㅂㅂ	ㄷㄹ	ㅌㅋ	ㅎㄱ
ㅍㅂ	ㄹㅎ	ㅌㅋ	ㅊㅊ	ㄹㅎ	ㅂㅂ	ㄹㅎ	ㄱㅂ	ㅎㄱ	ㄹㅎ	ㅂㅂ	ㅍㅂ

04

정답 ③

ど	お	せ	が	お	す	せ	が	す	ど	ほ	せ
ほ	す	い	ど	お	ほ	ど	ほ	が	ほ	が	つ
が	り	す	ほ	り	お	せ	ど	す	お	す	す
ど	せ	が	り	ど	ほ	が	り	が	く	お	せ
り	す	り	す	お	せ	せ	ど	ほ	り	が	り
と	お	ど	ほ	が	り	お	す	り	ほ	せ	ど

---

02 언어유추력

01	02	03	04								
④	①	①, ③	①, ②								

01

정답 ④

제시문은 유의 관계이다.
'막상막하(莫上莫下)'의 유의어는 '난형난제(難兄難弟)'이고, '사필귀정(事必歸正)'의 유의어는 '인과응보(因果應報)'이다.

오답분석

① 과유불급(過猶不及) : 정도를 지나침은 미치지 못함과 같다는 뜻으로, 중용(中庸)이 중요함을 이르는 말
② 고장난명(孤掌難鳴) : 외손뼉만으로는 소리가 울리지 아니한다는 뜻으로, 혼자의 힘만으로 어떤 일을 이루기 어려움을 이르는 말
③ 다기망양(多岐亡羊) : 두루 섭렵하기만 하고 전공하는 바가 없어 끝내 성취하지 못함을 이르는 말
⑤ 형설지공(螢雪之功) : 반딧불·눈과 함께 하는 노력이라는 뜻으로, 고생을 하면서 부지런하고 꾸준하게 공부하는 자세를 이르는 말

02

정답 ①

'가을'에는 '사과'가 제철이고, '여름'에는 '수박'이 제철이다.

03

정답 ①, ③

제시문은 단위 관계이다.
'cc'는 '부피'의 단위이고, 'in/s'는 '속도'의 단위이다.

오답분석

k는 온도의 단위, mg·kg는 무게의 단위, m/h는 속도의 단위, a는 넓이의 단위, cm는 길이의 단위, bbl은 부피의 단위이다.

04

정답 ①, ②

제시문은 유의 관계이다.
'자치'의 유의어는 '자결'이고, '보증'의 유의어는 '담보'이다.

03 언어추리력

01	02	03							
③	①	②							

01

정답 ③

제시문을 표로 나타내면 다음과 같다.

구분	1점	2점	3점	4점	5점
A	×	×	×	○	×
B	×			×	
C	×	△	×	×	△
D				×	

B가 2점을 체크했다면 C가 5점이 되므로 D가 체크할 수 있는 곳은 1점이나 3점이다. 둘 중 몇 점에 체크했는지는 알 수 없다.

02

정답 ①

D가 2점 또는 5점을 체크했다면 B가 체크할 수 있는 곳은 3점이 유일하다.

03

정답 ②

C가 2점을 체크했다면 B가 체크할 곳은 3점, 5점이고 D는 1점, 3점, 5점에 체크할 수 있다. 따라서 B와 D가 5점을 체크할 가능성은 같지 않다.

04 공간지각력

01	02								
①	②								

01

정답 ①

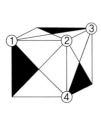
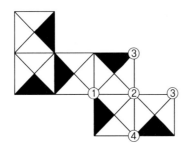

02

05 판단력

01	02	03							
④	③	④							

01

제시문의 '경제성과나 자선 활동은 반기업 정서를 해소하는 데 미치는 영향이 미약하지만, 불법행위나 비윤리적 행동은 반기업 정서를 생성하는 데 직접적이고도 강력한 영향을 미친다.'는 문장을 통해 적절하지 않음을 알 수 있다.

02

두 번째 문단에서 '고요의 아름다움과 슬픔의 아름다움이 조형작품 위에 옮겨질 수 있다면 이것은 바로 예술에서 말하는 적조미의 세계'라고 제시되어 있다.

03

미국과 중국은 다른 경쟁국에 비해 높은 생산자 물가지수 상승폭을 보이고 있으나, 일본은 생산자 물가지수의 변동이 크지 않다.

[오답분석]

①·③ 2010년 대비 2016년 생산자 물가지수가 가장 낮게 상승한 나라는 5.81 상승한 일본으로, 일본의 5.81에 비해 4배 이상 (23.24)이 상승한 나라는 한 곳도 없다.

② 2013년 대비 2016년 우리나라의 생산자 물가지수 상승률은 $\frac{119.35 - 108.6}{108.6} \times 100 ≒ 9.89\%$로, 약 9.9% 상승하여 다른 나라에 비해 높은 상승률을 보이고 있다.

01	02	03							
④	③	②							

01

정답 ④

올라갈 때 달린 거리를 $x$km라고 하자.

$\dfrac{x}{10}+\dfrac{x+10}{20}=5 \rightarrow 2x+x+10=100 \rightarrow 3x=90$

$\therefore x=30$

02

정답 ③

더 넣는 생수의 양을 xL라고 하자.

10% 소금물에 들어있는 소금의 양은 $500\times\dfrac{10}{100}=50$g이므로,

$\dfrac{50}{500+x}\times100=5 \rightarrow 5,000=2,500+5x \rightarrow 2,500=5x$

$\therefore x=500$

03

정답 ②

아이스크림을 x개 산다고 하자. 과자는 $(17-x)$개를 사야 한다.

$600x+1,000(17-x)\leq15,000 \rightarrow 400x\geq2,000 \rightarrow x\geq5$

따라서 아이스크림은 최소 5개를 사야 한다.

01	02	03							
②	②	①							

01

정답 ②

앞의 항에 $+5$, -6, $+7$, -8, $+9$, -10, $+11$, -12 …인 수열이다.

따라서 (　　)$=3+9=12$이다.

02

정답 ②

홀수 항은 $\times2$, 짝수 항은 $+2$인 수열이다.

따라서 (　　)$=4\times2=8$이다.

03

정답 ①

$\underline{A\ B\ C} \rightarrow (A \div B) + 1 = C$

따라서 (　　) $= 10 \div (6-1) = 2$이다.

---

08 한국사

01	02	03	04	05	06	07			
②	④	④	③	③	①	③			

01

정답 ②

남에게 상처를 입힌 자는 곡물로써 배상하였다.

02

정답 ④

『대전통편』은 정조 때 편찬되었다. 영조 때의 법전은 『속대전』이다.

오답분석

① 영조는 탕평책을 시행하여 정치 세력의 균형을 꾀하였다.
② 영조 때 노비종모법이 시행되어 노비 소생의 자녀의 신분은 모계를 따르게 하였다.
③ 영조는 균역법을 시행하여 1년 동안 징수하던 군포의 양을 2필에서 1필로 감하였다.

03

정답 ④

백제는 5세기(475) 문주왕 때 웅진으로 천도하였다.

오답분석

① 6세기 신라 지증왕 때 왕의 칭호를 사용하기 시작하였다.
② 6세기 신라 지증왕 때 이사부를 보내 우산국을 정복하였다.
③ 6세기 신라 법흥왕 때 율령이 반포되었다.

04

정답 ③

성종 때 최초의 철전인 건원중보가 주조되었다.

오답분석

① 성종은 유교 정치 이념을 수용하였다.
② 노비안검법은 광종 때 시행되었고, 성종은 노비환천법을 시행하였다.
④ 선시과 제도는 경송 때 마련되었다.

05

산미 증식 계획은 1920년에 시행되었다.

[오답분석]

① 헌병 경찰제가 시행되었고, 헌병 경찰에게는 즉결 심판권이 부여되었다.

② 교사들이 제복을 입고 칼을 차고 다녔다.

④ 제1차 조선 교육령을 제정하여 우민화 교육을 시행하였다.

06

닉슨 독트린 이후 냉전 체제가 완화되자, 1972년 7·4 남북 공동 성명을 통해 통일 3대 원칙을 합의하고 남북 조절 위원회를 설치하였다. 7·4 남북 공동 성명은 남북한 각각 독재 체제 강화에 이용되기도 하였다.

[오답분석]

② 남북 기본 합의서(1991) : 상호 불가침 조약, 남북한 교류 및 협력 확대

③ 6·15 남북 공동 선언(2000) : 대화와 협력 강조, 경의선 복구, 개성 공단 설치, 남북 이산가족 상봉

④ 10·4 선언(2007) : 제2차 남북 정상 회담, 6·15 남북 공동 선언 계승, 남북 경제 협력 강조

07

배재학당은 근대식 중등 교육기관으로 선교사 아펜젤러가 세운 사립학교이다. 현 배재고등학교의 전신으로, 선교사가 학생들을 가르쳤다.

01 지각정확력

01	02	03	04							
⑤	④	⑤	③							

01

정답 ⑤

ⓝ	ⓜ	ⓜ	ⓝ	ⓝ	ⓞ	ⓝ	ⓞ	ⓓ	ⓞ	ⓢ	ⓢ
ⓜ	ⓝ	ⓞ	ⓜ	ⓓ	ⓞ	ⓞ	ⓢ	ⓓ	ⓗ	ⓞ	ⓝ
ⓘ	ⓘ	ⓞ	ⓓ	ⓢ	ⓞ	ⓔ	ⓗ	ⓝ	ⓜ	ⓝ	ⓞ
ⓝ	ⓞ	ⓜ	ⓓ	ⓔ	ⓢ	ⓗ	ⓞ	ⓞ	ⓜ	ⓝ	ⓞ

02

정답 ④

66	06	68	60	96	76	64	66	66	56	66	66
66	96	06	67	65	62	36	16	06	96	69	86
96	86	67	69	68	56	26	67	64	68	06	60
06	56	96	66	86	68	06	60	66	46	65	26

03

정답 ⑤

ㄹㅿ	ㄹㄷ	ㄹㄷ	ㄹㅈ	ㄹㅆ	ㄹㄷ	ㄹㅿ	ㄹㅈ	ㄹㅈ	ㄹㅆ	ㄹㄷ	ㄹㅿ
ㄹㄷ	ㄹㅆ	ㄹㅆ	ㄹㅿ	ㄹㅈ	ㄹㅈ	ㄹㄷ	ㄹㅿ	ㄹㅆ	ㄹㄷ	ㄹㅿ	ㄹㅈ
ㄹㄷ	ㄹㄷ	ㄹㅈ	ㄹㅿ	ㄹㅆ	ㄹㄷ	ㄹㅆ	ㄹㄷ	ㄹㅈ	ㄹㅈ	ㄹㅿ	ㄹㅆ
ㄹㅈ	ㄹㅆ	ㄹㄷ	ㄹㅿ	ㄹㅆ	ㄹㅈ	ㄹㅈ	ㄹㅈ	ㄹㅿ	ㄹㅆ	ㄹㄷ	ㄹㅿ

04

정답 ③

cm²	km	cm	cm	km	km²	cm²	km²	cm	cm	cm²	cm²
cm²	km²	km	cm	cm²	km²	cm	cm	km	cm³	km²	km²
km²	km²	cm²	cm²	mm²	km²	km	mm²	cm	mm	mm²	m²
km	cm	mm²	km²	mm²	km²	cm²	cm²	cm	km²	cm²	km²

01	02	03	04						
②	①	③, ③	①, ④						

01

정답 ②

제시문은 국가와 국화의 관계이다.
'대한민국'의 국화는 '무궁화'이고, '네덜란드'의 국화는 '튤립'이다.

02

정답 ①

제시문은 유의 관계이다.
'청결하다'의 유의어는 '정갈하다'이고, '피곤하다'의 유의어는 '고단하다'이다.

03

정답 ③, ③

제시문은 반의 관계이다.
'고상하다'의 반의어는 '저속하다'이고, '전업하다'의 반의어는 '겸임하다'이다.

04

정답 ①, ④

제시문은 상하 관계이다.
'마블 코믹스'의 하위어는 '어벤저스'이고, 'DC 코믹스'의 하위어는 '배트맨'이다.

01	02	03							
②	③	①							

01

정답 ②

제시문에 따르면 포도 맛 2개와 딸기 맛 1개는 이미 선택되었으므로 B가 복숭아 맛을 먹었다면 D에게 남은 것은 사과 맛밖에 없다.

02

정답 ③

제시문에 따르면 포도 맛 2개와 딸기 맛 1개는 이미 선택되었으므로 D에게 남은 것은 사과 맛 2개와 복숭아 맛 1개이다. 따라서 D는 1 ~ 3개를 먹을 수 있으므로 가장 많이 먹었는지는 알 수 없다.

03

아이스크림은 6개이고, 손님은 4명이다. 주어진 조건 안에서 손님 3명이 각각 1개씩 먹고 손님 1명이 아이스크림 3개를 먹을 수 있으므로 한 손님이 먹을 수 있는 아이스크림 최대량은 3개이다.

04 공간지각력

01	02								
①	③								

01

정답 ①

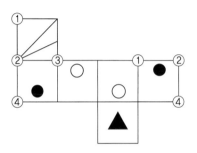

02

정답 ③

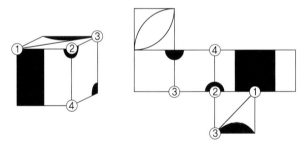

01	02	03	04						
②	④	②	④						

01

정답 ②

제시문은 신문의 진실 보도를 위한 언론인의 태도에 대해 말하고 있는 것이다. 따라서 (다) 신문은 진실을 보도해야 함 → (가) 진실 보도를 위한 언론인 태도 → (라) 태도를 강조하는 이유 → (마) (라)의 특정 보도의 내용이 달라지는 것과 연결 → (나) 언론인이 고독의 길을 걷는 이유 순서로 나열되어야 한다.

02

정답 ④

제시문은 국제 사회에서의 개인의 위상과 국력의 관계를 설명하며 국력의 중요성을 말하고 있다.

03

정답 ②

네 번째 문장 '세상에 완전하게 이성에 의해서만 지배되지 않음을 표현하고 있을 뿐이다.'를 통해 ②의 내용이 적절하지 않음을 알 수 있다.

04

정답 ④

제시문에서 빌케와 블랙은 당시의 속설과 다른 얼음의 특성을 발견하였지만, 둘이 함께 연구하였는지에 대한 내용은 글을 통해 추론할 수 없다.

06 응용수리력

01	02	03	04						
③	②	②	③						

01

정답 ③

• 주사위 A에서 2 또는 4의 눈이 나오는 경우의 수 : 2가지
• 주사위 B에서 홀수가 나오는 경우의 수 : 3가지
∴ A에서 2 또는 4의 눈이 나오고, B에서 홀수가 나오는 경우의 수 : $2 \times 3 = 6$가지

02

정답 ②

A와 B가 만나는 시간을 x분이라고 하자. (A가 간 거리)=(B가 간 거리)+300가 성립해야 하므로
$200x = 50x + 300$
∴ $x = 2$

03

정답 ②

증발된 물의 양을 xg이라 하자.

$$\frac{4}{100}\times400=\frac{8}{100}\times(400-x) \rightarrow 1,600=3,200-8x$$

$\therefore\ x=200$

04

정답 ③

어린이, 어른의 식권을 각각 x원, $1.5x$원이라 하자.

$6x+8\times1.5x=72,000 \rightarrow x=4,000$

따라서 어른의 식권 가격은 $1.5x=6,000$원이다.

PART 1

07 수추리력

01	02	03							
①	③	③							

01

정답 ①

홀수 항은 $\times5$, 짝수 항은 $(\times3+1)$인 수열이다.

따라서 (   )$=40\times3+1=121$이다.

02

정답 ③

홀수 항은 $+1$, $+2$, $+3$, $+4$, $+5$ …, 짝수 항은 -1, $+1$, -2, $+2$, -3, …인 수열이다.

따라서 (   )$=6-3=3$이다.

03

정답 ③

$\underline{A\ B\ C} \rightarrow (A+C)\times2=B$

따라서 (   )$=(2+4)\times2=12$이다.

01	02	03	04	05	06	07			
②	①	②	②	④	③	①			

01

정답 ②

청동기 시대에는 야산, 구릉지 등에서 장방형 움집을 만들고 거주하며 마을 규모를 확대하였다.

오답분석

① 구석기 시대의 유적지이다. 청동기 시대의 유적지는 여주 흔암리, 부여 송국리, 서천 화금리 등이 있다.
③ 애니미즘, 샤머니즘, 영혼숭배, 토테미즘 등의 신앙은 신석기 시대에 이미 등장하였다.
④ 널무덤, 독무덤 등은 철기 시대에 만들어졌다. 청동기 시대에는 고인돌 등의 무덤이 있다.

02

정답 ①

제시문은 백제 근초고왕의 업적이다. 근초고왕은 중국의 요서·산둥·규슈 등으로 진출하였고, 마한 등을 정복하며 백제 전성기를 맞이하였다. 백제가 불교를 수용한 것은 384년 침류왕 때이다.

03

정답 ②

12목을 설치하고 지방관을 파견한 것은 성종이다. 광종은 노비안검법, 과거제 등을 시행하였다.

오답분석

① 태조는 기인제도와 사심관제도를 실시하여 호족을 견제하고, 호족과의 정략결혼과 성씨 하사 등의 방법으로 호족을 회유하였다.
③ 성종은 최승로의 시무 28조를 받아들여 유교를 통치 이념으로 삼고, 여러 정치제도를 정비하였다.
④ 현종은 지방 제도를 5도 양계로 정비되었다.

04

정답 ②

「인왕제색도」, 「금강전도」 등의 진경산수화와 「미인도」 등의 풍속도는 조선 후기에 성행하였고, 『농사직설』, 『향약집성방』 등은 조선 전기에 저술되었다.

오답분석

① 조선 후기에는 부를 축적한 농민이 증가하고, 공명첩과 납속책 등이 시행되어 양반의 수가 늘어나는 등 신분제가 동요하였다.
③ 조선 후기에는 관영 수공업이 쇠퇴하고 민영 수공업이 발달하였으며, 선대제가 발달하였다.
④ 조선 후기에는 농업 기술의 발달로 이앙법이 확대되어 노동력이 절감되고, 이모작이 가능해졌으며, 수확량이 증가하였다.

05

정답 ④

㉠ 신미양요(1871) → ㉣ 임오군란(1882) → ㉢ 갑신정변(1884) → ㉡ 고부 농민 봉기(1894) 순서로 전개되었다.

06

제시문은 의열단에 대한 설명이다.

[오답분석]
① 좌우합작단체로 노동운동, 여성운동, 광주 학생 항일 운동 등을 지원하였다.
② 외국과 외교활동을 하고 독립신문을 간행하며, 광복군을 조직하는 등 광복 때까지 지속적인 독립 활동을 전개하였다.
④ 김구가 조직한 항일 무력 단체로 이봉창 의거, 윤봉길 의거 등을 전개하였다.

07

㉠ 발췌 개헌(1952)
㉡ 사사오입 개헌(1954)

[오답분석]
㉢ 10월 유신(1972)
㉣ 6・29 선언(1987)

05 | 2016년 상반기 기출복원문제

01 지각정확력

01	02	03	04	05	06				
③	④	⑤	⑤	③	②				

01 정답 ③

ⓐ	ⓑ	ⓓ	ⓗ	ⓢ	ⓛ	ⓦ	ⓑ	ⓓ	ⓕ	ⓩ	ⓗ
ⓖ	ⓙ	ⓘ	ⓛ	ⓖ	ⓙ	ⓘ	ⓒ	ⓗ	ⓖ	ⓥ	ⓙ
ⓢ	ⓩ	ⓛ	ⓓ	ⓓ	ⓘ	ⓛ	ⓕ	ⓤ	ⓓ	ⓦ	ⓘ
ⓛ	ⓤ	ⓢ	ⓩ	ⓗ	ⓨ	ⓑ	ⓖ	ⓣ	ⓜ	ⓤ	ⓛ

02 정답 ④

▤	⊙	▥	▶	◐	■	▲	◐	¶	⊙	■	▦
▧	▦	▧	◆	▧	◆	▤	▦	◀	▦	■	▧
▪	▤	▦	◐	■	◑	⊙	■	◑	◐	◎	¶
◆	▥	▪	⊙	▤	◎	¶	◐	▲	▧	▶	◐

03 정답 ⑤

86	83	60	83	88	85	63	8	68	39	96	38
88	66	38	66	68	33	66	98	86	83	88	86
83	96	88	86	36	83	80	88	38	33	80	68
68	80	96	68	63	39	98	60	88	36	98	66

04 정답 ⑤

갇	강	감	갓	갈	갓	각	갈	간	강	각	갇
갈	갇	간	값	갈	감	간	갈	갓	갇	갗	강
갖	간	갇	값	갗	강	갈	감	각	갇	갈	갇
갓	갈	강	갗	간	갇	값	감	갇	갖	같	갈

05

정답 ③

バ	ビ	ネ	ゴ	ガ	ブ	ロ	ネ	ビ	ウ	ワ	ボ
ペ	ウ	ブ	ビ	ワ	バ	ゴ	ワ	ボ	ミ	バ	ペ
ボ	ワ	バ	ボ	ロ	ビ	ネ	バ	ペ	ロ	ネ	ブ
ブ	ボ	ペ	ウ	ゴ	ミ	ワ	ナ	ブ	ゴ	ガ	バ

06

정답 ②

care	cage	cape	cade	crow	cake	cing	cale	cead	cake	cale	cane
cane	cate	case	cane	cate	care	cape	cate	care	case	crow	cage
cake	cabe	cake	care	crew	cage	cabe	cane	cose	crew	care	cabe
cale	cape	cate	cape	cabe	cale	cake	cade	cing	cate	code	case

02　언어유추력

01	02	03	04	05	06	07			
①	②	③	①, ③	②, ③	①, ④	③, ④			

01

정답 ①

제시문은 국가와 수도의 관계이다.
'중국'의 수도는 '베이징'이고, '호주'의 수도는 '캔버라'이다.

02

정답 ②

'몽룡'의 짝은 '춘향'이고, '피터팬'의 짝은 '웬디'이다.

03

정답 ③

제시문은 상징 관계이다.
'독수리'는 '미국'의 상징이고, '비둘기'는 '평화'의 상징이다.

04

정답 ①, ③

제시문은 반의 관계이다.
'승진하다'의 반의어는 '강등하다'이고, '유사하다'의 반의어는 '상이하다'이다.

05

정답 ②, ③

제시문은 상하 관계이다.
'어벤져스'의 하위어는 '아이언맨'이고, '아이돌'의 하위어는 '소녀시대'이다.

06

정답 ①, ④

제시문은 유의 관계이다.
'비범하다'의 유의어는 '특별하다'이고, '모호하다'의 유의어는 '애매하다'이다.

07

정답 ③, ④

제시문은 도구와 용도의 관계이다.
'풀'은 '붙이는' 데 사용하고, '카메라'는 '촬영하는' 데 사용한다.

03 　언어추리력

01	02	03	04	05	06				
②	③	①	①	③	③				

01

정답 ②

제시문을 정리하면 다음과 같다.

구분	국어	수학	사회	과학
경우 1	x	$x+17$	$x+7$	$x+22$
경우 2	x	$x+3$	$x-7$	$x+8$

국어가 80점인 경우에 경우 1이 적용되면 과학은 102점으로 100점 만점이라는 조건에 어긋난다. 따라서 경우 2만 적용되어 과학은 88점이 된다.

02

정답 ③

경우 1에 따르면 국어가 70점일 때 사회는 77점이지만, 경우 2에서는 국어가 70점일 때 사회가 63점이다. 따라서 국어가 70점일 때 사회가 77점인지의 여부는 주어진 조건만으로 알 수 없다.

03

정답 ①

경우 1, 경우 2 모두 수학은 사회보다 10점 높으므로 참이다.

04

정답 ①

제시문의 조건에 따라 A가 축구를 하면 C가 수영을 한다. 따라서 그의 대우 명제인 'C가 수영을 하지 않으면 A가 축구를 하지 않는다.'도 참이다.

05

정답 ③

B가 농구를 하지 않는다고 해서 C가 수영을 하는지는 알 수 없다.

06

정답 ③

A가 축구를 하면 C는 수영을 하지만, 이의 역 명제인 'C가 수영을 한다고 해서 A가 축구를 한다.'가 참인지는 알 수 없다.

04 공간지각력

01	02	03							
③	②	③							

01

정답 ③

 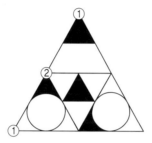

02

정답 ②

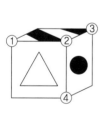 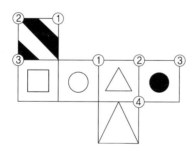

03

정답 ③

 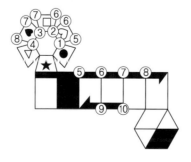

01	02	03	04	05	06				
②	③	②	①	①	④				

01

정답 ②

제시문은 칸트의 가언적 명령에 대한 정의를 먼저 설명한 후, 그에 반대되는 정언적 명령에 대해 설명하는 내용의 글이다. 따라서 (다) 칸트는 우리가 특정한 목적을 달성하기 위해 준수해야 할 일, 또는 어떤 처지가 되지 않기 위해 회피해야 할 일에 대한 것을 가언적 명령이라고 함 → (가) 가언적 명령과 달리, 우리가 이상적 인간으로서 가지는 일정한 의무를 정언적 명령이라고 함 → (라) 이는 절대적이고 무조건적인 의무이며, 이에 복종함으로써 뒤따르는 결과가 어떠하든 그와 상관없이 우리가 따라야 할 명령임 → (나) 칸트는 이와 같은 정언적 명령들의 체계가 곧 도덕이라고 봄의 순서로 배열하는 것이 적절하다.

02

정답 ③

(나)에서 하나의 그림에는 규칙이 없기 때문에 우리가 정확한 말로 표현하는 것이 불가능하다고 했지만, (라)에서는 의미 없는 것들이라도 논의 자체가 우리가 그림을 보는 데 있어 더 많은 깨달음을 주고 있다고 주장한다. 따라서 (다)는 글의 흐름상 적절하지 않다. 글의 흐름이 보다 자연스럽기 위해서는 '하지만 모든 작품이 다 그렇다거나, 혹은 사람들이 취미에 대해 논할 수 없다는 뜻은 아니다.'라는 문장이 되어야 한다.

03

정답 ②

아파트는 모든 것이 다 같은 높이의 평면 위에 있다. 따라서 아파트에서는 모든 것이 평면적이다.

04

정답 ①

제시문은 고전 범주화 이론에 바탕을 두고 있는 성분 분석 이론이 단어의 의미를 충분히 설명하지 못한다는 것을 말하고 있는 글이지 '새' 자체가 주제인 것은 아니다. 따라서 제시문의 주제는 고전 범주화 이론의 한계이다.

[오답분석]
②・③ '새'가 계속 언급되는 것은 고전적인 성분 분석의 예로서 언급되는 것이기 때문에 주제가 될 수 없다.
④ 성분 분석 이론의 바탕은 고전 범주화 이론이고, 이는 너무 포괄적이기 때문에 글의 주제가 될 수 없다.

05

정답 ①

합리주의적인 언어 습득의 이론에서 어린이가 언어를 습득하는 것은 거의 전적으로 타고난 특수한 언어 학습 능력과 일반 언어 구조에 대한 추상적인 선험적 지식에 의해서 이루어지는 것이다. 반면 경험주의 이론은 경험적인 훈련(후천적)이 핵심이다.

06

정답 ④

주어진 개요는 우리나라의 민주주의가 아직 미흡한 점이 많음을 서론에서 지적한 후에, '본론 1'에서 그 미흡한 점을 구체적으로 지적하고, '본론 2'에서 민본주의를 바탕으로 해결책을 모색하고 있다. 따라서 결론에는 '본론 1'과 '본론 2'의 내용을 포괄하면서 서론에서 제기한 화제를 다루고 있는 ④가 적절하다. 글의 제목은 중심 생각의 내용을 포괄하면서 결론의 내용을 압축적으로 보여주어야 한다.

06 응용수리력

01	02	03	04	05	06	07	08		
③	①	④	②	④	②	②	③		

01

정답 ③

- 5% 설탕물 600g에 들어있는 설탕의 양 : $\dfrac{5}{100} \times 600 = 30$g
- 10분 동안 가열한 후 남은 설탕물의 양 : $600 - (10 \times 10) = 500$g
- 가열 후 남은 설탕물의 농도 : $\dfrac{30}{500} \times 100 = 6$%

여기에 더 넣은 설탕물 200g의 농도를 x%라 하자.

$$\frac{6}{100} \times 500 + \frac{x}{100} \times 200 = \frac{10}{100} \times 700 \rightarrow 2x + 30 = 70$$

$$\therefore x = 20$$

02

정답 ①

$$\frac{5}{100} \times 100 + \frac{10}{100} \times x = \frac{6}{100} \times y \rightarrow 500 + 10x = 6y$$

$$\therefore x = \frac{6y - 500}{10}$$

03

정답 ④

거슬러 올라간 거리를 $x$km, 내려간 거리를 $(7-x)$km라고 하자.
- 배를 타고 거슬러 올라갈 때의 속력 : (배의 속력)−(강물의 속력)=10km/h
- 배를 타고 내려갈 때의 속력 : (배의 속력)+(강물의 속력)=15km/h

(올라갈 때 걸리는 시간)+(내려갈 때 걸리는 시간)은 $\dfrac{2}{3}$ 시간이므로 $\dfrac{x}{10} + \dfrac{7-x}{15} = \dfrac{2}{3}$

$$\therefore x = 6$$

04

정답 ②

두 사람이 만나는 데 걸리는 시간을 x시간이라고 하자.

$$ax + b\left(x - \frac{1}{2}\right) = 10 \rightarrow (a+b)x = 10 + \frac{b}{2}$$

$$\therefore x = \frac{20 + b}{2(a+b)}$$

05

정답 ④

동생의 나이를 x살이라고 하자. 수영이의 나이는 $(x+5)$살, 언니의 나이는 $2(2x+5)$살이다.
세 자매의 나이의 합이 39이므로
$$x + (x+5) + 2(2x+5) = 39 \rightarrow x = 4$$
따라서 현재 언니의 나이는 26살이고, 3년 뒤 언니의 나이는 29살이다.

06

정답 ②

전체 일의 양을 1이라고 하면 소미가 하루 동안 할 수 있는 일의 양은 $\frac{1}{12}$, 세정이와 미나가 함께 하루 동안 할 수 있는 일의 양은 $\frac{1}{4}$이다. 세 사람이 x일 동안 일한다고 하자.

$$\left(\frac{1}{12}+\frac{1}{4}\right)\times x=1$$
$$\therefore \ x=3$$

07

정답 ②

• 집 → 놀이터 → 학교 : $4\times5=20$가지
• 집 → 학교 : 2가지
$\therefore \ 20+2=22$가지

08

정답 ③

• 7명의 학생이 원탁에 앉는 경우의 수 : $(7-1)!=6!$
• 7명의 학생 중 여학생 3명이 원탁에 이웃해서 앉는 경우의 수 : $(5-1)!\times3!$
$\therefore$ 7명의 학생 중 여학생 3명이 원탁에 이웃해서 앉는 확률 : $\frac{4!\times3!}{6!}=\frac{1}{5}$

07　수추리력

01	02	03	04	05	06				
②	④	②	③	④	④				

01

정답 ②

홀수 항은 $\times3$, 짝수 항은 $\times(-3)$인 수열이다.
따라서 (　)$=45\times(-3)=-135$이다.

02

정답 ④

홀수 항은 $\times0.2$, $\times0.3$, $\times0.4$, …이고, 짝수 항은 $\times\left(-\frac{1}{3}\right)$, $\times\frac{1}{4}$, $\times\left(-\frac{1}{5}\right)$, $\times\frac{1}{6}$, …인 수열이다.

따라서 (　)$=\left(-\frac{1}{120}\right)\times\frac{1}{6}=-\frac{1}{720}$이다.

03

정답 ②

앞의 항에 $\times1+1^2$, $\times2+2^2$, $\times3+3^2$, $\times4+4^2$, …인 수열이다.
따라서 (　)$=8\times3+3^2=33$이다.

04

정답 ③

$\underline{A \ B \ C} \rightarrow A^2 + 2B = C$
따라서 ( )$= 5^2 + 2 \times 9 = 43$이다.

05

정답 ④

$\underline{A \ B \ C} \rightarrow A^2 - \sqrt{B} = C$
따라서 ( )$= 8^2 - \sqrt{81} = 55$이다.

06

정답 ④

$\underline{A \ B \ C} \rightarrow A^2 + B^2 = C$
따라서 ( )$= \sqrt{74 - 5^2} = \sqrt{49} = 7$이다.

08 한국사

01	02	03	04	05	06	07	08	09	10
②	③	③	③	①	④	①	②	③	②

01

정답 ②

세형동검은 철기 시대의 대표적인 유물이다. 청동기 시대의 유물은 비파형 동검이다.

오답분석
① 대표적인 석제 농기구로 반달 돌칼이 있다.
③ 신석기 시대의 원·방형 움집과 달리 청동기 시대에는 직사각형 움집에서 생활했다.
④ 계급의 발생을 보여주는 대표적인 사례가 고인돌이다.

02

정답 ③

발해의 군사제도는 10위(중앙군)와 지방군(지방관이 지휘)으로 구성되었다. 중앙군에는 위마다 대장군과 장군을 두어 통솔하였으며, 지방군은 농병일치제를 바탕으로 촌락 단위로 조직되었으며 지방관이 통솔하였다.

03

정답 ③

신라의 화백회의에 해당하는 설명이다.

04

정답 ③

(나) 고려 건국(918) → (다) 신라 항복(935) → (가) 후백제 멸망(936)

05

순청자는 11세기에 주를 이루던 청자이고, 12세기 중엽에 전성기를 이룬 청자는 상감청자이다. 상감청자는 원재료 일부를 파내고 그 자리를 다른 재료로 메워 무늬를 나타내는 고려의 독창적 기법으로 12세기 전반기에 발생하여 12세기 중엽에 전성기를 이루었다.

06

다산 정약용은 조선 시대 대표적인 실학자로 경세를 위한 구체적인 실천 방안을 다룬 『경세유표(經世遺表)』, 『목민심서(牧民心書)』, 『흠흠신서(欽欽新書)』 등을 저술하였다.

07

원효(617~686)는 일심 사상을 바탕으로 화쟁 사상을 주장하며 불교의 통합을 위해 노력했다. 정토종을 보급하여 불교 대중화에 기여하고자 했으며, 무애가를 만들어 부르며 누구나 나무아미타불하면 극락정토로 갈 수 있다는 아미타 신앙을 바탕으로 했다. 대표적인 저서로는 『십문화쟁론』, 『금강삼매경론』, 『화엄경소』 등이 있다.

08

병인양요(1866), 오페르트 도굴 사건(1868), 신미양요(1871) 등 잇따른 외세의 침략으로 흥선대원군은 통상수교를 거부를 하게 되고, 수호거부의 표시로 척화비를 건립하였다. 대원군은 신미양요 직후인 1871년 4월 서울을 비롯하여 전국의 요소에 척화비를 세우지만, 1882년 임오군란으로 대원군이 청나라에 납치되고 개국하게 되면서 척화비를 철거하거나 파묻어버렸다.

09

대한민국 임시정부에 대한 내용이다.

[오답분석]
① 대한광복군정부 : 1914년 3 · 1 운동이 일어나기 전 연해주에서 조직되었던 단체
② 대한국민의회 : 준 임시정부로 1919년 러시아의 블라디보스토크에 건립한 임시정부 성격의 단체
④ 대한인국민회 : 1910년 미국에서 조직되었던 독립운동단체

10

(다) 4 · 19 혁명(1960) → (가) 부마 항쟁(1979) → (나) 5 · 18 민주화 운동(1980) → (라) 6월 민주 항쟁(1987)

PART 2

합격의 공식 SD에듀 www.sdedu.co.kr

적성검사

01 | 지각정확력
유형점검

01	02	03	04	05	06	07	08	09	10	11	12	13	14	15	16	17	18	19	20
②	④	③	④	⑤	⑤	①	⑤	③	①	⑤	⑤	①	⑤	⑤	⑤	③	①	③	②

21	22	23	24	25	26	27	28	29	30										
①	③	⑤	⑤	①	③	⑤	③	②	⑤										

01 　　　　　　　　　　　　　　　　　　　　　　　정답 ②

圖	四	圓	口	國	日	日	匚	畵	區	匚	四
日	匚	國	圓	口	四	圓	圖	圓	四	圓	日
國	圓	圖	日	日	匚	畵	圖	四	圓	圖	四
四	圓	口	國	日	日	匚	圖	畵	區	四	匚

02 　　　　　　　　　　　　　　　　　　　　　　　정답 ④

㉠	㉡	㉢	㉣	㉤	㉥	㉦	㉧	㉨	㉩	㉪	㉠
㉫	㉬	㉮	㉯	㉰	㉱	㉲	㉠	㉳	㉴	㉵	㉶
㉷	㉸	㉹	㉺	Ⓐ	Ⓑ	Ⓒ	Ⓓ	Ⓔ	Ⓕ	㉠	Ⓗ
Ⓙ	Ⓚ	Ⓛ	Ⓜ	Ⓝ	Ⓞ	㉠	Ⓟ	Ⓠ	Ⓡ	Ⓢ	Ⓣ

03 　　　　　　　　　　　　　　　　　　　　　　　정답 ③

610	587	331	356	408	631	602	90	635	301	201	101
220	730	196	589	600	589	306	102	37	580	669	89
58	796	589	633	580	710	635	663	578	598	895	598
310	566	899	588	769	586	486	789	987	169	323	115

04 　　　　　　　　　　　　　　　　　　　　　　　정답 ④

≒	≑	∺	÷	≕	≍	∺	≍	≕	≍	∺	≑
≍	≕	≍	≑	∺	≑	÷	≔	∺	≒	≑	÷
≑	÷	≒	≔	≍	÷	≔	≑	≕	≔	÷	÷
÷	≔	∺	≔	÷	≒	∺	≕	≍	∺	≔	≑

05 정답 ⑤

う	て	ぐ	つ	ど	ざ	ん	ど	う	で	う	よ
で	よ	の	ど	う	て	ぐ	の	で	ん	ど	ど
つ	ど	ざ	で	よ	ど	う	ど	て	つ	ざ	つ
て	の	う	て	よ	ん	の	よ	で	う	ぐ	う	て

06 정답 ⑤

問	門	間	門	問	聞	們	門	聞	聞	聞	間
門	間	聞	聞	們	間	聞	間	們	問	門	們
聞	門	們	間	聞	問	門	問	門	間	問	聞
們	聞	間	問	門	間	們	門	聞	門	聞	門

07 정답 ①

#	○	◇	☆	&	★	△	☆	*	■	※	◆
▼	→	▲	@	←	=	□	●	◎	§	▽	↑
↔	○	↓	▼	#	&	→	▽	□	↑	#	←
◆	※	*	★	=	●	◇	□	△	▲	■	@

08 정답 ⑤

sprit	sole	sin	shape	sou	sound	soup	sour	soul	south	soul	saul
sour	soup	sin	saul	soul	soup	son	sole	sprit	seoul	soup	son
seoul	sound	soul	houl	boul	bawl	soul	sole	son	soup	sour	sour
sun	sunny	star	start	styx	stur	spam	super	show	sour	salt	sand

09 정답 ③

⑲	⑧	⑰	⑯	⑲	⑧	⑧	⑧	⑰	⑱	⑱	⑯
⑰	⑱	⑱	⑩	⑱	⑲	⑰	⑰	⑱	⑲	⑱	⑱
⑯	⑩	⑲	⑰	⑯	⑱	⑩	⑲	⑯	⑧	⑯	⑲
⑱	⑰	⑧	⑱	⑩	⑩	⑯	⑩	⑧	⑰	⑱	⑱

10

정답 ①

ч	Ш	Щ	Ц	У	Л	П	Щ	Л	У	Щ	Ш
Ш	Щ	П	П	Ш	У	П	Л	Ш	Ш	У	У
Л	У	Ш	Щ	Л	Л	Ш	У	Щ	Л	Щ	Л
Щ	Ш	Л	П	Щ	П	У	Щ	У	Ш	Л	Ш

11

정답 ⑤

un	uu	nn	un	mn	un	um	nn	un	uo	uu	un
nn	un	mn	uu	nn	uu	uo	uu	mn	un	nn	nn
uu	mn	nn	um	uo	nn	uu	un	nn	um	uo	um
un	um	mn	un	uo	um	mn	um	uu	nn	um	un

12

정답 ⑤

Ⅎ	Ⅎ	฿	£	£	฿	¢	Ⅎ	Ⅎ	¢	Ⅎ	Ⅎ
¢	₦	£	¢	฿	Ⅎ	₦	Ⅎ	Ⅎ	£	₦	฿
Ⅎ	Ⅎ	Ⅎ	¢	₦	₦	£	฿	฿	¢	Ⅎ	¢
£	₦	฿	₦	£	£	¢	₦	£	£	฿	Ⅎ

13

정답 ①

ゼ	テ	ネ	デ	ケ	ス	ケ	ス	ネ	ス	テ	ゼ
デ	ズ	セ	デ	ス	ゼ	ケ	テ	デ	ゼ	テ	ゲ
セ	テ	ネ	ケ	テ	ケ	テ	ズ	セ	ケ	デ	ネ
ゲ	ネ	ゲ	ゼ	デ	ズ	ケ	ゼ	デ	ス	ス	セ

14

정답 ⑤

vii	Ⅲ	ii	Ⅸ	vii	ix	iv	Ⅶ	v	xii	Ⅺ	i
iv	v	Ⅵ	iii	xi	x	v	ii	vii	xi	iii	Ⅻ
Ⅲ	vii	xi	xii	iv	Ⅵ	Ⅵ	Ⅻ	ix	Ⅵ	v	vii
ii	Ⅻ	Ⅺ	Ⅶ	v	iii	vii	Ⅸ	i	Ⅸ	iv	xii

15

정답 ⑤

置	値	致	致	輻	恥	稚	熾	峙	輻	侈	緻
馳	痴	幟	淄	梔	緇	癡	嗤	痔	治	稊	輻
輻	癡	雉	馳	幟	痔	値	致	緇	稚	緻	峙
痴	致	梔	輻	稊	置	淄	恥	侈	嗤	熾	輻

16

정답 ⑤

◁	◀	▷	▶	♤	♠	♡	♥	♧	♣	◉	◈
◘	◑	◐	▨	▤	▥	□	▧	▦	▩	♨	☏
☎	☞	☜	¶	†	‡	↕	↗	↙	↖	↘	♭
♩	♪	♬	㉿	㈜	№	㏇	™	a.m.	p.m.	TEL	€

17

정답 ③

홍	경	묘	청	래	이	재	순	조	사	고	종
방	김	삿	랑	인	시	갓	구	대	위	충	절
보	은	속	리	대	청	한	타	국	금	아	태
짬	탕	짜	단	짠	고	감	래	진	상	왕	전

18

정답 ①

변화	포탄	고향	원산	목포	가방	반증	무상	무념	문학	방학	밥상
벽지	벽화	사랑	순화	소이	딸기	사망	변혁	변절	수학	교정	기업
니트	종류	평화	출구	예광	변심	반항	소화	파기	무형	역사	문화
탄산	맥주	고난	탈출	예방	사또	화랑	담배	낙지	선박	출항	장갑

19

정답 ③

hole	hell	hide	hard	have	horn	hate	hill	hunt	heavy
husk	hatch	heal	height	hear	heat	hublot	head	help	him
have	height	heat	husk	hell	head	heal	hear	hate	help
him	heat	hide	hole	hatch	hard	heavy	horn	hublot	hunt

20

정답 ②

★	□	●	▼	★	□	◇	▼	◎	□	□	★
●	◇	☆	○	△	○	●	★	◇	△	◇	○
△	◎	◇	★	◎	▼	△	●	○	◆	●	◎
▲	○	◎	●	□	▽	◇	▼	□	▼	△	★

21

정답 ①

랗	랏	랕	랗	럐	랃	랂	랗	랏	먀	랗	럄
럐	랋	랏	랗	랏	랗	랋	럐	랗	랂	랃	랋
랃	랗	럐	랃	랂	랗	랃	먀	랗	랋	랏	랃
랏	랂	랏	랗	랋	럐	랂	랖	먀	럐	랂	랋

22

정답 ③

MER	LTA	VER	DTA	DLR	ITI	DOR	ETE	RSR	ZER	BTA	LOE
XSR	WER	LSR	UER	OSR	DCR	PER	ASD	WCT	KTI	YAM	GTE
OTA	KKN	YSR	DSR	DZR	ATA	SDR	SSR	DTI	LHE	FTE	BVG
NER	HTE	VOE	TER	JTI	DAA	PSR	DTE	LME	QSR	SDZ	CTA

23

정답 ⑤

하	라	차	사	바	하	다	라	아	아	라	사
마	아	라	타	사	나	마	가	가	사	하	가
사	나	하	마	아	하	가	카	아	다	가	하
아	마	다	바	나	라	사	차	바	하	마	바

24

정답 ⑤

암	맛	으	멋	압	웠	알	있	옛	웃	윰	엇
웃	안	힜	얏	핬	훘	옛	임	맛	일	읻	헛
잇	핫	팟	앛	밌	인	윲	윰	앗	무	욧	엱
우	윴	앋	엔	악	오	앋	햣	엣	유	었	홋

25 　정답 ①

(symbol grid)

26 　정답 ③

8.03	9.12	4.12	7.23	2.76	4.28	1.48	7.43	3.79	2.47	3.78	3.22
2.46	0.35	2.85	2.45	2.28	2.84	3.53	5.32	8.93	3.77	6.82	5.38
4.28	2.85	3.79	2.46	9.12	2.45	3.22	7.23	2.84	3.53	1.48	5.32
0.35	4.12	2.28	3.78	5.38	8.03	6.82	8.93	3.77	2.76	2.47	7.43

27 　정답 ⑤

฿	w	฿	s	Σ	¥	Σ	฿	℃	£	₽	c
℃	₣	N	₠	℃	£	$	₣	₽	Y	Σ	£
₽	Σ	₽	£	¢	W	₣	₦	Σ	m	℃	Σ
£	n	₣	C	฿	₽	y	Σ	S	₣	฿	℃

28 　정답 ③

(symbol grid)

29 　정답 ②

감각	감기	감옥	감성	감소	감찰	감시	감염	감수	감독	감세	감사
감자	감봉	감별	감지	감정	감동	감안	감내	감마	감행	감초	감흥
감개	감성	감사	감동	감수	감기	감염	감독	감자	감정	감개	감지
감내	감찰	감안	감옥	감별	감행	감시	감봉	감소	감각	감흥	감세

30 　정답 ⑤

take	talk	touch	time	tip	tilt	turn	then	think	ten	turtle	tube
tor	travel	tate	tear	top	torch	tort	taste	task	tidy	test	topic
tiny	target	TRUE	tab	tell	twins	trap	tall	ton	tint	trip	tent
tomb	tight	tune	tire	tone	toy	tag	toxic	try	tax	taw	title

01	02	03	04	05
②	④	④	③	⑤
06	07	08	09	10
⑤	④	③	②	③
11	12	13	14	15
②, ④	⑤, ②	②, ⑤	①, ②	③, ②
16	17	18	19	20
④, ⑤	③, ①	③, ③	②, ③	②, ③

01 　　　　정답 ②

제시문은 재료와 가공품의 관계이다.
'구리'는 '전선'의 재료이고, '계란'은 '마요네즈'의 재료이다.

02 　　　　정답 ④

제시문은 상하 관계이다.
'고유어'는 '한국어'의 하위어이고, '신문'은 '매체'의 하위어이다.

03 　　　　정답 ④

'엔진'은 '자동차'에 동력을 공급하고, '배터리'는 '휴대전화'에 동력을 공급한다.

04 　　　　정답 ③

제시문은 유의 관계이다.
'거드름'의 유의어는 '거만'이고, '삭임'의 유의어는 '소화'이다.

05 　　　　정답 ⑤

'요리사'는 '주방'에서 요리를 하고, '학생'은 '학교'에서 공부를 한다.

06 　　　　정답 ⑤

제시문은 반의 관계이다.
'수평'의 반의어는 '수직'이며, '기립'의 반의어는 '착석'이다.

07 　　　　정답 ④

제시문은 반의 관계이다.
'사실'의 반의어는 '허구'이며, '유명'의 반의어는 '무명'이다.

08 　　　　정답 ③

제시문은 상하 관계이다.
'고래'는 '포유류'에 포함되며, '기타'는 '악기'에 포함된다.

09 　　　　정답 ②

'책'을 읽고 쓰는 글은 '독후감'이고 '일상'을 기록하는 글은 '일기'이다.

10 　　　　정답 ③

제시문은 반의 관계이다.
'능동'의 반의어는 '수동'이고, '자유'의 반의어는 '속박'이다.

11 　　　　정답 ②, ④

제시문은 직업과 하는 일의 관계이다.
'약사'는 '조제'를 하고, '의사'는 '진료'를 한다.

12 　　　　정답 ⑤, ②

제시문은 유의 관계이다.
'40세'의 유의어는 '불혹(不惑)'이고, '60세'의 유의어는 '이순'이다.

13 정답 ②, ⑤

'감독'은 '영화'를 만들고, '건축가'는 '건물'을 만든다.

14 정답 ①, ②

제시문은 반의 관계이다.
'우월'의 반의어는 '열등'이고, '굴복'의 반의어는 '대항'이다.

15 정답 ③, ②

제시문은 물건과 용도의 관계이다.
'비누'는 몸을 '씻는' 데 쓰이고, '우산'은 비를 '피하는' 데 쓰인다.

16 정답 ④, ⑤

제시문은 물건과 용도의 관계이다.
'빗자루'는 바닥을 '쓰는' 데 쓰이고, '카메라'는 사물이나 사람을 '찍는' 데 사용된다.

17 정답 ③, ①

제시문은 유의 관계이다.
'유언비어'의 유의어는 '풍문'이고, '격언'의 유의어는 '속담'이다.

18 정답 ③, ③

제시문은 인과 관계이다.
'목욕'을 하면 '청결'해지고, '운동'을 하면 '건강'해진다.

19 정답 ②, ③

제시문은 인과 관계이다.
'슬프'면 '눈물'이 나오고, '행복'하면 '웃음'이 나온다.

20 정답 ②, ③

제시문은 재료와 결과물의 관계이다.
'비빔밥'을 만드는 재료에는 '나물'이 있고, '초콜릿'을 만드는 재료에는 '카카오'가 있다.

PART 2

03 언어추리력 유형점검

01	02	03	04	05	06	07	08	09	10
③	①	③	③	③	①	③	③	②	③
11	12	13	14	15	16	17	18	19	20
①	①	①	③	①	③	②	②	③	①

01
정답 ③

제시문을 정리하면 지수<재희, 지영<수영이므로 수영이와 지수 중 누가 더 큰 옷을 입는지는 주어진 조건만으로는 알 수 없다.

02
정답 ①

지수가 지영이보다 큰 옷을 입는다면 재희, 지수, 수영이는 S, L, XL, XXL 중 하나의 옷을 입을 것이고, 지영이는 XS, S 중 하나의 옷을 입으므로 진영이보다 작은 옷을 입는 것이 맞다.

03
정답 ③

조건에 따르면 재희<지영<수영인데, 재희가 S 사이즈의 옷을 입을 수도 있지만 재희가 L 사이즈의 옷을 입고 지영이가 XL, 수영이가 XXL 사이즈의 옷을 입을 수도 있으므로 재희가 진영이보다 작은 옷을 입는지는 정확히 알 수 없다.

04
정답 ③

수달이 낚시를 좋아한다는 것이 물을 좋아하는지에 대한 판단 근거가 될 수 없다.

05
정답 ③

$p=$어떤 고양이, $q=$참치를 좋아함, $r=$낚시를 좋아함, $s=$모든 너구리, $t=$모든 수달일 때, 조건을 정리하면 $p \rightarrow q \rightarrow r \rightarrow \sim s$, $t \rightarrow r$이다. 따라서 어떤 고양이는 낚시를 좋아하지만 모든 고양이가 낚시를 좋아하는지는 알 수 없다.

06
정답 ①

$q \rightarrow r \rightarrow \sim s$가 성립하므로 참치를 좋아하면 너구리가 아니다.

07
정답 ③

제시문을 정리하면 다음과 같다.

구분	귤	사과	수박	딸기	토마토
A	×	×	×	O	×
B	×			×	
C	×	×		×	
D				×	

B가 수박과 토마토 중 하나를 먹었다면 D에게 남은 선택지는 귤과 사과이므로, 둘 중 어느 것을 먹었을지는 정확히 알 수 없다.

08
정답 ③

D가 귤이나 토마토를 먹었을 가능성도 있으므로 D가 먹은 과일을 알 수 없다.

09
정답 ②

C가 토마토를 먹었다면 B가 선택할 수 있는 것은 사과와 수박 2개이고, D가 선택할 수 있는 것은 귤, 사과, 수박 3개이므로 B가 사과를 먹었을 확률이 더 크다고 할 수 있다.

10
정답 ③

D가 C의 오른쪽에 있을 때, A□B□C는 불가능하지만, C□B□A는 가능하다. 따라서 ABC 사이에 사람이 오는 것이 가능한 경우와 가능하지 않은 경우 모두가 존재하므로 정답은 '알 수 없음'이다.

11
정답 ①

A, B, C, D, E가 서 있을 수 있는 경우는 EABCD, ECBAD, CEBDA, CDBEA, ABCDE, ABCED, CBAED, CBADE 총 8가지이다.

12

정답 ①

B는 4층에 살지 않으므로, A와 B가 각각 1, 2층에 사느냐 2, 3층에 사느냐에 따라 두 가지 경우가 발생하게 된다. 다음은 그 두 가지 경우를 도식화한 것이다.

• A와 B가 각각 1, 2층에 사는 경우

4층	D
3층	C
2층	B
1층	A

• A와 B가 각각 2, 3층에 사는 경우

4층	D
3층	B
2층	A
1층	C

두 가지 경우 모두 D는 4층에 살고 있다. 따라서 'D는 4층에 산다.'는 항상 참이다.

13

정답 ①

12번 해설에 따라 C는 3층에 산다.

14

정답 ③

첫 번째 경우에서는 B와 C는 각각 2, 3층으로, 이웃한 층에 살고 있으나 두 번째 경우에서 B와 C는 각각 3, 1층으로, 이웃한 층에 살고 있지 않다. 따라서 B와 C가 서로 이웃한 층에 사는지의 여부는 주어진 조건만으로 알 수 없다.

15

정답 ①

제시문에 따르면 카푸치노 2잔과 아메리카노 1잔은 이미 선택되었으므로 손님 B가 카페모카를 마셨다면 손님 D가 선택할 수 있는 메뉴는 카페라테밖에 없다.

16

정답 ③

제시문에 따르면 카푸치노 2잔과 아메리카노 1잔은 이미 선택되었으므로 D가 선택할 수 있는 것은 카페라테 2잔과 카페모카 1잔이다. D가 이 중에서 1잔을 마셨을 수도 있지만 2잔이나 3잔을 마셨을 수도 있으므로 주어진 조건으로는 커피를 가장 적게 마신 손님을 확실히 알 수 없다.

17

정답 ②

커피는 6잔이고, 손님은 4명이다. 주어진 조건 안에서도 손님 3명이 각각 1잔씩 마시고 손님 1명이 커피 3잔을 마실 수 있으므로 한 손님이 마실 수 있는 커피의 최대량은 3잔이다.

18

정답 ②

D는 다른 세 사람과 서로 다른 급수이므로 1급이거나 3급이다. A는 B, C와 서로 다른 급수이므로, D가 1급인 경우 A는 3급이고, D가 3급인 경우 A는 1급이어야 한다. 따라서 B, C는 2급이다.

19

정답 ③

18번 해설을 참고하면, A는 1급일 수도 있고 3급일 수도 있다.

20

정답 ①

18번 해설을 참고하면 C는 2급이다.

01	02	03	04	05	06	07	08	09	10	11	12	13	14	15	16	17	18	19	20
②	③	①	②	③	④	④	③	②	④	②	③	④	①	④	③	②	①	②	③

01

정답 ②

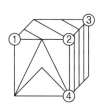 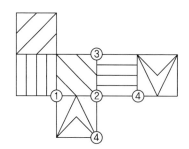

02

정답 ③

 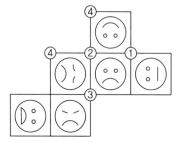

03

정답 ①

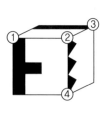 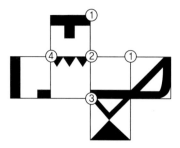

04

05

06

07

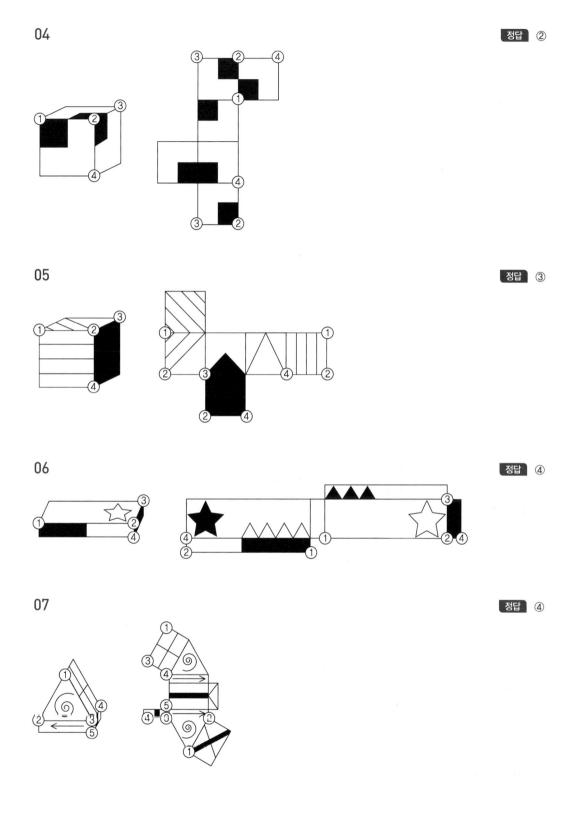

PART 2

08

09

10

11

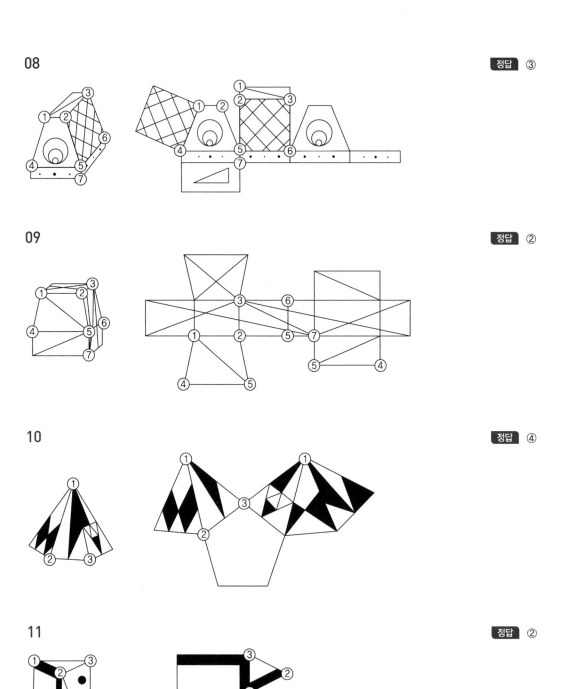

12

정답 ③

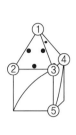 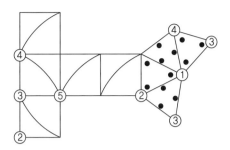

13

정답 ④

 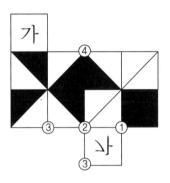

14

정답 ①

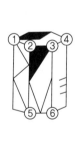 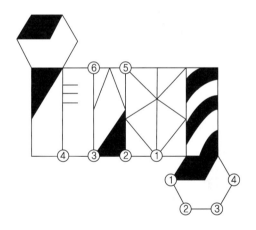

15

정답 ④

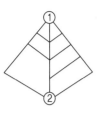 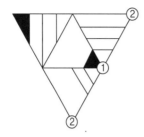

16

정답 ③

 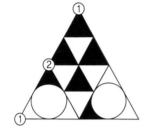

17

정답 ②

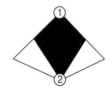 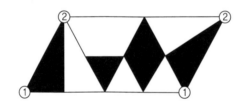

18

정답 ①

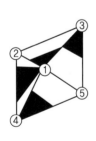 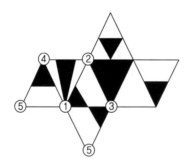

19

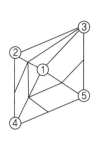 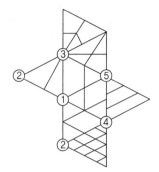

20

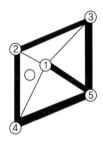 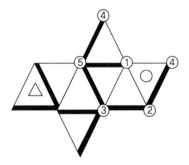

05 | 판단력 유형점검

01	02	03	04	05	06	07	08	09	10
①	②	④	④	②	③	①	③	①	③

11	12	13	14	15	16	17	18	19	20
②	④	①	④	②	④	④	④	④	②

01 정답 ①

제시문은 과거의 시공간을 배경으로 현재를 지향하는 역사드라마가 지닌 역사의 속성과 특성에 대하여 설명하고 있다. 따라서 (가) 시청자에 의해 능동적으로 해석되고 상상되는 역사드라마 → (라) 과거와 현재의 대화라는 속성을 견지하고 있는 역사드라마 → (나) 과거의 시공간을 배경으로 현재를 지향하는 TV 역사드라마 → (다) 시공간적 제약을 넘어 사회적 담론의 장을 여는 TV 역사드라마의 순서로 나열하는 것이 적절하다.

02 정답 ②

제시문은 헤겔이 생각한 시민사회의 한계점과 문제 해결 방안에 대하여 설명하고 있다. 따라서 (가) 헤겔이 활동하던 19세기 초 프러시아의 시대적 과제 → (라) 공리주의를 통해 해결할 수 없는 사회문제 → (나) 문제를 해결하기 위해 헤겔이 제시한 시민사회에 대한 정의 → (다) 빈곤과 계급 갈등을 근원적으로 해결하기 위한 시민사회의 역할의 순서로 나열하는 것이 적절하다.

03 정답 ④

자신의 상황에 불만족하여 불안정한 정신 상태를 갖게 되는 사람에게서 리플리 증후군이 잘 나타나는 것은 사실이나, 자신의 상황에 불만족하는 모든 이가 불안정한 정신 상태를 갖는 것은 아니다.

04 정답 ④

제시문은 통계 수치의 의미를 정확하게 이해하고 도구와 방법을 올바르게 사용해야 하며 특히 아웃라이어의 경우를 생각해야 한다고 주장하고 있다.

오답분석
① · ② 집단을 대표하는 수치로서의 '평균' 자체가 숫자놀음과 같이 부적당하다고는 언급하지 않았다.
③ 아웃라이어가 있는 경우에는 평균보다는 최빈값이나 중앙값이 대푯값으로 더 적당하다.

05 정답 ②

제시문은 제1차 세계대전의 원인을 다방면에서 살펴봄과 동시에 방아쇠이자 효시가 되었던 오스트리아 황태자 부처 암살 사건의 중요성에 대해서도 이야기하고 있다. 즉, 이 글은 역사의 전개 양상이 필연적인 요소에 의해서만 흘러가는 것이 아니라 우연적인 요소에 의해서도 좌우된다는 것을 강조하고 있다. 따라서 다음에 이어질 부분의 내용으로 알맞은 것은 '역사의 필연성과 우연성'이다.

06 정답 ③

'민중 문학으로서의 특성에 대한 진로 모색'이란 말은 제시문에 나와있지 않다.

07 정답 ①

현재의 특허법은 인위적으로 분리 · 확인된 것을 발명으로 간주한다.

08 정답 ③

'시점의 해방'은 인물이나 사건의 변화에 따른 시점의 변화를 의미하는 것인데 에베레스트산을 항공 촬영한 것은 시점의 변화라 보기 어렵다.

09 정답 ①

제시문은 나노선과 나노점을 만들기 위해 하향식과 상향식의 두 가지 방법을 이야기하고 있다. 하향식 방법에 대한 설명에 이어 상향식 방법에 대한 설명이 나와야 하므로 이어질 내용으로 적절한 것은 ①이다.

10
정답 ③

본론에서 어린이 과보호의 배경과 그로 인한 문제점을 가정과 사회의 차원에서 드러내고 있으므로, 이를 바탕으로 대응 방안을 찾도록 한다. 따라서 빈칸에 들어가기에 적절한 내용은 '과보호에 대한 인식 전환과 건전한 가족 문화와 사회 의식 형성의 필요성'이다.

11
정답 ②

제시문은 베토벤의 9번 교향곡에 관해 설명하고 있으며, 보기는 9번 교향곡이 '합창교향곡'이라는 명칭이 붙은 이유에 대해 말하고 있다. 제시문의 세 번째 문장까지는 교향곡에 대해 설명을 하고 있으며, 네 번째 문장부터는 교향곡에 대한 현대의 평가 및 가치에 대해 설명을 하고 있다. 따라서 보기는 교향곡에 대한 설명과 교향곡에 성악이 도입되었다는 설명을 한 다음 문장인 ㉡에 들어가는 것이 가장 적절하다.

12
정답 ④

제시문에서는 오존층 파괴 시 나타나는 문제점에 대해 설명하고 있으며, 빈칸의 앞 문단에서는 극지방 성층권의 오존 구멍은 줄었지만, 많은 인구가 거주하는 중위도 저층부에서는 오히려 오존층이 얇아졌다고 언급하고 있다. 따라서 많은 인구가 거주하는 중위도 저층부에서의 오존층 파괴는 극지방의 오존 구멍보다 더 큰 피해를 가져올 것이라는 ④가 빈칸에 들어갈 내용으로 가장 적절하다.

[오답분석]
① 극지방 성층권의 오존 구멍보다 중위도 지방의 오존층이 얇아지는 것이 더욱 큰 문제이다.
② 제시문에서 오존층을 파괴하는 원인은 찾아볼 수 없으며, 인구가 많이 거주하는 지역일수록 오존층의 파괴에 따른 피해가 크다는 것이다.
③ 극지방이 아닌 중위도 지방에서의 얇아진 오존층이 사람들을 더 많은 자외선에 노출시키며, 오히려 극지방의 오존 구멍은 줄어들었다.

13
정답 ①

제시문은 청나라에 맞서 싸우자는 척화론을 주장하는 인조에 대한 내용이다. ①은 척화론과 동일한 주장을 하고 있으므로 비판 내용으로 적절하지 않다.

14
정답 ④

㉠의 앞의 문장을 보면 에밀레종이 세계의 보배라 여겨지고 있지만, ㉠의 뒤에서는 에밀레종이 갖는 음향공학 차원의 가치는 간과되고 있다고 하였으므로 ㉠에는 역접의 접속어인 '그러나'가 적절하다. 다음으로 ㉡ 앞의 문장에서는 한국 범종과 중국 범종의 유사점을 이야기하고 있으나, ㉡의 뒤 문장에서는 중국 범종과의 차이점을 이야기하고 있으므로 ㉡에는 역접의 접속어인 '하지만'이 적절하다. ㉢의 뒤 문장 역시 중국 범종과의 차이점을 추가적으로 이야기하고 있으므로 ㉢에는 '거기에다 더'의 의미를 지닌 '또한'이 적절하다.

15
정답 ②

첫 번째 문장에서는 신비적 경험이 살아갈 수 있는 힘으로 밝혀진다면 그가 다른 방식으로 살아야 한다고 주장할 근거는 어디에도 없다고 하였으며, 이어지는 내용은 신비적 경험이 신비주의자들에게 살아갈 힘이 된다는 근거를 제시하고 있다. 따라서 보기 중 빈칸에 들어갈 내용으로는 '신비주의자들의 삶의 방식이 수정되어야 할 불합리한 것이라고 주장할 수는 없다.'가 가장 적절하다.

16
정답 ④

• 관리직의 구직 대비 구인률 : $\frac{993}{2,951} \times 100 ≒ 34\%$

• 음식서비스 관련직의 구직 대비 취업률 : $\frac{458}{2,936} \times 100$
  $≒ 16\%$

따라서 둘의 차이는 약 18%p이다.

17
정답 ④

$733 \times 4 = 2,932 < 3,083$이므로 25% 이하이다.

18
정답 ④

2021년 대비 2022년 지진발생 횟수의 증가율이 가장 큰 지역은 6배로 증가한 광주 · 전남이다. 효율적 확인을 위하여 지진발생 횟수가 전년대비 증가한 지역만을 보면, 전북은 2배, 북한은 $\frac{25}{23} ≒ 1.09$배, 서해는 $\frac{19}{6} ≒ 3.17$배, 남해는 $\frac{18}{11} ≒ 1.64$배, 동해는 $\frac{20}{16} ≒ 1.25$배 순서로 증가하였다.

따라서 2022년 전년대비 지진발생 횟수의 증가율이 광주 · 전남 다음으로 두 번째로 높은 지역은 서해이다.

① 연도별로 전체 지진발생 횟수 중 가장 많은 비중을 차지하는 지역은 해당연도에 지진발생 횟수가 가장 많은 지역이다. 지진발생 횟수가 가장 많은 지역은 2020년에 남해, 2021년과 2022년에 대구·경북으로 서로 다르다. 따라서 틀린 설명이다.

② 전체 지진발생 횟수 중 북한의 지진횟수가 차지하는 비중은 2021년에 $\frac{23}{252}\times100 ≒ 9.1\%$, 2022년에 $\frac{25}{223}\times100$ ≒ 11.2%이다. 따라서 11.2−9.1=2.1%p인 5%p 미만으로 증가하였다.

③ 2020년 전체 지진발생 횟수 중 대전·충남·세종이 차지하는 비중은 $\frac{2}{44}\times100 ≒ 4.5\%$로, 2021년 전체 지진발생 횟수 중 동해가 차지하는 비중인 $\frac{16}{252}\times100 ≒ 6.3\%$보다 작다.

19

정답 ④

각 연령대를 기준으로 남성과 여성의 인구비율을 계산하면 다음과 같다.

구분	남성	여성
0 ~ 14세	$\frac{323}{627}\times100 ≒ 51.5\%$	$\frac{304}{627}\times100 ≒ 48.5\%$
15 ~ 29세	$\frac{453}{905}\times100 ≒ 50.1\%$	$\frac{452}{905}\times100 ≒ 49.9\%$
30 ~ 44세	$\frac{565}{1,110}\times100 ≒ 50.9\%$	$\frac{545}{1,110}\times100 ≒ 49.1\%$
45 ~ 59세	$\frac{630}{1,257}\times100 ≒ 50.1\%$	$\frac{627}{1,257}\times100 ≒ 49.9\%$
60 ~ 74세	$\frac{345}{720}\times100 ≒ 47.9\%$	$\frac{375}{720}\times100 ≒ 52.1\%$
75세 이상	$\frac{113}{309}\times100 ≒ 36.6\%$	$\frac{196}{309}\times100 ≒ 63.4\%$

남성 인구가 40% 이하인 연령대는 75세 이상(36.6%)이며, 여성 인구가 50%를 초과한 연령대는 60 ~ 74세(52.1%)와 75세 이상(63.4%)이다. 따라서 ㉠은 75세 이상, ㉡은 60 ~ 74세가 적절하다.

20

정답 ②

15 ~ 64세 인구는 2011년까지 증가하였다가 이후 감소 추세를 보이고 있다.

01	02	03	04	05	06	07	08	09	10	11	12	13	14	15	16	17	18	19	20
②	④	②	④	②	③	③	④	④	②	①	②	②	③	④	③	②	①	②	④

01

정답 ②

영희가 걸어간 거리를 x라고 하고, 버스를 타고 간 거리를 y라고 하자.

- $x+y=50$
- $\dfrac{x}{5}+\dfrac{y}{90}=\dfrac{3}{2}$

→ $x=5$, $y=45$

∴ 5km

02

정답 ④

처음 퍼낸 소금물의 양을 xg이라고 하자.

나중 소금물의 농도에 대한 방정식을 세우면,

$$\dfrac{(800-x)\times 0.15}{800-x+150}=0.12 \rightarrow 800-x=\dfrac{0.12}{0.15}\times(950-x)$$

→ $800-760=x-0.8x$ → $x=200$

따라서 처음에 퍼낸 소금물의 양은 200g이다.

03

정답 ②

- 흰 공이 나오고 앞면이 3번 나올 확률 : $\dfrac{3}{5}\times\left(\dfrac{1}{2}\right)^3=\dfrac{3}{40}$

- 검은 공이 나오고 앞면이 3번 나올 확률 : $\dfrac{2}{5}\times {}_4C_3\times\left(\dfrac{1}{2}\right)^4=\dfrac{1}{10}$

∴ $\dfrac{3}{40}+\dfrac{1}{10}=\dfrac{7}{40}$

04

정답 ④

빨간 장미의 개수를 x송이, 노란 장미의 개수를 y송이라고 하자.

장미의 총 개수는

$x+y=30$ … ㉠

구입하는 데 들어간 비용이 16,000원이므로

$500x+700y=16,000 \rightarrow 5x+7y=160$ … ㉡

㉠과 ㉡을 연립하면

$x=25$, $y=5$

따라서 빨간 장미는 25송이를 구입했다.

05

정답 ②

원순열 : 서로 다른 n개를 원형으로 배열하는 가짓수, $\dfrac{n!}{n}=(n-1)!$

따라서 원형탁자에 10명이 앉는 방법의 수는 9!가지이다.

06

정답 ③

형과 동생의 나이를 각각 $(x+4)$, x세라 하자.

$a+10=\{(x+4+10)+x+10\}\times 2$

$\rightarrow 4x+48=a+10 \rightarrow 4x=a-38$

$\therefore x=\dfrac{a-38}{4}$ 세

07

정답 ③

출발지에서 목적지까지 거리를 $x$km라고 하자.

• 목적지까지 가는 데 걸리는 시간 : $\dfrac{x}{80}$ 시간

• 목적지에서 돌아오는 데 걸리는 시간 : $\dfrac{x}{120}$ 시간

$\dfrac{x}{80}+\dfrac{x}{120}\le 1 \rightarrow 5x\le 240 \rightarrow x\le 48$

따라서 최대 48km 떨어져 있어야 한다.

08

정답 ④

• 밥을 먹고 설거지를 할 확률 : $\dfrac{4}{5}\times\dfrac{3}{7}=\dfrac{12}{35}$

• 밥을 먹지 않고 설거지를 할 확률 : $\dfrac{1}{5}\times\dfrac{2}{7}=\dfrac{2}{35}$

$\therefore \dfrac{12}{35}+\dfrac{2}{35}=\dfrac{14}{35}$

09

정답 ④

물통에 물이 가득 찼을 때의 양을 1이라 하자.

A수도로는 1시간에 $\dfrac{1}{5}$, B수도로는 $\dfrac{1}{2}$만큼 채울 수 있다. B수도가 한 시간 동안 작동을 하지 않았고, A, B 두 수도관을 모두 사용하여 물통에 물을 가득 채우는 데 걸리는 시간을 x시간이라 한다면

$\dfrac{1}{5}x+\dfrac{1}{2}x=1-\dfrac{1}{5} \rightarrow \dfrac{7}{10}x=\dfrac{4}{5}$

$\therefore x=\dfrac{8}{7}$ 시간

10

정답 ②

5% 소금물 400g에 들어있는 소금의 양은 $\frac{5}{100} \times 400 = 20$g이다.

증발을 시키면 소금의 양은 그대로이고 소금물의 양과 농도만 변화하므로

$\frac{10}{100} \times (400 - x) = 20$

$\therefore x = 200$g

11

정답 ①

A, B, C가 하루 동안 할 수 있는 일의 양은 각각 $\frac{1}{15}$, $\frac{1}{10}$, $\frac{1}{30}$이다.

$\left(\frac{1}{15} + \frac{1}{10} + \frac{1}{30} \right) \times x = 1 \rightarrow \frac{1}{5} \times x = 1$

$\therefore x = 5$일

12

정답 ②

• 내일 비가 왔을 때 이길 확률 : $\frac{2}{5} \times \frac{1}{3} = \frac{2}{15}$

• 내일 비가 오지 않았을 때 이길 확률 : $\frac{3}{5} \times \frac{1}{4} = \frac{3}{20}$

$\therefore \frac{2}{15} + \frac{3}{20} = \frac{17}{60}$

13

정답 ②

ㄱ, ㄴ, ㄷ, ㄹ 순서로 칠한다면 가장 면적이 넓은 ㄱ에 4가지를 칠할 수 있고, ㄴ은 ㄱ과 달라야 하므로 3가지, ㄷ은 ㄱ, ㄴ과 달라야 하므로 2가지, ㄹ은 ㄱ, ㄷ과 달라야 하므로 2가지를 칠할 수 있다.

$\therefore 4 \times 3 \times 2 \times 2 = 48$가지

14

정답 ③

x를 작년 남학생 수, y를 작년 여학생 수라고 하자.

$x + y = 500 \cdots$ ㉠

$1.1x + 0.8y = 490 \cdots$ ㉡

㉠과 ㉡을 연립하면 $x = 300$, $y = 200$

따라서 올해 남학생 수는 $1.1x = 330$명이다.

15

정답 ④

회사부터 식당까지의 거리를 $x$km라 하자.

은이가 이동한 시간은 $\frac{x}{3}$ 시간이고, 연경이가 이동한 시간은 $\frac{x}{3} - \frac{1}{6} = \frac{x}{4}$ 시간이므로 $x = 2$이다.

효진이의 속력을 $y$km/h라 하면

$\frac{2}{y} + \frac{1}{12} = \frac{2}{3} \rightarrow \frac{2}{y} = \frac{7}{12}$

$\therefore y = \frac{24}{7}$km/h

16

정답 ③

B만 합격한다는 것은 A와 C는 불합격한다는 뜻이다.

$$\therefore \left(1-\frac{1}{3}\right)\times\frac{1}{4}\times\left(1-\frac{1}{5}\right)=\frac{2}{15}$$

17

정답 ②

현재 철수의 나이를 x세라고 하자. 철수와 아버지의 나이 차는 25세이므로 아버지의 나이는 $(x+25)$세이다.
3년 후 아버지의 나이가 철수 나이의 2배가 되므로
$2(x+3)=(x+25)+3$
$\therefore x=22$세

18

정답 ①

작년 사과의 개수를 x개라고 하자. 배의 개수는 $(500-x)$개이다.

$$\frac{1}{2}x+2\times(500-x)=700 \rightarrow -\frac{3}{2}x=-300 \rightarrow x=200$$

따라서 올해 사과의 개수는 $\frac{1}{2}\times200=100$개이다.

19

정답 ②

(판매가)-(원가)=(이익)이므로
$a\times(1+0.3)\times(1-0.2)=1.04a$
$\therefore 1.04a-a=0.04a$원

20

정답 ④

B톱니바퀴와 C톱니바퀴의 톱니 수를 각각 b개, c개라 하자.
A톱니바퀴는 B, C톱니바퀴와 서로 맞물려 돌아가므로 A, B, C톱니바퀴의 (톱니 수)×(회전 수)의 값은 같다.
즉, $90\times8=15b=18c$이므로
$15b=720 \rightarrow b=48$
$18c=720 \rightarrow c=40$
$\therefore b+c=88$개

07 | 수추리력
유형점검

01	02	03	04	05	06	07	08	09	10	11	12	13	14	15	16	17	18	19	20
④	②	②	④	③	③	④	②	③	③	④	④	③	③	②	④	③	④	①	①

01
정답 ④

첫 번째 항부터 ×7, −11을 번갈아 적용하는 수열이다.
따라서 ( )=1,099−11=1,088이다.

02
정답 ②

첫 번째 항부터 ×$\frac{3}{2}$, ×$\frac{4}{3}$을 번갈아 적용하는 수열이다.

따라서 ( )=528×$\frac{4}{3}$=704이다.

03
정답 ②

×(−1)과 +(4의 배수)를 번갈아 반복하는 수열이다.
따라서 ( )=(−1)×(−1)=1이다.

04
정답 ④

$2^1−1$, $2^2−1$, $2^3−1$, $2^4−1$, …인 수열이다.
따라서 ( )=$2^6−1$=63이다.

05
정답 ③

앞의 항에 $+1^2$, $+2^2$, $+3^2$, $+4^2$, $+5^2$,…인 수열이다.
따라서 ( )=57+6^2=93이다.

06
정답 ③

(앞의 항)×2−(뒤의 항)=(다음 항)
따라서 ( )=3×2−(−13)=19이다.

07

정답 ④

$a_1 = 1$, $a_2 = 2$, $a_{n+2} = a_n + a_{n+1}$(단, n은 1보다 큰 자연수)인 수열이다.
따라서 (　)＝8＋13＝21이다.

08

정답 ②

＋2.7, ÷2가 반복되는 수열이다.
따라서 (　)＝10.2÷2＝5.1이다.

09

정답 ③

(앞의 항)＋(뒤의 항)－1＝(다음 항)인 수열이다.
따라서 (　)＝5＋9－1＝13이다.

10

정답 ③

(앞의 항)×(뒤의 항)＝(다음 항)
따라서 (　)＝6÷3＝2이다.

11

정답 ④

앞의 항에 ＋4, ＋4×3, ＋4×3^2, ＋4×3^3, ＋4×3^4, …인 수열이다.
따라서 (　)＝489＋4×3^5＝1,461이다.

12

정답 ④

앞의 항에 ＋3, ＋5, ＋7, ＋9, …인 수열이다.
따라서 (　)＝8＋7＝15이다.

13

정답 ③

앞의 항에 ＋5, －10, ＋15, －20, …인 수열이다.
따라서 (　)＝(－4)＋15＝11이다.

14

정답 ③

(앞의 항)×(－2)＝(다음 항)
따라서 (　)＝128×(－2)＝－256이다.

15

정답 ②

홀수 항은 －4, 짝수 항은 －7인 수열이다.
따라서 (　)＝27－4＝23이다.

16

정답 ④

홀수 항은 $+10$, 짝수 항은 $\div3$인 수열이다.
따라서 ( )$=63\div3=21$이다.

17

정답 ③

$\underline{A\ B\ C} \rightarrow (A+B)\div3=C$
따라서 ( )$=6\times3-8=10$이다.

18

정답 ④

$\underline{A\ B\ C} \rightarrow (A\times B)-5=C$
따라서 ( )$=(3+5)\div(-4)=-2$이다.

19

정답 ①

$\underline{A\ B\ C} \rightarrow (A+B)\times5=C$
따라서 ( )$=60\div5-10=2$이다.

20

정답 ①

$\underline{A\ B\ C} \rightarrow A=B\times C-2$
따라서 ( )$=(8+2)\div2=5$이다.

08 | 한국사 유형점검

01	02	03	04	05	06	07	08	09	10
③	②	④	④	①	②	①	①	④	④

01 　정답 ③

제시문은 이자겸이 자신의 정치적 기반을 유지하기 위해 금의 사대 요구를 수락하는 장면이다(1125). 당시의 왕은 인종으로, 이때는 이자겸의 난과 묘청의 서경 천도 운동 등으로 문벌 귀족 사회의 모순이 드러나고 있을 무렵이다. 『삼국사기』는 인종의 명에 의하여 김부식이 편찬한 역사서이다.

오답분석
ㄱ. 최우는 몽골과의 장기 항전을 대비하기 위하여 강화도로 천도하였다(1232).
ㄴ. 고려 광종은 노비안검법을 시행하여 호족 세력을 약화시 켰고, 국가 재정을 확충하였다(956).

02 　정답 ②

제시문은 '백두산 정계비'이다. 청과 조선 사이의 국경분쟁을 막기 위해 조선과 청의 대표가 백두산 일대를 답사하고 비석을 세웠으나 토문강의 명칭에 대한 분쟁이 발생했고 간도협약에 의해 청의 영토로 인정되었다.

오답분석
① 신라 시대에 만들어진 대표적인 비석은 진흥왕 순수비이다.
③ · ④ 척화비에 관한 설명이다.

03 　정답 ④

고려 시대의 감찰 기능을 수행한 기구는 어사대이다.

04 　정답 ④

『정간보』는 세종대왕이 창안한 악보로서 동양에서 가장 오래된 악보이다. 1행에 32칸을 '우물 정(井)'자 모양으로 칸을 그리고, 한 칸을 1박으로 쳐서 음의 길이를 정확하게 표시하였다.

오답분석
① 『악학궤범』: 성종 24년(1493년) 성현 등이 왕명을 받아 편찬한 악전이다. 한글로 가사를 표기하였고, 그림을 실어 궁중악 · 당악 · 향악에 대해 설명하였다.
② 『석보상절』: 세종 28년(1446년)에 수양대군이 왕명을 받아 세종의 아내 소헌왕후의 명복을 빌기 위해 지은 불경 언해집이다.
③ 『악장가사』: 고려 말기부터 조선 초기의 악장과 속요를 모아 편찬한 책으로 훈민정음이 창제된 이후 문자로 정착된 고려가요들이 실려 있다.

05 　정답 ①

원 간섭기에는 친원 세력이 권력을 장악하였고 이들을 권문세족이라 불렀다.

오답분석
② 왕실의 호칭은 폐하는 전하, 태자는 세자 등으로 격하되었다.
③ 정동행성(일 원정준비 기관), 만호부(군사 간섭), 다루가치(감찰관) 등을 통해 내정에 간섭하였다.
④ 응방에서 '매', 결혼도감에서 '공녀' 등을 수탈하였고, 그 외에도 많은 특산물을 수탈하였다.

06 　정답 ②

서얼은 한품서용이 적용되어 관직진출에 제한이 있으나, 무반직에 등용되었다(문과 응시 금지).

오답분석
① 조선은 법적으로 양반과 천민으로 구분된 양천 제도를 택한 신분제 사회이나, 실제로는 양반, 중인, 상민, 천민으로 신분을 구분하였다.
③ 신량역천은 양인이지만 천역을 담당하여 사회적으로 천시되었다.
④ 조선 초기의 양반은 문반과 무반을 가리켰으나, 16세기 이후 문 · 무반의 관료와 가족까지 의미하게 되었다.

07

정답 ①

제시문의 '사회 모습을 사실적이고 풍자적으로 보여준다.'라는 문장에서 이 글이 18세기에 발달했던 풍속화를 설명하고 있음을 알 수 있다. 풍속화는 당시 사람들의 생활 정경과 일상적인 모습을 생동감 있게 그려 회화의 폭을 확대하였는데 대표적인 풍속화가로는 김홍도와 신윤복을 들 수 있다. ①은 김홍도의 「씨름」이라는 작품으로 서민들의 일상적인 생활 모습을 소탈하고 익살스러운 필치로 묘사하였다.

오답분석
② 15세기 강희안 「고사관수도」
③ 18세기 강세황 「영통골 입구도」
④ 17세기 정선 「인왕제색도」

08

정답 ①

대한민국 임시정부는 3·1운동 직후인 1919년 4월에 중국 상하이에서 김구, 이승만을 중심으로 대한민국의 광복을 위하여 조직한 정부이다. 국민이 국가의 주인이 되는 민주 공화정을 채택했다.

오답분석
② 연통제와 교통국을 이용하여 비밀조직의 운영과 외교활동에 전념했다.
③ 한국광복군을 조직하여 일본에 선전포고를 하고 광복을 위한 국내진공작전을 계획했으나 일본의 항복으로 무산되었다.
④ 독립신문을 발행하여 임시정부와 독립군의 활동을 국내외에 알렸다.

09

정답 ④

국가에서 법률로 지정한 5대 국경일은 3·1절, 광복절, 제헌절, 개천절, 한글날이다.

10

정답 ④

제시문은 국채 보상 운동에 관한 내용이다. 국채 보상 운동은 일본이 조선에 빌려 준 국채를 갚아 경제적으로 독립하자는 운동으로 1907년 2월 서상돈 등에 의해 대구에서 시작되었다. 『대한매일신보』, 『황성신문』 등 언론기관이 자금 모집에 적극 참여했으며, 남자들은 금연운동을 하였고 부녀자들은 비녀와 가락지를 팔아서 이에 호응했다. 일제는 친일 단체인 일진회를 내세워 국채 보상 운동을 방해하였고, 통감부에서 국채보상회의 간사인 양기탁을 횡령이라는 누명을 씌워 구속하는 등 적극적으로 탄압했다. 결국 양기탁은 무죄로 석방되었지만 국채보상운동은 좌절되고 말았다.

무언가를 위해 목숨을 버릴 각오가 되어 있지 않는 한
그것이 삶의 목표라는 어떤 확신도 가질 수 없다.

- 체 게바라 -

PART 3

최종점검 모의고사

최종점검 모의고사

01 지각정확력

01	02	03	04	05	06	07	08	09	10	11	12	13	14	15	16	17	18	19	20
②	⑤	②	②	②	②	②	①	②	③	①	③	④	②	②	②	④	③	④	②
21	22	23	24	25	26	27	28	29	30										
①	②	③	④	①	④	⑤	①	②	③										

01
정답 ②

nm	μF	km	km	μF	cm	μF	a.m.	cm	p.m.	kg	a.m.
a.m.	mg	kg	mA	p.m.	kg	mA	nm	mm²	mA	kg	nm
mA	km	a.m.	nm	mm²	mA	μF	p.m.	cm	mg	cm	mm²
kg	p.m.	cm	a.m.	kg	cm	mm²	nm	a.m.	p.m.	μF	mm²

02
정답 ⑤

정	챵	턍	컁	향	펑	턍	챵	팅	향	정	컁
컁	펑	향	펑	컁	챵	컁	펑	턍	컁	펑	팅
챵	펑	정	컁	턍	향	정	컁	챵	향	턍	펑
펑	정	향	챵	컁	펑	턍	향	컁	펑	챵	정

03
정답 ②

思	射	寫	姿	似	詐	祠	算	散	珊	商	床
象	裳	林	喪	參	芟	殺	撒	揷	澁	基	生
甥	施	試	審	裟	芯	失	修	授	穗	狩	森
藪	裟	所	昭	炤	梳	松	術	姿	順	巡	盾

04 정답 ②

6q6	8p8	6q8	696	868	969	696	686	8q6	898	8p8	868
8p6	898	8P8	686	8q6	6p6	6P8	6q8	6P6	6p8	8P8	8p6
696	686	6p8	8p8	898	8P8	6q6	696	8p6	969	6p6	6q6
969	6p6	6P8	696	6p6	6p8	8p6	8q6	868	6q8	696	686

05 정답 ②

ㄱㅅㅂ	ㅋㄴㅂ	ㄱㄱㅂ	ㅂㄴㄱ	ㄱㄷㅂ	ㄱㅅㅂ	ㅂㄱㄴ	ㄴㅋㅂ	ㅂㄴㄱ	ㄱㅁㄴ	ㅂㄱㄴ	ㄱㄱㅂ
ㄱㄴㄹ	ㅂㄴㄱ	ㅂㅇㄱ	ㄱㅁㄴ	ㄱㄴㅂ	ㄱㄴㅁ	ㅋㄴㅂ	ㄴㄱㅂ	ㄴㅇㅂ	ㄱㄷㅂ	ㄱㄴㄹ	ㅋㄴㅂ
ㄴㅋㅂ	ㄱㄴㅁ	ㄴㄱㅂ	ㅂㄴㄱ	ㄱㄴㄷ	ㄱㄴㄹ	ㅂㄴㄱ	ㅂㅇㄱ	ㄱㄴㅁ	ㄱㅅㅂ	ㄴㅋㅂ	ㄱㄴㅁ
ㄴㄱㅂ	ㄱㅅㅂ	ㄴㅋㅂ	ㅋㄴㅂ	ㄱㅅㅂ	ㄴㅋㅂ	ㄱㄱㅂ	ㅂㄱㄴ	ㄱㄴㅂ	ㅋㄴㅂ	ㄴㄱㅂ	ㄱㅅㅂ

06 정답 ②

n	m	j	d	u	n	o	l	b	d	e	s
r	a	l	p	q	x	z	w	i	v	a	b
c	u	v	e	k	j	t	f	h	r	x	m
b	y	g	z	t	n	e	k	d	s	j	p

07 정답 ②

馬	買	每	昧	枚	磨	美	米	眉	楣	摩	武
貿	茂	汶	蕉	无	刎	物	網	忘	萬	閔	磨
珉	抹	母	冒	磨	魔	密	娩	万	麻	悶	們
茉	埋	梶	渼	某	牡	罔	莽	痲	孟	盲	萌

08 정답 ①

Đ	Ď	Ð	Ħ	Ż	Ā	Ð	Đ	Θ	Ď	Ħ	Ð
Ð	Ħ	Θ	Ÿ	Đ	Ď	Θ	Ÿ	Ð	Ż	Đ	Θ
Θ	Đ	Ā	Ð	Ż	Đ	Ż	Ħ	Ż	Đ	Ż	Đ
Ā	Ÿ	Ż	Ď	Θ	Đ	Ā	Đ	Ÿ	Ż	Ā	Ď

09 정답 ②

VII	XII	III	VI	V	VII	VI	I	XII	III	VII	II
I	V	VII	I	II	VIII	V	IX	II	VII	II	XII
IX	VIII	II	XII	XI	II	I	II	VI	I	IX	I
II	XI	VI	IX	III	V	XI	III	XI	V	VIII	VII

10 정답 ③

560	572	578	591	502	589	587	593	521	569	523	507
569	562	520	571	530	572	512	588	572	553	597	569
572	569	589	515	566	596	522	555	569	500	543	568
529	560	542	569	558	587	517	524	584	516	534	569

11 정답 ①

갠	앤	벤	덴	뺀	깬	넨	넨	엔	핸	펜	탠
잰	센	멘	맨	캔	잰	쎈	렌	갠	섄	현	진
편	겐	샌	변	앤	넨	쩬	헨	짼	갠	얜	쨰
탠	먼	옌	갠	쩬	멘	샌	젼	펜	텐	랜	갠

12 정답 ③

0.41	0.24	0.12	0.21	0.73	0.53	0.42	0.56	0.91	0.98	0.13	0.55
0.27	0.37	0.93	0.01	0.06	0.93	0.33	0.67	0.18	0.29	0.97	0.88
0.75	0.58	0.67	0.28	0.04	0.27	0.12	0.38	0.29	0.27	0.35	0.58
0.08	0.12	0.11	0.79	0.23	0.19	0.89	0.99	0.24	0.27	0.18	0.42

13 정답 ④

あ	な	へ	や	ん	じ	ゆ	む	め	の	よ	ち
ち	た	が	り	さ	ぬ	き	て	す	ち	ら	な
づ	ば	ま	ち	ひ	う	ぷ	れ	お	る	づ	え
ち	よ	か	わ	ぐ	い	ぜ	ち	ぱ	み	あ	ぬ

14 정답 ②

YIA	YHI	YOL	YGG	YKL	YIOL	YGG	YCO	YHI	YIOL	YGG	YHI
YGG	YIOL	YCO	YHI	YHI	YGG	YOL	YIA	YOL	YCO	YIA	YKL
YIOL	YHI	YGG	YKL	YIA	YIOL	YGG	YKL	YHI	YHI	YIOL	YCO
YIA	YKL	YIOL	YHI	YCO	YKL	YIA	YIOL	YGG	YIA	YKL	YGG

15

정답 ②

♣	☆	♥	♡	★	♣	☆	♥	♤	♥	☆	♡
★	♡	♧	♣	♤	★	♤	■	■	★	♣	☆
♤	☆	♥	★	■	♡	♣	♧	♤	♡	♧	♤
☆	★	♤	♡	☆	♤	♥	☆	♡	♥	♤	★

16

정답 ②

눔	님	늠	님	눔	님	넴	뇸	늠	뇸	늠	뉴
닌	넴	남	냥	냣	녓	뇨	남	님	눔	뇸	님
닝	냥	뇸	넴	넙	눔	늠	넘	넴	넴	남	넵
뉴	눔	냥	냠	님	닝	낭	님	늠	눔	낭	나

17

정답 ④

욜로	울루	울라	알래	욜로	알래	얄라	일리	얄라	얼라	얼로	욜로
알리	얼러	알라	엘레	엘르	얼로	앨래	앨레	욜로	일라	월래	열러
알려	올려	율려	울루	엘리	열라	알라	얄라	얄라	일라	욜로	알롸
울려	을르	앨래	앨리	앨레	울루	울라	알래	일롸	울라	을라	을래

18

정답 ③

498	237	853	362	986	682	382	925	683	942	347	375
794	826	569	510	593	483	779	128	753	908	628	261
569	237	347	593	382	908	483	853	794	986	128	942
362	826	261	683	779	498	375	628	753	261	682	925

19

정답 ④

가도	가나	가고	가라	가주	가치	가마	가호	가정	가세	가리	가수
가이	가용	가진	가누	가루	가추	가하	가준	가무	가서	가로	가인
가시	가창	가회	가니	가우	가양	가신	가오	가노	가산	가포	가조
가다	가부	가타	가요	가중	가미	가소	가두	가뇨	가연	가지	가빈

20

정답 ②

◎	☎	⇔	△	♀	♨	¶	▶	㏖	♡	☞	♣
♂	■	◈	※	◆	↗	▲	↖	♤	★	§	∀
▥	Σ	◇	∃	◉	€	▼	▣	‡	▦	♠	♥
☞	♠	↘	◐	¢	⇒	↙	¥	☏	㈜	◑	☆

21

정답 ①

1217	3091	1013	1932	4489	0518	2240	5019	3213	5843	0917	1824
1001	4265	1009	1203	1012	1545	1430	3018	2359	6532	6932	1220
5017	0518	1235	3018	4407	8742	5641	1532	1013	2355	5326	1920
5019	2345	1235	5836	3210	1220	7843	4132	5332	0227	1029	5329

22

정답 ②

家	價	可	羅	裸	螺	多	茶	喇	馬	麻	社
事	思	亞	自	兒	車	者	次	借	加	他	波
河	打	字	韓	産	塞	水	需	難	志	只	足
存	培	伯	卞	絢	刻	金	負	愷	价	芷	裳

23

정답 ③

easy	echo	eddy	eight	elate	elect	effect	early	elder	erst	elicit	ego
elute	each	ept	edit	ethic	eel	eagle	edit	eject	end	enow	elf
epris	epic	eco	eat	elfin	elite	egypt	elint	edict	elm	enfin	egg
edu	elide	east	edge	earn	era	effort	emic	eye	else	elvan	ear

24

정답 ④

643	352	637	156	965	135	437	324	275	432	974	235
125	463	374	943	436	324	866	223	525	634	536	453
733	342	215	326	525	256	325	623	743	129	345	743
354	162	743	522	326	437	754	341	275	108	740	262

25

정답 ①

♪♫	♩♫	♪♩	♩♫	♩♫	♫♪	♫♫	♩♫	♪♫	♪♩	♪♫	♪♫
♫♫	♪♫	♫♫	♪♫	♩♭	♪♩	♪♫	♪♩	♪♫	♫♫	♩♭	♩♫
♪♪	♩♭	♩♫	♪♫	♩♩	♩♫	♪♫	♫♫	♩♭	♩♭	♪♫	♪♩
♫♫	♩♪	♪♩	♫♫	♩♭	♫♫	♪♩	♫♫	♩♫	♪♩	♫♫	♪♫

26 정답 ④

ɛ	ɹ	ʃ	ɡ	ə	ʃ	ɛ	ɦ	ɛ	ɯ	ə	ɡ	ɒ
ɛ	ɦ	ɐ	ɯ	ə	ɡ	ɯ	ɛ	ɛ	ɡ	ə	ɡ
ɡ	ɛ	ɹ	ʃ	ɛ	ɦ	ɐ	ə	ʃ	ɦ	ɛ	ɯ	ɛ
ɔ	ɯ	ɦ	ɡ	ə	ʃ	ɑ	ʃ	ə	ɯ	ɛ	ɦ

27 정답 ⑤

반쪽	친할	딸과	조밀	납북	혈세	부피	담세	오달	장기	달기	반지
비겁	오달	자결	선언	송병	납세	반탈	속도	팔기	친권	담보	떡국
진밀	주제	비세	오밀	친부	배상	구속	반달	친진	의기	담력	납치
납부	딸기	과밀	유기	오기	제적	윤달	미지	조밀	반팔	비밀	달성

28 정답 ①

Ⓕ	Ⓖ	Ⓒ	Ⓕ	Ⓓ	Ⓜ	Ⓔ	Ⓙ	Ⓖ	Ⓔ	Ⓗ	Ⓓ
Ⓠ	Ⓘ	Ⓓ	Ⓔ	Ⓐ	Ⓕ	Ⓒ	Ⓨ	Ⓜ	Ⓛ	Ⓘ	Ⓕ
Ⓓ	Ⓒ	Ⓐ	Ⓖ	Ⓛ	Ⓘ	Ⓖ	Ⓐ	Ⓕ	Ⓐ	Ⓜ	Ⓒ
Ⓐ	Ⓔ	Ⓙ	Ⓚ	Ⓜ	Ⓔ	Ⓛ	Ⓘ	Ⓓ	Ⓙ	Ⓒ	Ⓙ

29 정답 ②

츳	춞	칠	춤	챵	칭	춫	참	츅	칤	춤	츅
칣	춬	췔	춰	칬	칠	춲	췜	춬	칬	칠	춤
츅	칠	츅	츛	칤	췔	칠	칠	춤	춛	춰	칤
췱	춛	칭	춤	춬	춛	췔	춲	춰	칥	춛	춢

30 정답 ③

Ⓑ	Ⓓ	Ⓔ	Ⓗ	Ⓖ	Ⓜ	Ⓓ	Ⓡ	Ⓚ	Ⓓ	Ⓖ	Ⓕ
Ⓕ	Ⓖ	Ⓠ	Ⓕ	Ⓑ	Ⓠ	Ⓨ	Ⓗ	Ⓡ	Ⓕ	Ⓩ	Ⓗ
Ⓓ	Ⓚ	Ⓕ	Ⓓ	Ⓡ	Ⓝ	Ⓖ	Ⓠ	Ⓓ	Ⓜ	Ⓚ	Ⓓ
Ⓙ	Ⓗ	Ⓜ	Ⓖ	Ⓚ	Ⓨ	Ⓕ	Ⓑ	Ⓡ	Ⓖ	Ⓗ	Ⓑ

PART 3

01	02	03	04	05	06	07	08	09	10
①	④	④	②	④	④	④	①	④	④
11	12	13	14	15	16	17	18	19	20
④	④	③	③	⑤	②, ①	②, ②	⑤, ③	④, ①	②, ④

01

정답 ①

마부위침(磨斧爲針)과 절차탁마(切磋琢磨)는 '어려운 일도 아주 열심히 노력하는 모습을 가리키는 말'로 유의 관계이다. 해현경장(解弦更張)과 유사한 말은 심기일전(心機一轉)으로, '느슨한 것을 긴장하도록 다듬고 개혁하는 것'을 말한다.

오답분석

② 다기망양(多岐亡羊) : '달아난 양을 찾다가 여러 갈래 길에 이르러 길을 잃었다.'는 뜻으로, 학문의 길이 많아 진리를 찾기 어렵다는 말
③ 발분망식(發憤忘食) : '분발하여 먹는 것까지 잊는다.'라는 뜻으로, 힘써 학문에 전념한다는 말
④ 오리무중(五里霧中) : '짙은 안개가 5리나 끼어 있는 속에 있다.'라는 뜻으로, 무슨 일에 대하여 방향이나 상황을 알 길이 없음을 이르는 말
⑤ 좌지우지(左之右之) : '왼쪽으로 돌렸다 오른쪽으로 돌렸다 한다.'라는 뜻으로, 사람이 어떤 일이나 대상을 제 마음대로 처리하거나 다루는 것을 이르는 말

02

정답 ④

제시어는 유의 관계이다. '고매하다'는 '인격이나 품성, 학식, 재질 등이 높고 빼어나다.'라는 뜻이고, '고결하다'는 '성품이 고상하고 순결하다.'라는 의미로 두 단어는 유의어이다. 그리고 '곱다'에는 '가루나 알갱이 따위가 아주 잘다.'라는 뜻이 있으며, 이는 '아주 곱고 촘촘하다.'라는 의미의 '치밀하다'와 비슷한 말이다.

03

정답 ④

• 흉보 : 불길한 기별
• 낭보 : 기쁜 기별이나 소식

오답분석

① 낭설 : 터무니없는 헛소문

04

정답 ②

제시어는 상하 관계이다.
'힙합'은 '음악'의 하위어이며, '소서'는 '절기'의 하위어이다.

05

정답 ④

제시어는 전체와 부분 관계이다.
'뿌리'는 '나무'의 부분이고, '연필심'은 '연필'의 부분이다.

06

정답 ④

제시어는 유의 관계이다.
'통지'의 유의어는 '통보'이고, '명령'의 유의어는 '지시'이다.

07

정답 ④

제시어는 유의 관계이다.
'고집'은 '집념'의 유의어이고, '가을'은 '추계'의 유의어이다.

08

정답 ①

제시어는 재료와 결과물의 관계이다.
'설탕'으로 '사탕'을 만들고, '목화'로 '솜'을 만든다.

09

정답 ④

제시어는 반의 관계이다.
'후세'의 반의어는 '왕년'이고, '부족'의 반의어는 '십분'이다.
• 후세 : 다음에 오는 세상 또는 다음 세대의 사람들
• 왕년 : 지나간 해
• 부족 : 필요한 양이나 기준에 미치지 못해 충분하지 아니함
• 십분 : 아주 넉넉히

10

정답 ④

제시어는 유의 관계이다.
'말다'의 유의어는 '그만두다'이며, '야물다'의 유의어는 '익다'이다.

11

정답 ④

제시어는 주술 관계이다.
'짐'은 '부치다'라는 표현을 사용하고, '천자문'은 '떼다'라는 표현을 사용한다.

12

정답 ④

'브라만'과 '수드라'는 인도의 카스트제도에서 계급을 나타내는 말이고 '진골'과 '6두품'은 신라의 골품제도에서 계급을 나타내는 말이다.

13

정답 ③

제시어는 반의 관계이다.
'곰살맞다'의 반의어는 '퉁명스럽다'이고, '방자하다'의 반의어는 '정중하다'이다.

14

정답 ③

제시어는 사물과 상징 관계이다.
'하트'는 '사랑'을 상징하고, '네잎클로버'는 '행운'을 상징한다.

15

정답 ⑤

제시어는 작가와 작품 관계이다.
'일연'은 '삼국유사'의 작가이고, '김유정'은 '봄봄'의 작가이다.

16

정답 ②, ①

제시어는 결과물과 그것을 만드는 도구의 관계이다.
'도자기'는 '물레'로 만들고, '두부'는 '맷돌'로 만든다.

17

정답 ②, ②

제시어는 반의 관계이다.
'구직'의 반의어는 '실직'이며, '피상'의 반의어는 '구체'이다.

18

정답 ⑤, ③

제시어는 반의 관계이다.
'수축하다'의 반의어는 '팽창하다'이고, '개방하다'의 반의어는 '봉쇄하다'이다.

19

정답 ④, ①

제시어는 유의 관계이다.
'훗훗하다'의 유의어는 '훈훈하다'이고, '꼬리별'의 유의어는 '혜성'이다.

20

정답 ②, ④

제시어는 유의 관계이다.
'제거하다'의 유의어는 '척결하다'이고, '소란하다'의 유의어는 '혼잡하다'이다.

03 언어추리력

01	02	03	04	05	06	07	08	09	10	11	12	13	14	15	16	17	18	19	20
①	②	②	①	②	①	②	①	③	③	①	③	①	②	②	①	①	①	③	②

01

정답 ①

주어진 조건에 따라 지난주 월~금의 평균 낮 기온을 정리하면 다음과 같다.

월	화	수	목	금	평균
21도	19도	22도	20도	–	20도

지난 주 월~금의 평균 낮 기온은 20도이므로 금요일의 낮 기온을 구하면,

$$\frac{21+19+22+20+x}{5}=20 \rightarrow x=20\times5-82=18도이다.$$

따라서 지난주 낮 기온이 가장 높은 요일은 22도의 수요일임을 알 수 있다.

02

정답 ②

지난주 금요일의 낮 기온은 18도이므로 거짓임을 알 수 있다.

03

정답 ②

지난주 월~금 중 낮 기온이 평균 기온인 20도보다 높은 날은 월요일, 수요일이므로 거짓임을 알 수 있다.

04

정답 ①

철수의 누나가 영희이므로, 영희는 남동생이 있다.

05

정답 ②

철수와 영희는 남매이고 영희는 맏딸이며, 철수는 막내가 아니므로 영희의 동생은 최소 2명이다.

06

정답 ①

p=계획을 세움, q=시간을 단축, r=야식을 먹음, s=공연을 봄, t=일을 빨리 마침일 때, 명제를 정리하면 $p \rightarrow q \rightarrow t \rightarrow s \rightarrow r$이다. 따라서 계획을 세웠다면 공연을 볼 수 있다.

07

정답 ②

$p \rightarrow r$이므로 계획을 세웠다면 야식을 먹는다. 따라서 '계획을 세웠어도 야식을 못 먹을 수 있다.'는 거짓이다.

08

정답 ①

$q \rightarrow s$가 성립하므로 이의 대우 명제인 $\sim s \rightarrow \sim q$가 성립한다.

09

정답 ③

셋째가 수요일에 당번을 서는 것은 확실하지만, 화요일과 수요일에 서는지 수요일과 목요일에 서는지는 알 수 없다. 따라서 셋째가 당번 서는 날이 첫째와 겹칠지 둘째와 겹칠지는 확실히 알 수 없다.

10

정답 ③

셋째는 화요일과 수요일에 당번을 서거나 수요일과 목요일에 당번을 서야 한다. 따라서 첫째가 이틀 내내 혼자 당번을 서는지는 확실히 알 수 없다.

11

정답 ①

셋째가 화요일과 수요일에 당번을 서면 화요일에 첫째와 같이 서게 되고, 수요일과 목요일에 당번을 서면 목요일에 둘째와 같이 서게 된다. 따라서 셋째는 이틀 중 하루를 형들과 같이 당번을 서야 한다.

12

정답 ③

제시문 중 C가 레몬 맛 사탕을 먹는 경우는 다음과 같다.

구분	A	B	C	D	E
경우 1	사과	딸기	레몬	레몬	딸기
경우 2	사과	딸기	레몬	사과	딸기

C가 레몬 맛 사탕을 먹는 경우에 D는 사과 맛이나 레몬 맛 사탕을 먹는다. 따라서 사과 맛 사탕을 먹는지 아닌지 알 수 없다.

13

정답 ①

제시문을 정리하면 다음과 같다.

구분	A	B	C	D	E
경우 1	사과	딸기	레몬	레몬	딸기
경우 2	사과	딸기	레몬	사과	딸기
경우 3	사과	딸기	사과	레몬	딸기
경우 4	사과	레몬	사과	딸기	레몬

총 4가지 경우 중 B가 딸기 맛 사탕을 먹는 경우는 3가지이므로 확률이 가장 높다.

14

정답 ②

13번의 해설을 참고하면 경우 1에서 사과 맛 사탕을 한 개만 먹는다. 따라서 거짓이다.

15

정답 ②

제시문을 정리하면 다음과 같다.

구분	첫 번째	두 번째	세 번째	네 번째	다섯 번째
경우 1	A	B	E	C	D
경우 2	A	B	C	D	E
경우 3	A	C	D	B	E
경우 4	C	D	A	B	E

경우 4에서 A가 세 번째 순서일 때, D는 두 번째 순서이다. 따라서 거짓이다.

16

정답 ①

15번의 해설에서 E가 세 번째 순서인 경우는 A → B → E → C → D의 순서가 된다. 따라서 E가 세 번째 순서일 때, D는 마지막 순서이다.

17

정답 ①

15번의 해설에 의해 4번 중 3번이므로 참이다.

18

제시문을 정리하면 다음과 같다.

구분	1등	2등	3등	4등	5등
경우 1	갑	병	정	무	을
경우 2	갑	병	무	정	을
경우 3	갑	병	을	무	정
경우 4	갑	병	무	을	정

따라서 을은 항상 병보다 늦게 들어왔으므로 참이다.

19

18번의 해설에 의해 정은 3등이나 4등으로 들어올 수도 있다.

20

18번의 해설에 의해 무가 4번 중 2번이므로 3등일 확률이 가장 높은 사람은 무이다.

---

04   공간지각력

01	02	03	04	05	06	07	08	09	10	11	12	13	14	15	16	17	18	19	20
④	①	①	④	③	④	②	①	③	①	②	④	①	②	②	①	②	④	②	③

01

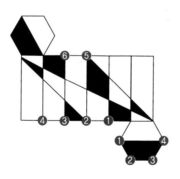

02

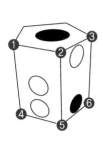 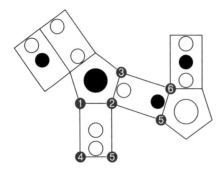

03

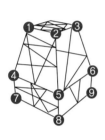 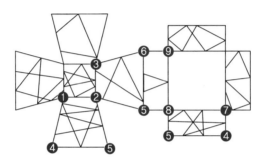

04

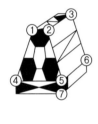 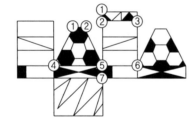

05

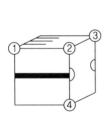 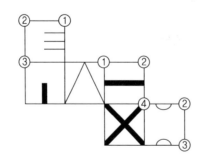

06

07

08

09

10

정답 ①

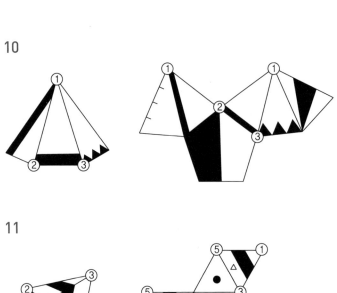

11

정답 ②

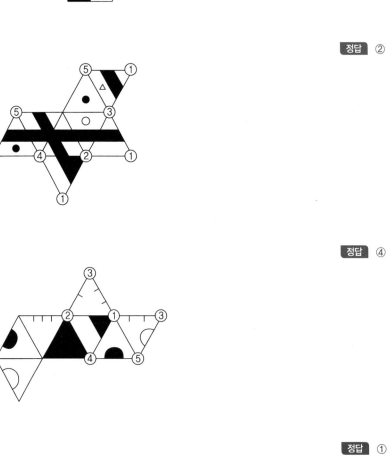

12

정답 ④

13

정답 ①

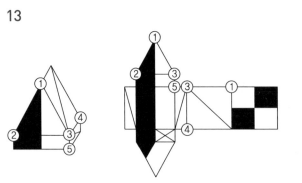

14

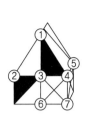
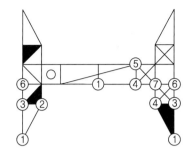

15

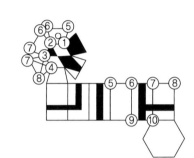

16

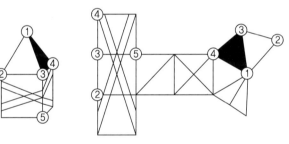

17

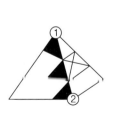
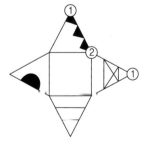

PART 3

18

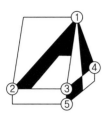 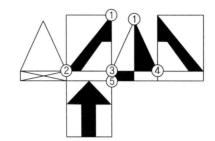

19

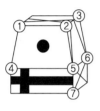 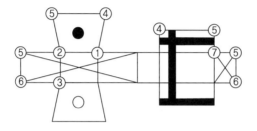

20

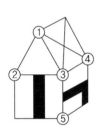 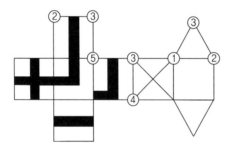

05 판단력

01	02	03	04	05	06	07	08	09	10	11	12	13	14	15	16	17	18	19	20
①	④	③	①	③	③	②	④	①	④	④	④	①	①	③	④	②	②	②	①

01

정답 ①

제시된 글은 사회서비스에 대한 정의와 다양한 방식을 소개하며, 이를 통해 알 수 있는 사회서비스의 의의를 알리고 있다. 따라서 (라) 사회서비스의 정의 → (가) 사회서비스의 다양한 방식 → (다) 최근 사회서비스의 경향 → (나) 이를 통해 알 수 있는 사회서비스의 의의 순으로 연결되어야 한다.

02

정답 ④

(나)는 '반면', (다)는 '이처럼', (라)는 '가령'으로 시작하므로 첫 번째 문장으로 적합하지 않다. 따라서 (가)가 첫 번째 문장으로 적절하다. 다음으로 전통적 인식론자의 의견을 예시로 보여준 (라)가 적절하며, 이어서 그와 반대되는 베이즈주의자의 의견이 제시되는 (나)가 적절하다. 마지막으로 (나)의 내용을 결론짓는 (다)의 순서로 배열되는 것이 가장 적절하다.

03

정답 ③

제시문은 최근 식도암 발병률이 늘고 있는데, A병원의 조사 결과를 근거로 식도암을 조기 발견하여 치료하면 치료 성공률을 높일 수 있다고 말하고 있다. 따라서 (라) 최근 서구화된 식습관으로 식도암이 증가 → (가) 식도암은 조기에 발견하면 치료 성공률을 높일 수 있음 → (마) A병원이 조사한 결과 초기에 치료할 경우 생존율이 높게 나옴 → (나) 식도암은 조기에 발견할수록 치료 효과가 높았지만 실제로 초기에 치료받는 환자의 수는 적음 → (다) 식도암을 조기에 발견하기 위해서 50대 이상 남성은 정기적으로 검사를 받을 것을 강조 순으로 연결되어야 한다.

04

정답 ①

첫 번째 단락이 도입부라 볼 수 있고, 두 번째 단락의 첫 문장이 제시문의 주제문이다. 이어서 서구와의 비교로 연고주의의 장점을 강화하고 있다.

05

정답 ③

제시문은 민요의 시김새가 무엇인지 설명하고 있다. 또한 시김새가 '삭다'라는 말에서 나온 단어라고 서술하고 있다. 따라서 제시문의 주제는 시김새의 정의와 어원이라고 할 수 있다.

06

정답 ③

본론 'Ⅱ-2-가'의 '비용에 대한 부담으로 저렴한 수입 농산물 구매'는 학교급식에서 수입농산물을 재료로 많이 사용하는 이유와 관련되는 항목이다. 따라서 ③과 같이 ⓒ을 본론 'Ⅱ-1'의 '수입 농산물 사용의 문제점'의 하위항목으로 옮기는 것은 적절하지 않다.

07

정답 ②

첫 번째 문단에 따르면 범죄는 취잿감으로 찾아내기가 쉽고 편의에 따라 기사화할 수 있을 뿐만 아니라 범죄 보도를 통해 시청자의 관심을 끌 수 있기 때문에 언론이 범죄를 보도의 주요 소재로 삼지만, 지나친 범죄 보도는 범죄자나 범죄 피의자의 초상권을 침해하여 법적·윤리적 문제를 일으킨다. 따라서 마지막 문단의 내용처럼 범죄 보도가 초래하는 법적·윤리적 논란은 언론계 전체의 신뢰도에 치명적인 손상을 가져올 수도 있다. 이러한 현상을 비유하기에 가장 적절한 표현은 '부메랑'이다. 부메랑은 그것을 던진 사람 자신에게 되돌아와 상처를 입힐 수도 있음을 의미하는 표현이다.

[오답분석]
① 시금석 : 귀금속의 순도를 판정하는 데 쓰는 검은색의 현무암이나 규질의 암석(층샛돌)을 뜻하며, 가치·능력·역량 등을 알아볼 수 있는 기준이 되는 기회나 사물을 비유적으로 이르는 말
③ 아킬레스건 : 치명적인 약점을 비유하는 말
④ 악어의 눈물 : 일반적으로 강자가 약자에게 보이는 '거짓 눈물'을 비유하는 말

08

정답 ④

빈칸에 들어갈 진술을 판단하기 위해 앞의 문단에서 제기한 질문의 형태에 유의하자. 즉, '올바른 답을 추론해내는 데 필요한 모든 정보와 정답 제시가 올바른 추론 능력의 필요충분조건은 아니다.'라는 것이 이 글 전체의 핵심 정보이다. 그렇다면 왓슨의 어리석음은 추론에 필요한 정보를 충분히 활용하지 못한 데에 있는 것이다.

[오답분석]
① 왓슨의 문제는 정보를 올바르게 추론하지 못한 데 있다.
② 왓슨은 올바른 추론의 방법을 알고 있지 못했다.
③ 왓슨이 전문적인 추론 훈련을 받지 못했다는 정보는 없다.

09

정답 ①

(가) 문단의 마지막 문장에서 곰돌이 인형이 말하는 사람에게 주의를 기울여준다고 했으므로 그 다음 내용은 그 이유를 설명하는 보기가 적절하다.

10

정답 ④

개인의 행위가 다른 사람에게 해악을 끼칠 것이라는 점이 충분히 예측되면 사회적 강제성의 근거가 된다.

11

정답 ④

[오답분석]
① 팔은 눈에 띄지 않을 만큼 작다.
② 빌렌도르프 지역에서 발견되었다.
③ 모델에 대해서는 밝혀진 것이 없다.

12

정답 ④

제시문은 현대성의 지식을 타자를 발견하는 지식으로 보고 있다. 제시문에서 모더니티에 대한 학문은 주변부의 시각을 포함할지라도 중심은 서양인의 시각(중심부의 시각)이다. 따라서 주변부의 시각으로 연구했다는 ④는 흐름상 적절하지 않다.

13

정답 ①

낭포성 섬유증 유전자를 가진 사람이 장과 폐에서 염소 이온을 밖으로 퍼내는 작용을 정상적으로 하지 못한다고는 했으나, 그 덕분에 콜레라에서 살아남았으므로, 생명이 위험했는지는 알 수 없다.

14

정답 ①

제시문은 진나라 재상 상앙이 나라의 기강을 세우고 부국강병에 성공하게 된 비결을 서술한 글이다. 제시문에 나타난 상앙의 방법은 자신이 공약한 내용을 잘 지킨 것이므로, 글의 중심내용은 '신뢰의 중요성'임을 알 수 있다.

15

정답 ③

제시문은 영화가 만들어내는 신화, 어떤 개념에 대한 명제를 다시 쓰거나 덧씌우는 영화의 역할에 대해 이야기하는 글이다. 하지만 이 신화, 명제는 일반 관객이 인식하기 어려우며, 스크린 속의 캐릭터와 자신을 동일시하는 관객의 무의식 속에 파고들어 진실로 자리 잡는다. 마지막 단락에서 글쓴이는 이 동일시를 통한 무의식적인 수용을 경고하고 있으며, 이 경고와 가장 부합하는 것은 ③의 사례이다. 「귀여운 여인」의 주인공과 자신을 동일시하여 신화(현실을 이겨내는 낭만적 사랑)를 주입당한 여성들을 이야기하고 있기 때문이다.

16

정답 ④

민간부문에서 역량 모델의 도입에 대한 논의가 먼저 이루어진 것으로 짐작할 수는 있지만, 이것이 민간부문에서 더욱 효과적으로 작용한다는 것을 의미한다고 보기는 어렵다.

17

정답 ②

ㄱ. 가구별 보험가입 목적에서 각 항목들의 비율 합을 구하면 210.0%이다. 따라서 모든 가구가 2개 이상의 항목에 응답하였다면 3개 항목에 복수 응답한 가구는 10.0%를 차지함을 알 수 있다. 이는 조사대상 6,000가구의 10%이므로 600가구이다. 또한 만약 1개의 항목에만 응답한 가구가 있다면 3개 항목에 복수 응답한 가구 수는 600가구보다 많을 것이다. 따라서 조사대상 가구 중 복수 응답한 가구 수는 최소 600가구임을 알 수 있다.

ㄹ. 사고나 질병 시 본인의 의료비 보장을 위해 보험에 가입한 가구의 수는 6,000×59.3%=3,558가구로, 세금혜택을 받기 위해 보험에 가입한 가구의 수인 6,000×5.0%=300가구의 11배인 3,300가구를 초과한다.

오답분석

ㄴ. 설계사의 권유로 보험에 가입한 가구와 평소 필요성을 인식하여 보험에 가입한 가구에 대하여는 표에서 6,000가구 중 비율이 제시되어 있으므로 제시된 비율만을 이용하여 확인할 수 있다. 설계사의 권유로 보험에 가입한 가구 수 대비 평소 필요성을 인식하여 보험에 가입한 가구 수의 비율은 $\frac{15.9}{34.2}\times100≒46.5\%$이므로 옳지 않은 설명이다.

ㄷ. 가구별 보험가입 목적에 대한 자료는 복수응답이 가능했으므로, 노후의 생활자금과 자녀의 교육 결혼자금에 대하여 복수응답을 한 가구 수를 알 수 없어 확인이 불가능하다.

18

정답 ②

만 5세 이상의 국·공립 어린이집에 다니는 유아 수는 33,207명이다.

오답분석

①·③ 주어진 표를 통하여 간단하게 알 수 있다.

④ 민간 어린이집에 다니는 유아 수가 374,220명이므로, 나이별 비율을 구해보면 다음과 같다.

- 만 3세 : $\frac{173,991}{374,720}\times100≒46\%$

- 만 4세 : $\frac{107,757}{374,720}\times100≒29\%$

- 만 5세 이상 : $\frac{92,972}{374,720}\times100≒25\%$

19

정답 ②

2021년과 2022년 총매출액에 대한 비율이 같은 기타 영역이 가장 차이가 작다.

오답분석

① 2021년 매출액은 1,907억 원이고, 2022년 매출액은 2,548억 원으로, 2022년이 641억 원 더 많다.

③ 애니메이션 영역(12.6 → 9.7)과 게임 영역(56.1 → 51.4)은 모두 2021년에 비해 2022년에 매출액 비중이 감소하였다.

④ 게임 영역은 2021년에 56.1, 2022년에 51.4로 매출액 비중이 50% 이상이다.

20

정답 ①

ㄱ. ○ 표시는 인과관계가 성립한다는 것이고, ×표시는 인과관계가 성립하지 않는다는 것을 의미한다. 따라서 모든 방향에서 ×표시가 되어 있는 미국, 영국, 독일, 이탈리아는 경제성장과 1차 에너지소비 사이에 어떤 방향으로도 인과관계가 존재하지 않는다는 것을 알 수 있다.

ㄴ. 캐나다, 프랑스, 일본, 한국의 경우는 경제성장에서 1차 에너지소비로의 일방적인 인과관계가 나타나고 있기 때문에, 에너지소비절약 정책이 경제구조를 왜곡시키지는 않을 것으로 예측할 수 있다.

오답분석

ㄷ. ㄴ과 같은 맥락에서 볼 때, 한국에서의 에너지절약 정책은 경제성장에 장애를 유발하지 않고 추진될 수 있다고 할 수 있다.

ㄹ. 표에 있는 국가들은 한국을 제외하고는 모두 G7 국가이다. 따라서 ㄱ과 ㄴ을 참고하면 올바른 진술이 아니다.

06 응용수리력

01	02	03	04	05	06	07	08	09	10	11	12	13	14	15	16	17	18	19	20
④	①	③	③	②	②	③	③	④	③	①	④	②	①	①	②	①	④	①	③

01

정답 ④

2번, 3번, 4번 문제를 맞힌 학생 수를 각각 a, b, c라 하면

$3(48+a)+2(b+c)=7.2\times50 \rightarrow 3a+2b+2c=216 \cdots$ ㉠

$3(48+b)+2(a+c)=6.8\times50 \rightarrow 2a+3b+2c=196 \cdots$ ㉡

$48+2a+3b+4c=6\times50 \rightarrow 2a+3b+4c=252 \cdots$ ㉢

$3\times$㉠$-2\times$㉡ : $5a+2c=256 \cdots$ ㉣

㉡$-$㉢ : $-2c=-56 \rightarrow c=28 \cdots$ ㉤

㉤을 ㉣에 대입하면

$a+56=256 \rightarrow a=40 \cdots$ ㉥

㉤, ㉥을 ㉡에 대입하면

$80+3b+56=196 \rightarrow b=20$

따라서 2번, 3번, 4번 문제를 맞힌 학생 수는 각각 40명, 20명, 28명이다.

02

정답 ①

정리함의 세로 길이를 a라고 할 때, 부피와의 관계식은 다음과 같다.

$28\times a\times(27-a)=5,040 \rightarrow -a^2+27a=180 \rightarrow (a-12)(a-15)=0$

따라서 a는 12cm 또는 15cm이다.

이때 높이가 세로 길이보다 길다고 하였으므로 세로는 12cm임을 알 수 있다.

03

정답 ③

3과 5의 최소공배수는 15이므로 K씨가 관리하는 주차장에서는 15분 동안 $1\times5=5$대가 나가고 $3\times3=9$대가 들어온다. 따라서 15분마다 $9-5=4$대만큼 늘어난다. 현재 주차장에는 156대가 주차되어 있어 44대가 더 들어와야 하므로 $15\times\dfrac{44}{4}=165$분 후 주차장에 200대의 차가 다 주차된다. 165분은 2시간 45분이므로 주차장에 200대의 차가 다 주차되는 시간은 오전 10시 12분+2시간 45분=오후 12시 57분이다.

04

정답 ③

어느 지점까지의 거리를 $x$km라고 하자. 왕복하는 데 걸리는 시간은 $\dfrac{x}{3}+\dfrac{x}{4}=\dfrac{7}{12}x$시간이다.

2시간에서 3시간 사이에 왕복할 수 있어야 하므로

$2 \leq \dfrac{7}{12}x \leq 3 \rightarrow 24 \leq 7x \leq 36 \rightarrow \dfrac{24}{7} \leq x \leq \dfrac{36}{7} \rightarrow 3.4 \leq x \leq 5.1$

따라서 2시간에서 3시간 사이에 왕복할 수 있는 코스는 Q지점과 R지점이다.

05

정답 ②

- 첫 번째 손님이 6장의 쿠폰 중 1장을 받을 경우의 수 : $_6C_1 = 6$가지
- 두 번째 손님이 5장의 쿠폰 중 2장을 받을 경우의 수 : $_5C_2 = 10$가지
- 세 번째 손님이 3장의 쿠폰 중 3장을 받을 경우의 수 : $_3C_3 = 1$가지

$\therefore 6 \times 10 \times 1 = 60$가지

06

정답 ②

둘이 함께 만드는 데 걸리는 시간을 x시간이라고 하자.

한 시간 동안 만들 수 있는 보고 자료는 민사원과 안사원 각각 $\dfrac{30}{2}$, $\dfrac{50}{3}$이다.

$\left(\dfrac{30}{2} \times 0.9 + \dfrac{50}{3} \times 0.9 \right) \times x = 120 \rightarrow \dfrac{171}{6}x = 120$

$\therefore x = \dfrac{80}{19}$

07

정답 ③

7시간이 지났다면 용민이는 $7 \times 7 = 49$km, 효린이는 $3 \times 7 = 21$km를 걸은 것이다. 용민이는 호수를 한 바퀴 돌고나서 효린이가 걸은 21km까지 더 걸은 것이므로 호수의 둘레는 $49 - 21 = 28$km이다.

08

정답 ③

작년의 남학생 수와 여학생 수를 각각 a, b명이라 하자.

- 작년의 전체 학생 수 : $a + b = 820$ … ㉠
- 올해의 전체 학생 수 : $1.08a + 0.9b = 810$ … ㉡

㉠과 ㉡을 연립하면

$a = 400$, $b = 420$이다.

$\therefore 420$명

09

정답 ④

A, G를 제외한 5명 중 C, D, E가 이웃하여 서는 경우의 수는 $3! \times 3! = 36$가지이고, A와 G는 자리를 바꿀 수 있다.
따라서 $3! \times 3! \times 2 = 72$가지이다.

10

정답 ③

여객열차의 길이를 xm라 하자.

$$60+x=\left(\frac{400+x}{20}+16\right)\times4 \rightarrow 60+x=\frac{400+x}{5}+64$$

$$\rightarrow 300+5x=400+x+320$$

$$\therefore x=105\text{m}$$

11

정답 ①

강아지와 닭의 수를 각각 x마리, $(20-x)$마리라고 하자.

$$4x+2(20-x)=46 \rightarrow 2x=6$$

$$\therefore x=3\text{마리}$$

12

정답 ④

• 정가 : $600\times(1+0.2)=720$원
• 할인 판매가 : $720\times(1-0.2)=576$원

손실액은 원가에서 할인 판매가를 뺀 금액이므로 $600-576=24$원이다.

13

정답 ②

1분 동안 A수도관으로 채울 수 있는 물의 양은 $\frac{1}{128}$이고, 1분 동안 B수도관으로 채울 수 있는 물의 양은 $\frac{1}{64}$이다.

동시에 물을 채운 시간을 x분이라고 하자.

$$\frac{1}{64}\times32+\left(\frac{1}{128}+\frac{1}{64}\right)x=1$$

$$\therefore x=\frac{64}{3}\text{분}$$

14

정답 ①

• 내일 비가 오고, 모레 비가 올 확률 : $\frac{1}{3}\times\frac{1}{4}=\frac{1}{12}$

• 내일 비가 안 오고, 모레 비가 올 확률 : $\frac{2}{3}\times\frac{1}{5}=\frac{2}{15}$

$$\therefore \frac{1}{12}+\frac{2}{15}=\frac{13}{60}$$

15

정답 ①

딸기 6박스 묶음 하나를 구매할 때 가격은 $7,600\times4+7,600\times2\times0.7=41,040$원이고, 딸기 3박스 묶음 2개 구입가격은 $7,600\times6\times0.95=43,320$원이다.

따라서 6박스 묶음으로 구입하는 것이 $43,320-41,040=2,280$원 덜 낸다.

16

정답 ②

2명씩 짝을 지어 한 그룹으로 보고 원탁에 앉는 방법은 원순열 공식 $(n-1)!$를 이용한다. 2명씩 3그룹이므로 $(3-1)!=2\times1=2$가지이다. 또한 그룹 내에서 2명이 자리를 바꿔 앉을 수 있는 경우는 2가지씩이다.

따라서 6명이 원탁에 앉을 수 있는 방법은 $2\times2\times2\times2=16$가지이다.

17

정답 ①

2.0L 병에 48병을 채울 수 있는 양은 $2\times48\times0.75=72$L이다. 그리고 새로운 1.8L 병은 한 병에 $1.8\times0.8=1.44$L를 채울 수 있으므로, 필요한 병의 수는 $\dfrac{72}{1.44}=50$병이다.

18

정답 ④

K씨가 필요한 물의 양은 $1.7\times\dfrac{4}{5}=1.36$L이다.

따라서 수돗물은 1초에 34mL가 나오므로 물을 담는데 걸리는 시간은 $\dfrac{1.36\times1,000}{34}=40$초임을 알 수 있다.

19

정답 ①

불량률이 15%일 때 모니터 원가를 x원이라고 하자.

불량률이 10% 때와 매출액이 같다면 (모니터 생산량)$\times0.85\times x=$(모니터 생산량)$\times0.9\times17$이 성립한다.

$\therefore\ x=\dfrac{17\times0.9}{0.85}=18$만 원

따라서 불량률이 15%로 올랐을 때, 모니터 원가는 18만 원으로 해야 불량률 10% 때와 같아진다.

20

정답 ③

B사원이 혼자 프로젝트를 마무리할 때 걸리는 시간을 x라고 하자.

A사원과 B사원이 함께 한 시간 동안 일하는 양은 $\left(\dfrac{1}{4}+\dfrac{1}{x}\right)$이다.

$\left(\dfrac{1}{4}+\dfrac{1}{x}\right)\times2+\dfrac{1}{4}\times\dfrac{40}{60}=1 \rightarrow \dfrac{x+4}{2x}+\dfrac{1}{4}\times\dfrac{2}{3}=1 \rightarrow \dfrac{x+4}{2x}=\dfrac{5}{6} \rightarrow 4x=24 \rightarrow x=6$

따라서 B가 프로젝트를 마무리 하는 데 걸리는 시간은 6시간이다.

07 수추리력

01	02	03	04	05	06	07	08	09	10	11	12	13	14	15	16	17	18	19	20
③	③	④	④	①	③	②	②	④	③	②	②	①	②	①	①	④	④	④	③

01

정답 ③

$+(7 \times 2^0)$, $+(7 \times 2^1)$, $+(7 \times 2^2)$, $+(7 \times 2^3)$, $+(7 \times 2^4)$, …씩 더해지고 있다.
따라서 빈칸에 들어갈 숫자는 $218+(7 \times 2^5)=442$이다.

02

정답 ③

홀수 항은 $\times(-5)$, 짝수 항은 $\div 2$의 규칙을 가지고 있다.
따라서 빈칸에 들어갈 수는 88이다.

03

정답 ④

홀수 항은 1을 뺀 후 2를 곱하는 수열이고, 짝수 항은 3씩 나누는 수열이다.
따라서 빈칸에 들어갈 수는 474이다.

04

정답 ④

4	→	17	→	70	→	283	→	1,136	→	4,549	→	18,202
	$\times 4+1$		$\times 4+2$		$\times 4+3$		$\times 4+4$		$\times 4+5$		$\times 4+6$	

05

정답 ①

앞의 항에 $\times 9$, $+1.7$의 규칙을 교대로 적용하는 수열이다.
따라서 빈칸에 들어갈 수는 $-1,305$이다.

06

정답 ③

앞의 항이 $\dfrac{B}{A}$일 때 다음 항은 $\dfrac{A-1}{A \times B}$인 규칙을 가지고 있다.

따라서 빈칸에 들어갈 알맞은 수는 $\dfrac{59}{60 \times 11}=\dfrac{59}{660}$이다.

07

정답 ②

앞의 항에 2.5, 3.5, 4.5, 5.5, …을 더한다.
따라서 $(\quad)=-1+4.5=3.5$이다.

08

정답 ②

앞의 항에 -0.7, $+1.6$를 번갈아 가며 적용하는 수열이다.
따라서 ( )$=6.5+1.6=8.1$이다.

09

정답 ④

앞의 항에 -2, -2^2, -2^3, -2^4, -2^5, …인 수열이다.
따라서 ( )$=(-70)-2^6=-134$이다.

10

정답 ③

홀수 항은 $+1^2$, $+2^2$, $+3^2$, …이고, 짝수 항은 -1, -2, -3, …인 수열이다.
따라서 ( )$=68+1^2=69$이다.

11

정답 ②

홀수 항은 -3, -5, -7, …이고, 짝수 항은 2^2, 4^2, 6^2, …인 수열이다.
따라서 ( )$=8^2=64$이다.

12

정답 ②

홀수 항은 $\times(-3)$이고, 짝수 항은 $\div 5$인 수열이다.
따라서 ( )$=3\div(-3)=-1$이다.

13

정답 ①

홀수 항은 $+5$이고, 짝수 항은 $+1$, $+4$, $+7$, …인 수열이다.
따라서 ( )$=(-2)+5=3$이다.

14

정답 ②

홀수 항은 1^2-1, 2^2-1, 3^2-1, 4^2-1,…이고, 짝수 항은 -3, -4, -5, …인 수열이다.
따라서 ( )$=(-1)-5=-6$이다.

15

정답 ①

(앞의 항)$\times$(뒤의 항)$\times(-2)=$(다음 항)
따라서 ( )$=16\times(-256)\times(-2)=8,192$이다.

16

정답 ①

(앞의 항)$\times(-2)+2=$(다음 항)
따라서 ( )$=150\times(-2)+2=-298$이다.

17

분모는 $+11$, $+22$, $+33$, …이고, 분자는 -5, -6, -7, …인 수열이다.

따라서 ( )$=\dfrac{(-19)-9}{121+55}=-\dfrac{28}{176}$ 이다.

18

$\underline{A\ B\ C} \to A^2-C^2=B$

따라서 ( )$=64-25=39$이다.

19

$\underline{A\ B\ C\ D} \to 2\times(A+C)=B+D$

따라서 ( )$=2\times\left(4+\dfrac{7}{2}\right)-5=10$이다.

20

$\underline{A\ B\ C} \to A+B=C$

따라서 ( )$=4+7=11$이다.

---

08 한국사

01	02	03	04	05	06	07	08	09	10
④	④	②	④	②	②	②	②	②	①

01

『금양잡록』은 조선 전기 강희맹의 저서로 사계절의 농사와 농작물에 대한 필요사항을 기술한 농서이다. 조선 후기의 농서는 『농가집성』 등이 있다.

02

밑줄 친 이것에 해당하는 것은 거북선으로, 거북선이 처음으로 투입된 해전은 사천해전(1592)이다.

03

(나) 고려 초기 성종 때(993), 거란의 1차 침입 당시 서희가 외교담판으로 거란 장수 소손녕에게 강동 6주를 확보한 자료이다.
(가) 고려 숙종 때(1104), 윤관이 여진족의 기병부대에 대항하기 위해 별무반의 설치를 주장하는 내용이다.
(다) 고려 후기 고종 때(1232), 몽고의 1차 침입 이후 무신 집권자 최우가 강화도 천도를 주장하자 유승단이 이를 반대하는 내용이다. 이 자료에서 '바다 가운데 섬'이 강화도를 뜻하는 것이다.

04
정답 ④

제시된 사진은 일본에서 발견된 칠지도로, 백제의 근초고왕이 왜왕에게 하사했다는 설이 유력하다. 백제와 관련한 설명은 ④로, 요서, 산둥, 일본 큐슈 지방까지 진출하며 백제 최대 영토를 구축한 왕은 근초고왕이다.

오답분석

① 고구려에 대한 설명이며, 고구려는 소수림왕 2년(372) 불교를 공인하여 고구려·백제·신라 중 가장 먼저 불교를 받아들이고 공인한 나라가 되었다.
② 신라의 골품제도에 대한 설명이다.
③ 신라의 상수리제도에 대한 설명이다.

05
정답 ②

위의 지문에서 설명하고 있는 단체는 독립협회이다. 1898년 러시아군이 절영도에 침입하고 절영도 조차를 요구하였으나, 독립협회는 러시아의 요구를 거절할 것을 정부에 건의하여 저지하였다.

오답분석

① 1904년 보안회는 일본의 황무지 개간권 요구를 반대하였다.
③ 개항 초기 청과 일본의 상권 침탈에 심해지자 서울의 상인들은 황국 중앙 총상회를 조직하여 상권 수호 운동을 전개하였다.
④ 1920년대 일본의 경제적 수탈정책에 대항하여 자작회 등이 물산장려운동을 전개하였다.

06
정답 ②

사료는 1899년 반포된 대한국국제의 일부로 이 당시 광무개혁이 시행되었으며, 서울과 인천을 연결하는 최초의 철도인 경인선이 설치되었다.

오답분석

① 전등은 1887년에 설치되었다.
③ 보빙사는 1883년에 처음으로 파견되었다.
④ 육영공원은 1886년에 설립되었다.

07
정답 ②

송산리 고분, 남조의 영향, 벽돌무덤을 통해 무령왕의 무덤임을 알 수 있다. 벽돌무덤은 중국 남조의 특징 중 하나로 당시 남조와 교류하였음을 추측할 수 있다.
• 석수 : 무덤을 수호하는 석조물로 무령왕릉에서 출토되었다.

오답분석

① 경주 계림로 보검 : 경주 미추왕릉 지구에서 발견된 신라시대 검이다. 이 검의 형태는 주로 유럽과 중동 지역에서 발견된 것으로, 이 검을 통해 당시 신라와 서역인 간에 교류가 있었음을 추측할 수 있다.
③ 기마인물형 토기 : 신라의 주요 유물 중 하나로 금령총에서 발굴되었다.
④ 돌사자상 : 발해의 정혜공주묘에서 출토된 돌사자상은 발해가 고구려의 양식을 계승하였음을 보여 주는 유물이다.

08
정답 ②

공납의 폐단으로 인한 농민 부담이 증가하여 광해군은 그 부담을 줄이고자 대동법을 실시하였다. 처음에는 지배층의 반발로 경기도에 시범적으로 실시될 수밖에 없었으나 점차 전국으로 확대되었다. 대동법은 공물 납부 방식을 기존의 특산물에서 쌀·삼베나 무명·동전 등으로 납부하게 하였고, 토지 면적을 기준으로 세금을 부과하기 때문에 농민 생활은 안정될 수 있었다. 균역법은 군포 납부와 관련이 있다.

09

정답 ②

제시된 글은 백남운의 『조선 사회 경제사』이다. 백남운은 이 연구서를 통해, 조선총독부에 부설된 조선사편수회에서 주장하는 한국사의 정체성론과 타율성론을 부정하면서 한국사도 세계사적 보편성의 흐름과 같이 한다고 주장하였다.

오답분석

ㄴ. 신채호
ㄹ. 박은식

10

정답 ①

3·1운동 이후 일제는 이른바 문화 통치를 표방하여 가혹한 식민 통치를 은폐하려고 하였다.

아모레퍼시픽그룹 최종점검 모의고사 답안지

지각정확력

문번	1	2	3	4	5
1	①	②	③	④	⑤
2	①	②	③	④	⑤
3	①	②	③	④	⑤
4	①	②	③	④	⑤
5	①	②	③	④	⑤
6	①	②	③	④	⑤
7	①	②	③	④	⑤
8	①	②	③	④	⑤
9	①	②	③	④	⑤
10	①	②	③	④	⑤
11	①	②	③	④	⑤
12	①	②	③	④	⑤
13	①	②	③	④	⑤
14	①	②	③	④	⑤
15	①	②	③	④	⑤
16	①	②	③	④	⑤
17	①	②	③	④	⑤
18	①	②	③	④	⑤
19	①	②	③	④	⑤
20	①	②	③	④	⑤
21	①	②	③	④	⑤
22	①	②	③	④	⑤
23	①	②	③	④	⑤
24	①	②	③	④	⑤
25	①	②	③	④	⑤
26	①	②	③	④	⑤
27	①	②	③	④	⑤
28	①	②	③	④	⑤
29	①	②	③	④	⑤
30	①	②	③	④	⑤

언어유추력

문번	1	2	3	4	5
1	①	②	③	④	⑤
2	①	②	③	④	⑤
3	①	②	③	④	⑤
4	①	②	③	④	⑤
5	①	②	③	④	⑤
6	①	②	③	④	⑤
7	①	②	③	④	⑤
8	①	②	③	④	⑤
9	①	②	③	④	⑤
10	①	②	③	④	⑤
11	①	②	③	④	⑤
12	①	②	③	④	⑤
13	①	②	③	④	⑤
14	①	②	③	④	⑤
15	①	②	③	④	⑤
16	①	②	③	④	⑤
17	①	②	③	④	⑤
18	①	②	③	④	⑤
19	①	②	③	④	⑤
20	①	②	③	④	⑤

언어추리력

문번	1	2	3
1	①	②	③
2	①	②	③
3	①	②	③
4	①	②	③
5	①	②	③
6	①	②	③
7	①	②	③
8	①	②	③
9	①	②	③
10	①	②	③
11	①	②	③
12	①	②	③
13	①	②	③
14	①	②	③
15	①	②	③
16	①	②	③
17	①	②	③
18	①	②	③
19	①	②	③
20	①	②	③

공간지각력

문번	1	2	3	4
1	①	②	③	④
2	①	②	③	④
3	①	②	③	④
4	①	②	③	④
5	①	②	③	④
6	①	②	③	④
7	①	②	③	④
8	①	②	③	④
9	①	②	③	④
10	①	②	③	④
11	①	②	③	④
12	①	②	③	④
13	①	②	③	④
14	①	②	③	④
15	①	②	③	④
16	①	②	③	④
17	①	②	③	④
18	①	②	③	④
19	①	②	③	④
20	①	②	③	④

교사장

성 명

수 험 번 호

⓪	①	②	③	④	⑤	⑥	⑦	⑧	⑨
⓪	①	②	③	④	⑤	⑥	⑦	⑧	⑨
⓪	①	②	③	④	⑤	⑥	⑦	⑧	⑨
⓪	①	②	③	④	⑤	⑥	⑦	⑧	⑨
⓪	①	②	③	④	⑤	⑥	⑦	⑧	⑨
⓪	①	②	③	④	⑤	⑥	⑦	⑧	⑨
⓪	①	②	③	④	⑤	⑥	⑦	⑧	⑨

감독위원 확인

(인)

아모레퍼시픽그룹 최종점검 모의고사 답안지

판단력

문번	1	2	3	4
1	①	②	③	④
2	①	②	③	④
3	①	②	③	④
4	①	②	③	④
5	①	②	③	④
6	①	②	③	④
7	①	②	③	④
8	①	②	③	④
9	①	②	③	④
10	①	②	③	④
11	①	②	③	④
12	①	②	③	④
13	①	②	③	④
14	①	②	③	④
15	①	②	③	④
16	①	②	③	④
17	①	②	③	④
18	①	②	③	④
19	①	②	③	④
20	①	②	③	④

응용수리력

문번	1	2	3	4
1	①	②	③	④
2	①	②	③	④
3	①	②	③	④
4	①	②	③	④
5	①	②	③	④
6	①	②	③	④
7	①	②	③	④
8	①	②	③	④
9	①	②	③	④
10	①	②	③	④
11	①	②	③	④
12	①	②	③	④
13	①	②	③	④
14	①	②	③	④
15	①	②	③	④
16	①	②	③	④
17	①	②	③	④
18	①	②	③	④
19	①	②	③	④
20	①	②	③	④

수추리력

문번	1	2	3	4
1	①	②	③	④
2	①	②	③	④
3	①	②	③	④
4	①	②	③	④
5	①	②	③	④
6	①	②	③	④
7	①	②	③	④
8	①	②	③	④
9	①	②	③	④
10	①	②	③	④
11	①	②	③	④
12	①	②	③	④
13	①	②	③	④
14	①	②	③	④
15	①	②	③	④
16	①	②	③	④
17	①	②	③	④
18	①	②	③	④
19	①	②	③	④
20	①	②	③	④

한국사

문번	1	2	3	4
1	①	②	③	④
2	①	②	③	④
3	①	②	③	④
4	①	②	③	④
5	①	②	③	④
6	①	②	③	④
7	①	②	③	④
8	①	②	③	④
9	①	②	③	④
10	①	②	③	④

아모레퍼시픽그룹 최종점검 모의고사 답안지

지각정확력

문번	1	2	3	4	5
1	①	②	③	④	⑤
2	①	②	③	④	⑤
3	①	②	③	④	⑤
4	①	②	③	④	⑤
5	①	②	③	④	⑤
6	①	②	③	④	⑤
7	①	②	③	④	⑤
8	①	②	③	④	⑤
9	①	②	③	④	⑤
10	①	②	③	④	⑤
11	①	②	③	④	⑤
12	①	②	③	④	⑤
13	①	②	③	④	⑤
14	①	②	③	④	⑤
15	①	②	③	④	⑤
16	①	②	③	④	⑤
17	①	②	③	④	⑤
18	①	②	③	④	⑤
19	①	②	③	④	⑤
20	①	②	③	④	⑤
21	①	②	③	④	⑤
22	①	②	③	④	⑤
23	①	②	③	④	⑤
24	①	②	③	④	⑤
25	①	②	③	④	⑤
26	①	②	③	④	⑤
27	①	②	③	④	⑤
28	①	②	③	④	⑤
29	①	②	③	④	⑤
30	①	②	③	④	⑤

언어유추력

문번	1	2	3	4	5
1	①	②	③	④	⑤
2	①	②	③	④	⑤
3	①	②	③	④	⑤
4	①	②	③	④	⑤
5	①	②	③	④	⑤
6	①	②	③	④	⑤
7	①	②	③	④	⑤
8	①	②	③	④	⑤
9	①	②	③	④	⑤
10	①	②	③	④	⑤
11	①	②	③	④	⑤
12	①	②	③	④	⑤
13	①	②	③	④	⑤
14	①	②	③	④	⑤
15	①	②	③	④	⑤
16	①	②	③	④	⑤
17	①	②	③	④	⑤
18	①	②	③	④	⑤
19	①	②	③	④	⑤
20	①	②	③	④	⑤

언어추리력

문번	1	2	3
1	①	②	③
2	①	②	③
3	①	②	③
4	①	②	③
5	①	②	③
6	①	②	③
7	①	②	③
8	①	②	③
9	①	②	③
10	①	②	③
11	①	②	③
12	①	②	③
13	①	②	③
14	①	②	③
15	①	②	③
16	①	②	③
17	①	②	③
18	①	②	③
19	①	②	③
20	①	②	③

공간지각력

문번	1	2	3	4
1	①	②	③	④
2	①	②	③	④
3	①	②	③	④
4	①	②	③	④
5	①	②	③	④
6	①	②	③	④
7	①	②	③	④
8	①	②	③	④
9	①	②	③	④
10	①	②	③	④
11	①	②	③	④
12	①	②	③	④
13	①	②	③	④
14	①	②	③	④
15	①	②	③	④
16	①	②	③	④
17	①	②	③	④
18	①	②	③	④
19	①	②	③	④
20	①	②	③	④

고사장

성 명

수험번호

⓪	①	②	③	④	⑤	⑥	⑦	⑧	⑨
⓪	①	②	③	④	⑤	⑥	⑦	⑧	⑨
⓪	①	②	③	④	⑤	⑥	⑦	⑧	⑨
⓪	①	②	③	④	⑤	⑥	⑦	⑧	⑨
⓪	①	②	③	④	⑤	⑥	⑦	⑧	⑨
⓪	①	②	③	④	⑤	⑥	⑦	⑧	⑨
⓪	①	②	③	④	⑤	⑥	⑦	⑧	⑨

감독위원 확인

(인)

아모레퍼시픽그룹 최종점검 모의고사 답안지

문번	판단력 1	2	3	4
1	①	②	③	④
2	①	②	③	④
3	①	②	③	④
4	①	②	③	④
5	①	②	③	④
6	①	②	③	④
7	①	②	③	④
8	①	②	③	④
9	①	②	③	④
10	①	②	③	④
11	①	②	③	④
12	①	②	③	④
13	①	②	③	④
14	①	②	③	④
15	①	②	③	④
16	①	②	③	④
17	①	②	③	④
18	①	②	③	④
19	①	②	③	④
20	①	②	③	④

문번	응용수리력 1	2	3	4
1	①	②	③	④
2	①	②	③	④
3	①	②	③	④
4	①	②	③	④
5	①	②	③	④
6	①	②	③	④
7	①	②	③	④
8	①	②	③	④
9	①	②	③	④
10	①	②	③	④
11	①	②	③	④
12	①	②	③	④
13	①	②	③	④
14	①	②	③	④
15	①	②	③	④
16	①	②	③	④
17	①	②	③	④
18	①	②	③	④
19	①	②	③	④
20	①	②	③	④

문번	추리력 1	2	3	4
1	①	②	③	④
2	①	②	③	④
3	①	②	③	④
4	①	②	③	④
5	①	②	③	④
6	①	②	③	④
7	①	②	③	④
8	①	②	③	④
9	①	②	③	④
10	①	②	③	④
11	①	②	③	④
12	①	②	③	④
13	①	②	③	④
14	①	②	③	④
15	①	②	③	④
16	①	②	③	④
17	①	②	③	④
18	①	②	③	④
19	①	②	③	④
20	①	②	③	④

문번	한국사 1	2	3	4
1	①	②	③	④
2	①	②	③	④
3	①	②	③	④
4	①	②	③	④
5	①	②	③	④
6	①	②	③	④
7	①	②	③	④
8	①	②	③	④
9	①	②	③	④
10	①	②	③	④

2023 최신판 아모레퍼시픽그룹 인적성검사
최신기출유형 + 모의고사 3회 + 무료 인적성특강

개정5판1쇄 발행	2023년 04월 10일 (인쇄 2023년 03월 17일)
초 판 발 행	2019년 04월 25일 (인쇄 2019년 03월 28일)
발 행 인	박영일
책 임 편 집	이해욱
편 저	SD적성검사연구소
편 집 진 행	구현정·허선
표지디자인	김지수
편집디자인	김지수·채현주
발 행 처	(주)시대고시기획
출 판 등 록	제10-1521호
주 소	서울시 마포구 큰우물로 75 [도화동 538 성지 B/D] 9F
전 화	1600-3600
팩 스	02-701-8823
홈 페 이 지	www.sdedu.co.kr

I S B N	979-11-383-4922-2 (13320)
정 가	25,000원

아모레퍼시픽그룹

인적성검사

정답 및 해설

대기업 인적성 "기출이 답이다" 시리즈

역대 기출문제와 주요기업 기출문제를 한 권에! 합격을 위한

Only Way!

대기업 인적성 "봉투모의고사" 시리즈

실제 시험과 동일하게 마무리! 합격으로 가는

Last Spurt!

SD에듀가 합격을 준비하는 당신에게 제안합니다.

성공의 기회! **SD에듀**를 잡으십시오.
성공의 Next Step!

결심하셨다면 지금 당장 실행하십시오.
SD에듀와 함께라면 문제없습니다.

기회란 포착되어 활용되기 전에는
기회인지조차 알 수 없는 것이다.

– 마크 트웨인 –